中国名山风景名胜区研究丛书

普陀山风景名胜区

景观析要

李雄 孙漪南 著

U0366010

中国建筑工业出版社

图书在版编目（CIP）数据

普陀山风景名胜区景观析要／李雄，孙漪南著. —
北京：中国建筑工业出版社，2022.5
（中国名山风景名胜区研究丛书）
ISBN 978-7-112-27040-8

Ⅰ. ①普… Ⅱ. ①李… ②孙… Ⅲ. ①普陀山—风景
名胜区—研究 Ⅳ. ①K928.3

中国版本图书馆CIP数据核字（2021）第269979号

责任编辑：杜　洁　李玲洁
责任校对：李美娜

中国名山风景名胜区研究丛书
普陀山风景名胜区景观析要
李　雄　孙漪南　著

*

中国建筑工业出版社出版、发行（北京海淀三里河路9号）
各地新华书店、建筑书店经销
北京锋尚制版有限公司制版
北京富诚彩色印刷有限公司印刷

*

开本：787毫米×1092毫米　1/16　印张：15　字数：312千字
2022年10月第一版　　2022年10月第一次印刷
定价：**88.00**元
ISBN 978-7-112-27040-8
（38849）

前言

中国人对于山岳有着独特的喜爱与崇拜之情。与西方人喜欢以自然风光为主的风景不同，中国人更偏爱那些在时间长河中沉淀而成，兼具了自然之美与人文之美的山岳风景名胜。在中国的传统审美中，在自然环境中营造的人工构筑也是风景的有机组成部分，甚至成为风景中画龙点睛之笔。赋予山岳深厚的人文内涵，自然与人文的高度交融是中国传统文化中对待风景独特的审美视角与欣赏方式。

普陀山与峨眉山、五台山、九华山统称为佛教四大名山，以兼具海岛风情与山岳风光，以迷人风景和底蕴深厚的佛教文化享誉海内外，成为深受游客喜爱的风景名胜区。山中清幽的寺院、曲折的香道、精美的佛塔和壮丽的海天风光共同构成了普陀山带给人们的风景印象。

本书主要通过专业的视角对普陀山风景特征进行全面解析，向读者们介绍了普陀山风景形成的背景、内容与营造理法。通过宏观与微观双重视角，从时间、空间与文化三个维度对普陀山的风景营造展开分析研究，力图从多层次、多角度呈现出普陀山风景的本质特征。全书资料翔实，研究团队收集了多个时期的普陀山山志，并进行多次实地踏勘，收集了大量的第一手资料。其中一幅收藏在日本的元代普陀山图更是目前反映普陀山风景的最早图像资料。另外，通过卫星数据获取和历史影像资料的电子化也为研究提供了新的方法与手段。

本书的第一章主要对书中出现的一些概念进行阐述，以方便读者理解；并对相关研究进行梳理。第二章介绍了普陀山的自然资源与人文资源，阐述了普陀山风景形成的基础。第三章对普陀山的风景内涵进行了解析，详细介绍了普陀山风景的组成与特征。第四章从时间的维度介绍了普陀山中重要的人文景观资源——寺庵景观的时空演变，追溯发展源流，分别从佛教文化、普陀山佛教文化发展与普陀山寺庵景观发展三个角度，解析普陀山风景形成与发展的特点与驱动因子。第五章从宏观的角度探讨了普陀山寺庵景观的空间格局与风景特征，运用统计学与地理信息系统分析普陀山寺庵景观呈现出的规律性特征，并总结出其风景营造规律。第六章从微观视角切入，从风景个体展开，探讨了普陀山中建筑、园林及风景的营造理法，并结合代表性案例详细解读。第七章从文化角度深入分析普陀山风景所承载的内涵，从意境的产生逻辑入手，介绍了普陀山意境的产生与内容，帮助读者更好地理解普陀山的文化底蕴。第八章将时间拨回今天，以发展的眼光看待普陀山风景的开发与保护。结合风景名胜区的建设工作，提出在新形势下普陀山风景的保护与传承建议，以其助力其合理保护、健康发展。

目录

第五章　普陀山寺庵景观空间格局与风景特征

第六章　普陀山寺庵建筑与园林风景营造析要

第 一 章

引言

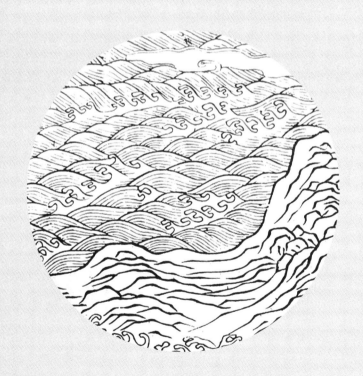

普陀山位于我国浙江省舟山市普陀区，是一座与陆地分隔、风景优美的海岛，陆地面积11.82平方公里。与东部0.36平方公里的洛迦山岛并称普陀洛迦山，成为远近闻名的观音道场、海天佛国，同时也是我国著名的山岳型风景名胜区的核心区组成部分。

自五代梁贞明年间初建"不肯去观音院"开始，普陀山因其独特的地理环境、清幽的自然风光吸引了佛教僧侣，开始对观音道场的营造。宋僧真歇请旨驱逐山民，将普陀山变为佛国净土。明代时普陀山成为中国四大佛教名山之一的"琉璃世界"，最终在民国初期发展至巅峰，形成全山"三大寺、八十八庵、一百二十八茅蓬"的佛国圣地。普陀山上浓郁雅致的佛教氛围、清幽脱俗的风景形胜吸引了大量的文人墨客和朝山香客，也成为封建社会普通百姓游乐、休闲的重要公共旅游胜地。

"普陀山"是"普陀洛迦山"的简称，来源于梵语的音译，历史上也曾译为"补怛洛伽""补陀落"。普陀山的范围历史上并不固定，唐宋时期"普陀山"的概念仅包含普陀山岛，即梅岑山；自明朝开始，将洛迦山岛及周围岛礁、海域纳入范围之中，二岛并称"普陀洛迦"，共同组成观音道场。1982年第一版《普陀山风景名胜区规划》依旧按照明朝形成的普陀洛迦山范围进行规划，并一直延续到2007年。随着新时期普陀山发展的需要，2007年制定的新版《规划》将普陀山岛、洛迦山岛上的游客接待功能及生态旅游功能向朱家尖分流，因此将朱家尖东部及海域纳入普陀山风景名胜区的范围。最新的《普陀山风景名胜区总体规划（2007—2025）》（以下简称最新版《规划》）中规定"普陀山风景名胜区位于我国浙江省舟山群岛东部，范围由岛屿和海域两部分组成。岛屿面积由普陀山岛（含豁沙山）11.82平方公里、洛迦山岛0.36平方公里和朱家尖岛东部28.80平方公里三部分组成，岛屿陆地总面积41.07平方公里。海域范围为普陀山的金沙、百步沙、千步沙、哗唬沙、后岙沙、大雪浪、小雪浪外围距沙滩1.50公里，朱家尖的大沙、乌石塘和南部五大沙滩外围距沙滩1.50公里的范围。海域面积为6.50平方公里。"但朱家尖在历史发展中与普陀山传统佛山风景关系较弱，因此不将其作为研究范围。因此，后文中所提到的"普陀山岛"和"洛迦山岛"分别指代两座岛屿，即普陀山岛（四至坐标为东经122°21′49″～122°24′53″，北纬29°58′27″～30°02′29″）和洛迦山岛（四至坐标为东经122°26′23″～122°26′58″，北纬29°57′53″～29°58′32″），陆地面积分别为11.82平方公里和0.45平方公里；"普陀山"所代表是各个时期普陀山指代的范畴，即明代以前的普陀山岛及周围海域，明代至2007年所指代的"普陀洛迦山"这一集群概念所包含的普陀山岛、洛迦山岛陆地部分及其周围的海域与小型岛礁；而"普陀山风景名胜区"仍指代最新版《规划》风景名胜区中所包含的全部范围（图1-1）。

普陀山中风景资源十分丰富，人文景观资源中寺庵景观是最为重要的部分。"寺庵"一词概括了普陀山中各级的佛教寺院、庵堂和茅蓬。其中"寺"与"庵"分别代表了寺庙建筑的等级。"寺"代表等级较高的大寺，这些建筑规模较大，主要以僧众修行、开堂讲经、法事活动、接待食宿、僧众管理为主要功能。普陀山只有普济寺、法雨寺、慧济寺及新世纪修建

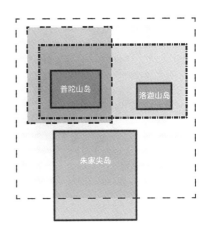

图1-1 不同时期"普陀山"所指代范畴示意图
（图片来源：作者自绘）

的宝陀讲寺属于这一类，而前三者被统称为"三大寺"。"庵"代表了等级较低的庵院、庵堂、禅院、净院等宗教活动场所。这些"庵"的建筑往往面积较小，而功能偏向清修、颐养等较为私密的功能，有些规模较大的"庵"也会对外开放接受香客朝拜和法事申请。但是，也有许多以清修为目的的庵院较少有香客来朝，甚至不对公共开放。"茅蓬"则等级更低、更加私人。古时为一二僧人自行择址修建茅屋一座或瓦房一间进行清修，衣食所需都要向所属的大寺进行申请。但近现代由于历史原因，较大的茅蓬逐渐扩建为庵、较小茅蓬多荒废倾圮或被农民占据。因此今天普陀山中茅蓬存在数量较少。因此在此用"寺庵"二字足以指代全山的宗教建筑。

另外，通常观念中，"寺"为男性僧人所居住，而"庵"为女性僧人所住。但是在普陀山历史之中并未按照此种划分方式来进行命名。"寺庵"仅指代寺院的等级高低。为避免理解误会，在此特意说明。

寺庵景观不仅包括寺庙等宗教建筑，同时也包括了建筑的所属庭院、园林及风景点。普陀山中的寺庵不但注重寺庵建筑的营造，同时对建筑内部、外部的自然环境也着力营造，也通过香道、视线等方式进行空间的引导和组织，连同山中大量具有人文内涵的自然形胜共同形成了全山具有佛教文化氛围的寺庵景观，组成了普陀山人文景观的主体。

普陀山自元代便出现了第一部山志，此后明、清、民国均有多部山志流传至今。《宝庆四明志》《宁波府志》等宁波地方志中也有着大量对普陀山的描写。不同时期大量游记、诗词也反映出了普陀山风景的特点。民国时期德国著名建筑师摄影师恩斯特·柏石曼（Ernst Boerschmann）和英国游记作家芬奇（R.F.Fitch）拍摄了大量普陀山风景的照片，并通过文字的形式，对普陀山中风景、人文和佛教活动进行了全方位的描写。中华人民共和国成立后相关部门又先后组织编撰了《普陀县志》《普陀山志》

《普陀山大辞典》等多部全方位记载普陀山中相关信息的地方志。这些丰富的历史方志资料为普陀山历史的研究奠定了坚实的基础。赵振武和丁承朴所著的《普陀山古建筑》对20世纪90年代时普陀山的寺庵建筑进行了详细的测绘和研究，并对普陀山中建筑的特点进行了归纳和总结。清华大学教授王贵祥对普陀山在中国汉传佛教建筑的发展中的作用和地位以及对其他地区汉传佛教建筑营建的影响进行了详细的研究，并根据普陀山明代山志对普济禅寺的前身——明代护国永寿普陀禅寺进行了复原研究。杨尚其等人对普陀山寺庙园林兴建的历史及发展进行了研究。丁兆光、傅德亮以普陀山三大寺为例，从宏观、微观的角度对佛山及寺庙空间构成进行了研究和分析，不但阐述了寺庙空间的构成原理，同时阐述了三座寺庙组成的景观序列在佛山中的景观营造的作用。但目前缺乏对普陀山风景整体进行全面探讨的内容。因此，希望能为读者们构建起普陀山整体风景体系，全面了解普陀山丰富的历史文化与自然人文景观。

参考文献

[1] 《普陀山风景名胜区总体规划（2007—2025）》[EB/OL]. [2014-9-12] https://wenku.baidu.com/view/7aba69-7faf45b307e9719735.html.

[2] 赵光辉. 中国寺庙的园林环境[M]. 北京：北京旅游出版社，1987.

[3] 赵振武，丁承朴. 普陀山古建筑[M]. 北京：中国建筑工业出版社，1997.

[4] 王贵祥. 中国汉传佛教建筑史[M]. 北京：清华大学出版社，2016.

[5] 王贵祥. 普陀山明代护国永寿普陀禅寺（今普济禅寺）寺院空间与建筑原状初探[A]. 中国建筑学会建筑史学分会、清华大学建筑学院、东南大学建筑学院、浙江省文物局、宁波市文化广电新闻出版局. 宁波保国寺大殿建成1000周年学术研讨会暨中国建筑史学分会2013年会论文集[C]. 中国建筑学会建筑史学分会、清华大学建筑学院、东南大学建筑学院、浙江省文物局、宁波市文化广电新闻出版局，2013，6.

[6] 杨尚其，王欣，黎映欣，苗诗麒. 普陀山寺庙园林兴建考[J]. 北京林业大学学报（社会科学版），2016，02：41-47.

[7] 丁兆光，傅德亮. 论佛寺园林空间构成——以普陀山普济寺、法雨寺、慧济寺三大寺为例[J]. 浙江林业科技，2006，06：14-18.

第 二 章

普陀山自然与人文资源

第一节　自然资源

一、区位范围

　　普陀山位于我国浙江省东部，隶属于舟山市，距上海150公里，距宁波80公里。岛屿四周分布着岱山岛、桃花岛、嵊泗列岛等多座大小岛屿（图2-1）。是我国重要的历史佛教圣地，与五台山、峨眉山和九华山并称中国"四大佛教名山"。普陀山于1982年成为国务院第一批公布的国家重点风景名胜区。

　　舟山是古代海上丝绸之路的"中转站"，而普陀山也成为海上丝绸之路重要的组成部分。古代中国通过舟山从海路与日本、朝鲜以及东南亚国家建立外交、商业往来。外交往来较为频繁的唐、宋都有大量关于商船、官船出入舟山港的记载。"高句丽、日本、新罗渤海诸国皆由此渠道，守候风信。谓之放洋山。"而普陀山因其优良的避风港特点和观音文化内涵，成为许多商船一定会经过，并加以祷告的地方。明代虽然实行200余年海禁，但海禁解除之后，普陀山重新成为重要的海上交通站，是日本、韩国使臣登陆前首先要朝拜的场所，附近海域也是其停泊候旨的区域。松浦静山等人撰写的《甲子夜话续篇》中有《入唐记》中记载："五日，早

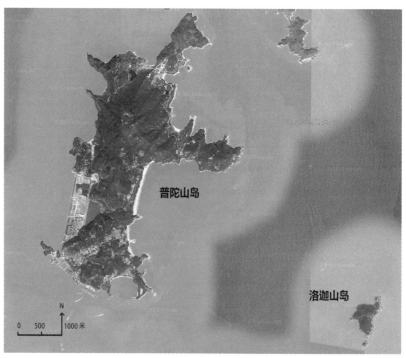

图2-1　普陀山区位分析图
（图片来源：作者自绘）

晨修忏。忏未半，一夫见山。晓到此，或曰茶山，曰佛头山。六日，午至补陀罗山。挂船与莲花洋，诣观音……画船一艘自沈家门来，问曰：'什么船？从哪里来？'答曰：'日本国进贡船。'……廿二日，朝过莲花洋，晚登补陀落山，拜观音大士。"从文中对"茶山"的识别说明日本使臣对普陀山已经非常熟悉。抵达莲花洋和离开莲花洋时使臣均登岛拜观音，说明普陀山的重要地位和观音文化对日本、韩国等地产生的深刻影响。普陀山成为中国对外文化输出的重要桥头堡。

二、地质地貌

普陀山在地质上属于古华夏褶皱带，形成于1亿5千万年前的侏罗纪至白垩纪。其地貌受到第三纪新构造运动地壳间歇上升及第四纪冰期、间冰期海蚀作用影响。庐山冰期之后，普陀山与大陆分离，现存普陀山的海蚀地貌和海积地貌都是与大陆分开之后受到海洋的作用形成的地貌现象，可分为山地、海蚀海积阶地、海积地和海蚀地。

普陀山岛上200米高以上的低山面积约占全岛的2%，余下为海拔200米以下的丘陵地。其中东部的白华顶（菩萨顶）为最高峰，海拔高度为286.3米。由燕山运动晚期的入侵花岗石构成了岛上的岩石基础，刚性较强，节理较发育。随着岁月的侵蚀与风化，沿垂直高角度剪切节理发育，周围山体崩塌，形成了普陀山现在众多山峰突兀的奇特景观（图2-2）。

图2-2 佛顶山刀劈石
（图片来源：作者自摄）

在潮汐和海水的不断作用下，普陀山的滨海岸线分布着大量的海蚀地，形成具有奇特形状的海蚀洞穴、海蚀平台、海蚀崖等独特地貌，其中著名的景点说法台、"心"字石就是海蚀崖后经人工创作联想而成。而著名的梵音洞、潮音洞则是典型的海蚀巷道。一些奇特的地貌在特定的自然环境条件下有时会产生一些光影变化，这使得不能解释自然现象的古人将其看作是"观音显圣"。从而造就了早期普陀山的神圣属性。

除了奇特的地貌景观，普陀山也具有狭长的沙滩、砾滩和泥滩，这些典型的海积地貌是由于岛屿四周水动力强弱不同、长江入海带来的淤泥沉积程度不同造成的。

三、气候气象

普陀山地处北亚热带季风海洋型气候区，冬夏长，春秋短，四季分明，但无酷暑严寒，雨量充沛，阳光充足，季风显著。根据1970～1990年的数据显示，普陀山年平均气温16.5摄氏度，日均最高气温为30.5摄氏度，日均最低气温为-3.2摄氏度。年平均有霜日为14.8天，年平均降雪日为4.8天，年平均日照为2095.5小时。温暖湿润的气候为岛上居住的僧民提供了舒适的生存条件。

普陀山受季风影响明显，年平均风力达6级以上，冬季多7级以上的大风天。年平均大风日为45.6天。普陀山也多经历台风过境，1961～1986年台风入境81次，最多的1978年达一年6次。台风带来的暴雨与大风均对山上的发展造成巨大影响，山上的建筑多会注意防范台风的危害。风向一年多变，冬季为偏北风，春季转为南风，夏季多为东风和东南风，秋季转为北风或西北风。海风强劲，易使建筑受损，因此如何减轻海风的影响，是普陀山中寺庵建筑设计的重要因素。

四、水文水源

普陀山年降水量为1187.8毫米，但因其四周环海，岛上多山地丘陵地，因此地表水大多汇入海中，地下水资源有限。由于普陀山地质构造特点，局部形成了风化带网状裂隙水，储存于燕山晚期花岗石风化带中，因此形成了仙人井、梅福井、菩萨泉等泉井。岛上淡水资源较为稀缺。据民国13年（1924年）调查，全山有池7处、潭2处、泉10处，各庵院茅蓬各有1～3口井以供常住僧人和来往游客日常使用。中华人民共和国成立后，随着人口的增加，用水量大增。政府逐步在岛上兴建水库、蓄水池（塔），并于1993年开始铺设舟山至普陀山的海底输水管道、东港至普陀山海底输水管道以保证全山民众的用水。同时，还在山上兴建自来水厂，以保证用水安全。

普陀山岛附近海底西北、东南开阔平坦，东北、西南部为深水区。尤其在西南部风洞嘴至南天门岸外有腰子形深槽，是岛域内十分优良的深水港地。周围有小型岛礁、明礁十余个。普陀山岛域范围海域潮流较强，潮汐从海外东南方向传入，正规半日潮。普陀山岛域与朝鲜半岛之间自古便有利用潮汐之力往来行船的记录。可见普陀山海域的航行条件是较为优质的。

五、植被资源

"华果树林皆遍满""树林蓊郁，香草柔软"是《华严经》中对观音道场植物环境的描写，与地处中亚热带常绿阔叶林北部地带的普陀山十分契合。普陀山中植物资源丰富，全岛植被面积为965.7公顷，植被覆盖率为73.4%。垂直分布山地为灌木草本、局部为针叶林、常绿阔叶林和落叶阔叶林，沙丘水滩为兼盐性植物群落，滨海岩壁为海藻群落。全山共有裸子植物9科23属45种，被子植物138科660属1366种，蕨类植物21科36属73种，其中，普陀鹅耳枥（*Carpinus putoensis* Cheng）（图2-3）、普陀樟（*Cinnamomum japonicum* Sieb.）、舟山新木姜子（*Neolitsea sericea*（Bl.）Koidz）、寒竹（*Chimonobambusa marmorea*）等为国家保护植物。

图2-3　普陀鹅耳枥母株
（图片来源：作者自摄）

第二节 人文资源

一、社会背景

　　普陀山与大陆之间隔海相望，形成了一个既独立又需要依赖大陆的海岛社会经济体系。山中早期住民以打鱼为生。自从宋代真歇奏请朝廷驱逐了岛上原有的居民，使得普陀山在到中华人民共和国成立的800多年里一直是只由僧人居住的"佛门净土"，形成了一个相对封闭稳定的佛教社会。哪怕是租用僧田的佃户或为僧人服务的茶坊、轿夫也均不能挟带家属上山。"普陀一山周四十余里，在大洋中，山地全属于庙，粮赋全免，无乞丐，亦无妇女居住。佃种僧田与开小店者，皆不携妻室。"这种以佛教僧侣占绝大多数，并进行自制管理的社会结构直到中华人民共和国成立前后才被打破。岛上佛事荒废，这些俗家服务人员将家属带上山，占居废弃的茅蓬庵院，也不断有附近岛上的居民登岛生活，在今天形成了僧俗共存的局面。这些普通居民主要以来自舟山、台州、宁波、温州居多。

　　历史上普陀山的僧众来源十分广泛。由于普陀山接受游僧挂单，因此全国各地的僧人都可以到普陀山修行，因此僧人的出身难以考据。从历代山志中记载有祖籍或出生地的103位高僧住持统计来看，主要以来自浙江省（57人）和江苏省（21人），最远有来自黑龙江和福建的僧人。由此，大致可以推测出，普陀山上的僧人也以江浙两省人士为主。这也意味着，普陀山内僧团管理阶级上层大部分为江南出身的僧人。因此江南地区的社会风俗与文化习惯对普陀山的影响最为强烈。因此江南宗族制度与佛教的僧伽管理制度互相影响，形成了普陀山以大寺为首的寺庵之间紧密而严谨的等级关系。

二、经济状况

　　僧人通常不事耕织，以化缘为生。因此信众们的香火旃檀是僧人较为传统的经济收入来源。随着佛教的发展不断受到皇室的重视，皇室敕建的寺院也日益增多。普陀山自宋代便接受皇室赏赐，在昌国（今舟山）、朱家尖、沈家门一带拥有寺产土地，并被免除了租役。至此，地产的租金成为普陀山中最重要的经济来源。除了皇室赐的官田之外，周边地域的富庶信徒也会捐田给寺庵，以表示自己对佛祖和僧人的供养。除了以上两部分收入，寺庵经济还包括民间法事、佛事及慈善事业的收入。由此可以看出，普陀山的繁荣发展一方面依靠封地寺田的粮食生产，另一方面需要依靠江南地区信徒们的旃檀捐助。

　　自唐宋开始，位于长江下游的浙江便逐渐发展成为全国最为富庶安定的省份，鱼米之乡便成为江南地区的代名词。较为稳定的社会环境保证了寺庵田产的收入，而江南富足的百姓也能够为普陀山的发展贡献力量。历代山志中多设有"檀施门"用于记录善信们捐助情况。其中既有皇室的慷慨，也可以看到许多驻地大员们对普陀山的支持，同时也有普通信众们的旃檀。如《普陀洛迦新志》中记载："蓝理，……官定海总兵。……又以其乡产巨木，斥俸捐资置木之值，凡数千缗。""高士奇，钱塘人，官詹事府詹事。康熙三十一年，捐资助修南海普陀寺大殿。"这些多方信徒的捐助资金为普陀山的发展和壮大提供了经济和物质上的保障。

三、文化背景

（一）佛教文化

　　佛教传入中国之后，由于传入时间、途径、地区和民族文化的差异，历史背景的不同，在全国范围内逐渐发展演变，形成了三大系，即汉地佛教（汉语系）、藏传佛教（藏语系）和云南地区的南传佛教（巴利语系）。普陀山所在的明州江浙一带自古就有"东南佛国"的盛名。早在东汉年间，浙江便开始有佛寺修建的记载。隋唐时期随着国力的发展，江南一带稳定的政治局面使得佛教的发展十分迅速。随着禅宗与观音信仰的传入，东南沿海的佛教开始了快速的发展时期，据《宝庆四明志》记载，整个明州地区在唐代新建的寺院多达137所。两宋之时江浙一带的佛教发展达到巅峰。尤其在南宋首都南迁至临安之后，杭州成为全国的佛教中心。南宋形成的"五山十刹"总结了闻名的"禅院五山""禅院十刹""教院五山""教院十刹"，其中宁波地区有5座寺院列入其中，仅次于当时的首都杭州，普陀山上的宝陀禅寺也榜上有名。可见宁波地区佛教发展可谓十分繁荣。元朝笃信藏传教，汉传佛教在全国的发展受到一定的影响，使得浙江成为全国汉传佛教的发展中心。明清两朝，江南的佛教发展依旧十分兴旺，禅、律、台、华各宗在普陀山江浙地区均有良好的发展。宁波一带士大夫多信佛从禅，将佛学与儒学相结合，百姓信佛则大多也以功利的因果、轮回、求福等观念为主，并夹杂着一些民间的原始崇拜。纵观古今，在浙江影响时间最长，最为广泛的佛教派别为禅宗，深受江南士大夫们的推崇，并与儒家思想和道教思想相融合，形成独具特色的"儒释道"三教合一，对佛教在中国的传播与发展产生深远的影响。而自晋代发展形成的观音信仰，在浙江也拥有极为广泛的信众基础。

　　1. 禅宗

　　普陀山中的主流佛教派别的禅宗。禅宗是佛祖的"教外别传"，是释迦牟尼的心法与中国文化精神结合进而形成的，是中国佛教融合古印度佛教哲学最精粹的宗派。中国的禅宗自达摩祖师传入中原之后，不断经由弟子的发展，到五祖弘忍与六祖慧能时期逐渐开始被广大信众接受。禅宗所讲究"诸佛法印，非从人得"，要信众通过自己的修行达到顿悟领悟佛法，而不是简单地从别人那里获得；同时禅宗也要求"顿渐并举"，需要顿悟之后通过修持对所悟进行实践与验证，避免流于空谈与狂言。这种对于"修行""顿悟"境界的追求，与传统士大夫们作诗、习文、作学问的理论十分接近。因此，在唐代广泛发展开来后逐渐与我国传统文化相融合。禅宗的思想也获得了士大夫及知识分子们广泛的共鸣与认同，在后世与诗文、绘画、书法、园林等艺术创作的理论相互融合，成为中国传统思想的重要组成部分。

禅宗兴起于唐，在宋元时期发展达到巅峰，可谓一枝独秀。而以杭州为中心的江南一带成为禅宗的兴盛壮大之地。禅宗追求"一切境界只不过是唯心所现，一切事物是唯识所变"的内心自由。其唯心精神境界在宋元时期影响了中国文人的审美。文人开始通过事物的外表，探寻内在的道理和宇宙的真谛。同时，禅宗中"万有皆空"的思想衍生出一种"空寂"的美学，对中国的建筑与园林产生了很大的影响。在形式上体现在中国的建筑空间与园林空间中的虚实相生，而在内涵上则体现在主人借建筑与园林所表达的"意蕴之外"的意境。

禅宗在明清时期虽然与儒家、道家以及民间信仰融合在文艺上达到了另一种高度，但是作为佛教本身却向着世俗化的方向不断衰落。禅宗后期也与净土宗互相结合，以禅宗为主要修行宗派的普陀山中在明代也出现过修行净土宗的僧人。同时明清居士学禅的兴起，使得禅宗佛学思想逐渐渗透进士大夫们的日常生活，使得中国传统哲学思想与佛教禅宗思想互相影响、补充，并影响了一大批明清儒士思想观念的形成。

2. 观音文化

观音信仰在江浙一带具有很深的历史渊源和信众基础，亦对隔海相望的日本和朝鲜产生了深远的影响。观世音是梵文Avalokitesvara的音译，还有"观世自在""观自在""光世音""现音声"等不同译名。观音信仰最早起源于两晋时期对于《法华经》的汉译。经过在中国的传播与发展，观音成为一位代表慈悲与智慧的宗教偶像。

然而，观音菩萨的形象在中国汉族地区流传的同时，也不断与中国本土的道教、各种民间神鬼信仰、儒家传统观念进行碰撞与融合，最终形成了一种有别于印度原始佛教中观音的中国本土化的观音形象。较为显著的特征便是观音从印度的男性形象，转变为女性形象。在民间（尤其是江浙一带）流传着多种观音菩萨出身的传说故事，例如妙善公主说、老子弟子说、元始天尊和无生老母化身说等。而观音大慈大悲的形象也演变成对信众世俗愿望的满足。民间普通信众们礼敬观音也不再是寻求佛法与解脱，而更多是寻求针对生育、财富、学业、健康等世俗困难、世俗欲求的安慰与心灵寄托。

江浙一带对于观音的信仰由来已久，在舟山地区还衍生出众多观音显圣、救苦救难的传说故事，这些观音传说被国务院公布的第二批国家级非物质文化遗产名录所收录。观音在南海中的说法道场与孤悬海外的普陀山不谋而合，观音传说中自带的"慈航普度"的海洋特性也在舟山地区与当地的海洋文化相结合。古代航海技术不发达，航海途中危险重重。大量出海作业的渔民、商旅将礼敬观音当作精神寄托，并将海上一次次化险为夷都归因为观音的"庇护"。因此观音文化逐渐成为封建社会中部分沿海人民的精神寄托。

（二）中国传统文化

1. 自然观念

中国人对于自然与宇宙的看法可以用"天人合一"来概括。将人作为自然的一分子，希望能够与自然和谐相处，欣赏自然、适应自然。这与西方希望可以改造征服自然的观点截然不同。

中国人对于自然观念的形成始于原始时期对陌生的大自然的恐惧与憧憬之情。人们对于为自己提供食物与保暖之物的自然充满感激与崇拜，但是对于威胁自己安全的自然又充满了恐惧。这种复杂的情感发展成为人们对于天地神明的祭祀与崇拜。中国人将各种自然现象化作神明，通过祭祀与献祭来祈求自然赐予人类更多的食物与物产，减少自然灾害，保佑风调雨顺。基于"万物之灵"的意识，将天地、山川、河流、日月都当成了崇拜的对象。人们对于"天空"的崇拜演变成了人们对于高山的膜拜，认为高耸的山顶是最接近"天"的地方，是最能够使上天聆听人们的祈祷与诉求的地方。随着生产力的提升，人类进化出现了农牧业、部落与城邦，人与自然之间的对立关系渐渐缓和。人们开始欣赏独特壮丽的自然山水环境。统治阶级开始将耸立的山峰与奔腾的溪流纳入自己的苑围之中，并在其中田猎游赏。同时在山林中修建壮观的建筑物。例如秦时的阿房宫与汉武帝的上林苑，占地面积极为广大，同时各个宫殿之间均有连廊相连。庞大的宫殿群代表着皇帝至高无上的权力与地位。上行下效，此时人们对于自然的欣赏出于对珍奇异兽的"猎奇"心态与对占有资源多寡的推崇。

人们对于山水的欣赏观念的发展出现在魏晋南北朝时期。自汉武帝"罢黜百家，独尊儒术"之后，文人的思想言论被限制，很多文人士大夫无法自由抒发自己的思想抱负，无法进入朝堂之上一展才华。许多不愿同流合污的士大夫远离朝堂，将自己放逐山野，自耕自乐。这种现象到了政治黑暗的魏晋时期更为普遍，以"竹林七贤"为代表的一批饱读诗书的知识分子逃离城市，隐逸于山林之中，整日与山林为伴，将自己的精神世界寄托在大自然之间，同时借自然隐晦地表达出自己的政治理想和精神境界。他们学习老庄无为的思想，以自然为师，从山林鸟兽之中感悟人生宇宙的哲学内涵，从而抚慰自己郁郁不得志的心情。自此，士大夫们对于山水自然的欣赏渐渐与自己的兴趣和志向相结合，通过欣赏朴实平常的自然景观来获得生命的愉悦。陶渊明将这种对待自然的欣赏发扬到极致。在陶渊明眼中，自然景物无不生动，都是具有诗意的、画意的，都是能够为他带来生命的感受的。虽然陶渊明的审美与前世宫廷对待大山大水的欣赏背道而驰，但他的审美观点对后世的私家园林、寺观园林乃至皇家园林都有着极为重要的影响。中国人对于山水的欣赏开始渐渐脱离对大山大水的猎奇心理，而向着以小见大，见微知著的意境追求。

很多生活在内陆地区的古人对于大海的认知最早来源于道家经典中对于神仙世界的描写。而道家的思想对中国后世的自然观形成也起到了十分重要的作用，其中以《庄子》为代表的道家著作对后世产生了不可估量的影响。道家的经典著作《列子·汤问》中描绘了大海之中的五座神山"岱舆""圆峤""方壶""瀛洲""蓬莱"，仙岛上居住着不食人间烟火长生不老的仙人，形成了人们对于"蓬莱仙岛"的想象，奠定了中国后世理想环境的范式模型。后世上至帝王将相，下至黎民百姓，都对不食人间烟火的仙人及其所居住的仙境心生向往，甚至不断地寻找海上不为人知的神仙境界。这使得人们对待海洋多了一份向往之情，也使得海上的岛屿蒙上了一层神仙境界的神秘面纱。因此浙江沿海一带的海岛一直是人们所向往的仙境。南宋诗人史浩"翠空飘渺虚无，算唯海上蓬瀛好……四明中，自有神仙洞府，烟霞里，知多少"（史浩，《永龙吟·洞天》）将宁波舟山一带秀丽幽静的岛屿比作蓬莱仙岛，认为游赏了岛上优美的自然风光便是到达了仙境一般。由此可见，当时的人们对于仙境的认知便是充满繁花茂林的自然之岛，这种观念也深刻影响着普陀山的营建者们。

数千年对于大自然的认知与崇拜使得中国人形成了一种特别的对自然认知的逻辑与方法，形成了影响我国上千年城市建设和建筑营造的理论，形成了我国传统风景文化理论。这种独特的认知自然的观念是源自中国古人通过实践经验的积累而形成的、对生存环境的选择之法，其中也蕴含着地理学、地质学、气候学等科学依据。虽然理论在后期不断地发展过程中融入了很多封建迷信的内容，但是也不可忽视其所具有的科学内涵。

目前公认最早的记载为晋代郭璞所著的《葬经》，其中有："气乘风则散，界水则止。……故谓之。风水之法，得水为上，藏风次之。"并说明了评价优良的参考为："来积止聚，冲阳和阴，土高水深，郁草茂林。"理论的核心是"因地制宜"与"天人合一"。希望能够通过寻找自然条件优质的环境，并通过人工适度改造而使宅院、坟墓等人工建筑坐落于最佳的位置，从而达到降福于生者的目的。基于对土地、大山、河流、风及神兽的崇拜，古人认为最佳的建筑选址应基于以上五种神明的保护之下。需要查看土地是否肥沃，山势是否可以依靠护佑，河流是否可以生"气"，风是否被地势所限制不致泛滥，龙及大神兽是否可以化身在山水之中保佑其中的人类聚落。

浙江地区多山，地形复杂。因此劳动人民对大到城邦村镇的选址，小到住宅坟墓的选址，都会参考传统风景文化理论。通过观察山势、水势寻找最优的环境，以求得能够庇佑子孙后代的福泽之地。例如宏村的开创者汪氏族人在选定其村落建造地的时候，"三聘名士，遍请高辈，勘山川，审脉络"，经过反复推敲，最后选择一处卧牛形状的地域来建造村落。

这种对于选址的考察行为，是从环境的整体性出发，综合考量建筑选址的合理性。将气候、地理、水文等科学用质朴的学说表达出来，反映出了人们在改造自然的过程中因地制宜，使建筑更加适应自然、回归自然的思想内涵。因此学说自晋代兴起，在唐朝发展壮大，不断指导着中国人在营建理想家园的活动，也形成了中国人在建筑过程中顺应自然，融入自然的建造理念。

总结国人对自然的认知变化，可以分析出中国传统观念中对所形成的四种理想景观模式——高山仰止的"昆仑模式"、孤岛隔离的"蓬莱模式"、曲折封闭的"壶天模式"和山环水抱的"佳穴模式"。这四种理想景观模式所代表的精神内核，影响了中国人对于风景山水的审美喜好，同时也影响和造就了我国丰富的园林文化。同样，这四种理想景观模式所代表的自然观念也直接影响了普陀山寺庵景观的营建。

2．宗亲及血缘关系

中国人自古便具有很强的家族观念。儒家思想的出现更是将人与人的关系定义在了"君君臣臣父父子子"之中。"孝悌"成了中国传统观念中最为基本的道德观念。亲族之间的互相扶持合作，成为精耕细作的中国人赖以生存的合作模式。以血缘关系维系并发展的合作关系，在不断壮大的过程中仍与母族保有紧密的联系。正如台湾学者许倬云认为的"中国的移民形态是填空隙，而不是长程移民。这个特性使母群与子群之间的距离并不疏远，互相依存的关系就可以保持很长久的时间。"因此，以母群为中心，向外围扩散的模式成为中国多数亲缘聚落的发展模式，并反映在了空间形态之上。同时，儒家思想中对于亲缘祖先的尊崇与家族内部、社会之中的等级制度也十分明显地反映在了中国聚落的空间布局与形态之上。祠堂、宗庙往往是村落中重要的公共空间，各家各支的房屋紧靠着本房的祠堂建造，形成以祠堂或宗庙为核心的建筑组团空间。各家的院落以围墙分割，形成一条条街巷。这样的聚落布局成为江南地区乃至中国地区最为普遍的亲缘聚落的形态。

中国人所信奉的亲族血缘关系不但深刻影响着居住生活的聚落，同时与所信奉的信仰相结合，完成了外来宗教信仰的本土化转变。佛教便从原始教义讲求自身修行的个人主义，在中国与亲缘的连续性相融合，完成了转变，形成了中国佛教的一大特色。中国的佛教教义中加入了许多提倡孝道、讲求为子孙后代积福的内容。信徒们今生所作出的努力和功德不是为了自己的来生，而是为了荫蔽子孙后代的福祉——而今生如果所行不端，则后世子孙将会遭受厄运。同时，佛教中观音被奉为可以求赐子嗣的神明，成为中国最被广泛信奉的佛教偶像之一，这也是在中国会出现众多观音相关寺庙的根源之一。

除了在教义内容上的演变，亲族血缘的观念还使得佛教出现了师徒之间的传承与等级的观念。丛林制度的出现和在明清开始出现的佛教渐渐呈现出受到中国传统儒家的伦理纲常与宗族组织影响，在寺院中形成类似于宗族形态的"宗法化"现象，体现了中国的宗亲与血缘关系在佛教之中的渗透。同时，这种日益强化的等级观念也反映在佛教寺庵建筑组合形态的日益规模化、定式化，形成了各建筑等级分明的群组结构。而寺庵中衍生而出的"子孙庙""子孙庵"无论在空间分布还是制度管理都与本寺有着千丝万缕的联系，与宗亲血缘在聚落形态中的体现相类似。

（三）地域文化

中国地域辽阔，虽然我们都沿袭着自炎黄一脉相承的中国传统文化，但不同地域的文化之间既存在着共性，也存在着很多突出的差异。地域文化的差异往往在当地文学、艺术、哲学思想、信仰、价值观上留下独特的印记，因此在分析普陀山风景名胜的形成背景的时候，也不能忽视对于其所在地域文化的研究。

浙江一带的地域文化自河姆渡文化、良渚文化形成发展而来，形成了"吴越文化""江南文化"等中国重要的古地域文化。随着经济的发展和政治中心的南移，浙江逐渐发展成为中国封建社会中后期社会经济和文化的重镇，生活富庶、名师云集，有着"山水江南、鱼米之乡"的美誉。浙江地域文化重乡风习俗，传统重教育、重科举，历代人才辈出。省内多山多水，毗邻大海，平地稀少，因此对于山水的天然崇拜和欣赏深深地影响着浙江人的文化。同时，普陀山所在的舟山地区毗邻广袤的大海，使得其在浙江的"吴越文化"里又带有了一份海洋文化的浸染。

1. 吴越文化

从亚区域的角度上看，浙江的文化主要是由"吴文化"与"越文化"组成的。由于"吴文化"的影响，浙江与其北部的江苏在风俗、传统上有共同的属性，而由于"越文化"的影响，与南部的江西、福建甚至两广等地的文化传统也有许多共性。

文化的地域特征取决于自然环境、生产方式和人文环境这三个因素。吴越文化始于生活在长江下游地区的古"夷越人"。由于长江中下游温暖湿润的气候适合精耕细作的生产方式，造就了当地人个性温柔、心思细腻的特点。随着历史的发展人口的迁移，"夷越文化"不断与来自中原的汉族先进文化互相吸纳融合，最终发展成为了吴越文化。"永嘉之乱""安史之乱"和"靖康之难"三次中原民族浩劫造成大量的移民潮涌入江南地区，为吴越文化的发展带来了契机。人口的迁移与政治中心的南迁，使得江南地区成为全国经济政治最为发达的地区，同时，吴越文化本身的特点也得到充分展现，使江南迅速成为全国的文化中心。良好的文化氛围也成就了江南地区众多的文人雅士，给整个江南地区带来一股文雅的气质。因此，董楚平先生认为吴越文化的特征便可以用"柔""细""雅"来进行概括。无论是吴侬软语还是越剧，都带有浓浓的婉约与雅致，这与北方秦汉大地的厚重和粗犷有着显著差异。而长期安定富足的生活状态也使得吴越之士对文艺、哲学较为擅长，而在政治、军事领域较为薄弱。但是，吴越人骨子里也隐藏着自祖先流传下来的坚毅、执着、以柔克刚的精神。这使得吴越文化在不断与中原文化的碰撞和发展过程中仍然保有其鲜明的地域特性。

2. 海洋文化

我国学者曲金良认为："海洋文化，就是有关海洋的文化，就是人类源于海洋而生的精神的、行为的、社会的和物质的文明化生活内涵，其本质是人类与海洋的互动关系及其产物。"浙江地区的海洋文化一方面体现在航海技术及造船业的发达，另一方面体现在海洋对于人民生活方式及性格性情方面的影响。

浙江毗邻大海，海域面积有26万平方公里，约是其陆地面积的两倍，海岸线和海岛线总长6486公里。独特地域使得海洋在浙江人的生活中刻下了深深的痕迹，尤其是在沿海的宁波、舟山等地。这些地方自孙吴时期便是中国的船舶制造业基地，航海技术十分发达。到了宋代，明州（宁波）更是官造船与民间造船共同繁荣。理宗开庆年间，民船的总数达到了7900艘。

海洋文化为柔雅纤细的吴越文化带来了刚性的一面，赋予其性格里拼搏、用于探索牺牲的勇气。人们从大海中获取赖以生存的食物，同时广阔无垠又喜怒多变的大海让早期的先民们又敬又怕。唐宋时期航海技术的发展让浙江沿海地区成为中国渔业重镇，虽然明代清代均有过较长时间的海禁，但是海洋仍是浙江沿海、海岛居民赖以生存的依靠。在长时间的劳作生产的过程中，浙江沿海人民在传统农耕文明的基础上发展出了具有海洋海岛特征的独特的海洋文明。

海洋作为渔民赖以生存的物质来源，但也是危机四伏的劳作环境。因此形成了沿海居民对海洋的赞颂敬仰与恐惧并存的情感。他们感谢海洋赐予食物同时也惧怕海洋吞噬生命。这种矛盾的情绪体现在沿海居民对于海洋神明的供奉和多种宗教与民间神明所杂糅的民间信仰上，例如舟山当地在船上供奉菩萨，渔汛要请龙王、谢龙王，各个岛礁都有与之相关的传说故事等。海洋文化也带来了一些区别于农耕文明的认知和习惯，例如渔民出海遇见死尸，非但不避讳恐惧，而是积极打捞死尸，并认为是捡到"元宝"，是一种幸运的体现。这些风俗与认识都是和渔民常年在海洋中作业所形成的习惯分不开的。

海洋文化不但影响着浙江沿海人民的生活习惯与风俗，也体现在他们的精神文化价值与艺术审美之中。很多舟山的传统手工艺图样、材料、甚至建筑的材料与装饰纹样都充满了海洋元素。舟山市级海洋非物质文化遗产有62项，省级海洋非物质文化遗产29项，国家级海洋非物质文化遗产有5项，其中普陀木雕根雕、观音传说、舟山佛教音乐等多项艺术遗产和传统手工艺遗产便是舟山当地的海洋文化与佛教文化形成的结晶，足见海洋文化对于普陀山形成的影响。

参考文献

[1] （宋）张津，《乾道四明图经》.

[2] （日）松浦静山《甲子夜话续篇·入唐记》.

[3] 王连胜. 普陀山大辞典[M]. 合肥：黄山书社，2012.

[4] 普陀县志编撰委员会. 普陀县志[M]. 杭州：浙江人民出版社，1991.

[5] 方长生. 普陀山志[M]. 上海：上海书店出版社，1995.

[6] （明）方泽，《注华严经合论纂要》.

[7] （清）郑光祖，《一斑录·杂述三》.

[8] （民国）释印光，《普陀洛迦新志·卷四·旃檀门》.

[9] 傅亦民. 宁波宗教建筑研究[M]. 宁波：宁波出版社，2013.

[10] 张十庆. 五山十刹图与南宋江南禅寺[M]. 南京：东南大学出版社，2000.

[11] 陈荣富. 论浙江佛教在中国佛教史上的地位[J]. 杭州大学学报（哲学社会科学版），1998，04：7-12.

[12] 南怀瑾. 禅宗与道教[M]. 上海：复旦大学出版社，2003.

[13] 钱正坤. 禅宗与艺术[J]. 美术研究，1986，03：10-15.

[14] 张蓉，王媛. 幽深情 远林下风流——浅论禅宗影响下的宋元美学[J]. 西安交通大学学报（社会科学版），1997，02：84-87.

[15] （隋）阇那崛多共笈，《添品妙法莲华经》.

[16] （唐）伽梵达磨，《千手千眼无碍大悲心陀罗尼经》.

[17] 李利安. 从中国民间观音信仰看中国道教文化与印度佛教文化的对话[J]. 人文杂志，2004，01：16-20.

[18] 汉宝德. 物象与心境：中国的园林[M]. 北京：生活·读书·新知三联书店，2014.

[19] 中国神秘文化——堪舆文化[M]. 北京：外文出版社，2011.

[20] （晋）郭璞.《葬经》.

[21] 宋学友. 宏村村落空间景观价值研究[J]. 黄山学院学报. 2009，11（3）：102-105.

[22] 李祥妹. 中国人理想景观模式与寺庙园林环境[J]. 人文地理，2001，01（16）：35-39.

[23] 许倬云. 中国古代文化的特质[M]. 厦门：鹭江出版社，2016.

[24] 李秋香，罗德胤，陈志华，楼庆西. 浙江民居[M]. 北京：清华大学出版社，2010.

[25] 赖喜德. 明清佛教丛林子孙化宗法化现象研究[D]. 福建师范大学，2013.

[26] 何勇强. 区域文化研究中的若干问题——以浙江文化研究为例[J]. 浙江社会科学，2008，04：70-71+111+127-128.

[27] 董楚平. 吴越文化的三次发展机遇[J]. 浙江社会科学，2001，05：134-138.

[28] 董楚平. 吴越文化概述[J]. 杭州师范学院学报，2000，02：10-13.

[29] 赵利平. 论舟山海洋文化的源流及其发展[J]. 浙江海洋学院学报（人文科学版），2007，01：30-37.

[30] 曲金良. 中国海洋文化研究（第一卷）[M]. 北京：文化艺术出版社，1999.

[31] 魏亭. 明清浙江海洋社会研究[D]. 宁波大学，2012.

[32] 忻怡，郑明. 普陀传统木船制造技艺[M]. 杭州：浙江摄影出版社，2012.

[33] 贾全聚. 舟山海洋非物质文化遗产保护与开发研究[D]. 浙江海洋学院，2013.

第 三 章

普陀山风景构成与特征

普陀山在明代被董其昌誉为"琉璃世界"，是我国体现观音文化重要的风景胜地。在数百年持续的营建中，形成了具有独特特质的风景体系。本章将结合史料与实地勘测，对构成普陀山风景体系的要素和特征进行解析，诠释出普陀山风景的真实面貌。

第一节　风景构成要素

普陀山的风景主要由两部分组成，即人文景观与自然景观。人文景观是由人类有意识建造或改造自然而成的景观。既包括人工营建的建筑、小品等，也包括以自然为本底，改造而成的农业景观、摩崖石刻等风景形胜。自然景观是没有人类改造加工，但人为赋予其文化含义或欣赏价值的自然风景。但值得指出的是，普陀山中的人文景观与自然景观并没有完全割裂，而是互相融合互相成就，形成了一个完整的风景体系。为了能够更清晰地阐述风景组成要素特点，本章将两者分开阐述。

一、人文景观

普陀山之所以能够从众多优美山川中脱颖而出，一方面因其独特的山海风貌，更重要的原因是历朝历代僧人有意识地营建人文景观。这些人文景观与自然风景相互融合，形成了独具特色的普陀山风景体系。

（一）寺庵园林景观

佛教名山中最重要的人文景观便是人工营建的寺庵园林景观。寺庵园林景观包括寺庵建筑及其周围的园林环境，体现了我国传统宗教园林的优秀设计美学与精湛建造技艺。据统计，普陀山最早的寺庵建筑可追溯至五代时期的不肯去观音寺。从元代沿袭至今的寺庵仅有普济禅寺1座。明代《重修普陀山志》中记载的72座寺庵有23座沿袭至民国，11座沿袭至今。《普陀洛迦山新志》中记载民国寺庵有219座，其中55座沿袭至今（截至2017年），有26座建筑虽在，却被改作他用。洛迦山岛据载明朝有僧结茅修行，但无寺庵建筑记录。清末民国时期，洛迦山中有4处茅蓬，今发展成为3座庵院（详见附表1）。

在功能上，这些寺庵建筑是僧人居住生活、礼佛仪式的重要场所，也是接待朝拜香客的重要旅游设施。这些建筑遵循着严格的等级制度，分为皇室敕建的大寺、中型的庵院和小型的茅蓬。居住僧人多则数百人，少则一两人。但无论是规模宏大的大寺还是简陋的茅蓬，均与普陀山的自然环境完美融合，成为普陀山风景的组成部分。

普陀山中的寺庵建筑大多于清代或民国时期建造，平面布局上体现了中国传统院落式的特点，但不过分突出，不讲究宏大与辉煌之感，而是平易近人、朴实雅致。建筑造型质朴，体量宜人，与自然完美结合，体现了中国传统建筑之美。同时建筑中的装饰十分精美，体现了僧人与工匠们的匠心独具，许多寺庵建筑中展现了中国高超的建筑建造技艺。例如法雨寺圆通殿中由清代南京明故宫迁建于此的九龙藻井，造型精美华丽（图3-1）；玉佛殿月梁上精美的雕刻及东侧走廊墙上的石刻漏窗等都展现出了高超的雕刻技艺及优雅的审美品位。同时寺庵内的造像也承载了深厚的宗教文化，以其精致的造型、强烈的视觉冲击力，为香客带来了精神上的震撼（图3-2）。

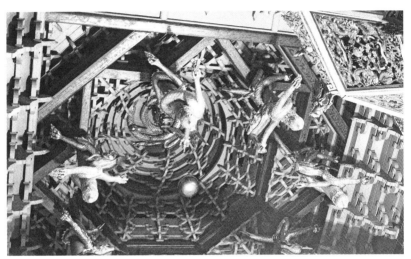

图3-1　法雨寺圆通殿九龙藻井
（图片来源：孙松林摄）

图3-2　法雨寺圆通殿北侧观音像
（图片来源：作者自摄）

图3-3　杨枝禅林自然质朴的环境
（图片来源：孙松林摄）

普陀山寺庵园林景观不过分追求建筑的宏大辉煌和精致繁盛，而是在设计时充分考虑与环境结合，在山林中或藏或显，呈现出质朴亲切的山野气息（图3-3）。寺庵内的园林空间并没有过多进行人工设计，而是充分借用自然美景，在保证功能的前提下，将人工与自然充分融合。小型的庵院或茅蓬则充分利用自然地势与自然条件，减少人工建造难度，在自然的环境中寻求较为适宜的生活环境与具有宗教氛围的修行环境的结合。

（二）功能性人工构筑物

除了寺庵建筑之外，普陀山中还存在较多的功能性人工构筑物，包括佛塔、牌坊、墙、亭、台、桥、池及其他功能性构筑物。这些建筑虽然多为满足某项具体功能而建，但多会注重造型与装饰，充分体现普陀山观音文化或海洋文化的特点，成为香客们欣赏的对象，也是承载普陀山文化内涵的重要载体。

普陀山中的佛塔主要有元代修建的多宝塔（图3-4）与多座供奉僧人遗骨的墓塔，其中多宝塔与法雨寺九龙殿、藏于杨枝庵中的阎立本《杨枝观音像》和普陀鹅耳枥共称为"普陀山四宝"。分奉塔多造型简朴肃穆，成为山中风景的一部分。

普陀山中现存牌坊数量不多，均为单一出现的"一"字形牌坊，有三门四柱和一门两柱两种规格。现存牌坊中，除"海岸牌坊"与"普济寺石坊"之外，其余牌坊均为近代复建或新建（图3-5）。民国时也曾记录法雨寺内有一处花岗石三门四柱牌坊，坊梁上均雕刻有神龙逐寿、狮子和藤蔓等花纹，十分精美。

墙体是普陀山中最为常见的人工构筑物，或为鲜艳的明黄色，或为质

图3-4 多宝塔
（图片来源：作者自摄）

普济寺牌坊

佛顶山牌坊

图3-5 普陀山中的牌坊
（图片来源：作者自摄）

海岸牌坊

朴的石块砌筑；或为提示性引导墙，或为寺前照壁，或为功能性挡土墙。引导墙与照壁通常造型精美，有雕刻或文字装饰，在自然丛林中醒目而突出。挡土墙则尽量选择质朴材料，力求融合山林幽静的氛围。

普陀山四面环海，岛上的淡水资源较为紧张。自然形成的地表淡水较为稀少。为了生活的需要，普陀山的寺庵在山上修建了多处人工水体。民国时期普陀山中的7处人工修建形成的池，其中5处位于寺庵前、1处位于寺庵内、1处位于自然形胜旁（表3-1）。寺庵周围修建水池契合传统风景文化，又解决用水、排水等功能作用同时也营造了优美的景观。普陀山岛的山体走势虽然极为优越，但是缺乏溪流等地表淡水资源，虽历史山志中记载出现过溪流与瀑布的美景，但今天较少出现见稍有遗憾。

表3-1　民国时期普陀山中人工水池与寺庵空间关系表

编号	人工水池	与寺庵关系
1	海印池	普济寺前
2	光明池	紫竹林前
3	翮鉴池	白华庵内
4	莲池	法雨寺前
5	月印池	悦岭庵前
6	洗心池	磐陀庵前
7	育龙池	法华洞下

资料来源：作者根据山志统计绘制。

在佛教教义中有普度与指引的象征意义的桥在普陀山中数量也不多，且均为石桥。规模均不大，长度在4~28m之间，宽度在1.5~7.9m之间。平桥通常规模小、样式简单。拱桥规模较大，且栏杆通常有精美的雕刻纹饰，传递着丰富的宗教故事及海洋文化内涵。

除此之外，石狮子、下马石、石碑等也均为普陀山中重要的风景组成要素（图3-6）。这些人工构筑各具特色，其造型、雕刻技艺以及上面所

图3-6　禁止舍身燃指碑
（图片来源：孙松林摄）

述内容均承载了普陀山厚重的历史。同时它们精美的造型也丰富了普陀山的人文景观。

（三）改造过的风景形胜

普陀山中自然景观丰富，历代营建者通过人工的方式改造自然景观，形成具有较强文化属性与观赏价值的风景形胜，包括：摩崖石刻、香道及洞穴等。

普陀山历史中具有大量的摩崖石刻和雕刻作品，使得佛教文化与自然紧密结合。这些摩崖石刻或与奇石结合，或位于峰回路转处，往往会给朝拜者带来心灵的震撼。这一类的自然山石在形态上并不具有特殊性，但因其体量庞大、所在的位置特殊或周围自然景物的独特，吸引僧侣游客进行雕刻创造。在石上题刻文字，或抒发情感、或点明主旨、或说明隐喻典故，成为一种寓意佛教文化、烘托佛教气氛的较为直观的方法，例如位于百步沙之上有一座巨石直面迎击海浪的拍打侵蚀，因此民国徐伯翘便在其上题写"师石"二字，并做偈一首："形奇怪，俗气绝，耐风雨，质坚洁。能挡怒潮，能磨顽铁。如斯如斯足可师，卓哉米颠拜而悦！（图3-7）"表达师石迎风浪而岿然不动，坚毅的品格可以为人师的寓意。再有位于香云路中上段的"海天佛国石"，直接点名普陀山佛教的内涵，对普陀山的整体景观环境做了直截了当的概括总结。山石虽然本身并没有很高的观赏性，但是由于名家题字点明其内涵而使得所展示的寓意与意境更加直白而明确。不过由于年久疏于维护和破坏，使得大量摩崖石刻和雕刻作品被破坏甚至毁坏。

香道也是一座佛山串联风景体系的重要组成。香道一方面是串联各个重要风景点的通道，能够起到引导的作用（图3-8）。同时香道的选线和装饰设计也具有很强的观赏价值和艺术价值。普陀山中有三条重要的朝拜香道：妙庄严路、法雨路和香云路。香道用材考究，串起了重要的风景和重要寺庵，但法雨路因修建环山公路而被破坏。

普陀山因海蚀地形的构造形成了许多天然的洞穴，这些洞穴因极具神秘感而被僧人所向往，因此普陀山中几乎所有被记录过的洞穴附近均存在

图3-7　立于海滩之上的师石
（图片来源：孙松林拍摄）

图3-8　香云路
（图片来源：作者自摄）

过僧人修行的茅蓬（图3-9）。甚至在与普陀山之间会因涨潮而阻断连接道路的小山洞之中，也曾经记载出现过僧人的茅蓬。僧人对山洞的向往一方面是因为其自然而神秘的特质，而自然神秘感通常与神圣感是相通的。另一个原因是早期佛教的一种建筑形式便是在洞窟。同时禅宗祖师达摩来到中国后也是在一处洞窟中独自修行。因此，洞窟被佛教徒与修行、开悟联系在了一起，进而形成了普陀山对洞窟的崇拜。同时被人为加工过的洞穴也成为体现普陀山宗教氛围的重要风景形胜。

（四）农业景观

普陀山曾为僧人自治的封闭海岛，因此山中僧人会利用少量平坦的山坳或山麓地区集中种植作物（图3-10）。在民国的测绘图中可以清晰地发现集中农田的存在。在反映元代的普陀山图中也出现有茶田的字样。而寺庵附近小块栽植的菜地等分散式的农业景观更是十分常见。

禅宗讲究"顿渐并举"，十分重视在日常劳作中顿悟和将领悟到的佛理应用于日常的生活劳作之中。因此通常会组织僧人从事一定的农业劳动。一方面是修行的一部分，另一方面可以解决日常的生活需求。此外这些农业景观为普陀山自然野趣的风景中增添了一份亲切感与烟火气，与观音给世人的亲切感觉十分相符。

（五）人文活动

人虽然是空间的使用者，但是人的行为也成为塑造风景的重要组成部分，而人在环境中的特殊活动，也在潜移默化中影响着普陀山的风景，例如普陀山中举行宗教仪式通常会焚烧香火，形成的袅袅白烟与山林中的意境融合，增添了风景的飘渺之感（图3-11）。又如寺庵中晨钟暮鼓的声音和诵经之声原本都是僧人每日生活修行的步骤，渐渐被赋予文化内涵，而成为寺庵和佛教生活的代名词。"青鼓岩前路，悠然听梵音。尘襟都涤尽，来证妙明心"也表现出了一种深山幽径之中突然听见悠悠的诵经之

图3-9 朝阳洞
（图片来源：作者自摄）

图3-10 西方净院中种植的豆荚
（图片来源：作者自摄）

图3-11 香客焚烧
的香火形成了飘渺
的氛围
（图片来源：作者自摄）

声，便将人引入了一种宁静的状态之中，好似全身的俗尘都得到了洗涤一
般。另外，在僧人的诗歌中还出现了对脚步声的"响屐曾谁到，萧萧说暮
鸦"，通过描写这种细微的声响，来表现出山中修行生活的孤寂。同时声
音的出现配合山林景色形成一种全方位的体验感受，更为普陀山增添了宗
教意境。

（六）其他

普陀山发展至今经过了多次的巨大变动，尤其在成立风景名胜区后，
其主要功能、常住人口组成、游览人数、游览方式等都发生了翻天覆地的
变化。在宗教景观环境上，为了符合时代的发展，普通山中也开辟出了一
些新的景区，建造了一系列新的建筑及构筑物，也增添了更多的功能。无
论这些新添加的内容是否能够完全融入原有普陀山的风景系统，它都将成
为现在普陀山风景的一部分。另一方面，由于民国后期与中华人民共和国
成立初期大量普通居民的涌入定居，今天的普陀山不再由僧人自治，变成
了僧俗共融的环境。大量的世俗生活功能需求出现，使得普陀山中的宗教
建筑不再是唯一或占主导地位。这些如雨后春笋般出现的居民楼、商店、
酒店也无法避免地成为今天普陀山的重要组成部分。

二、自然景观

普陀山独特的地理位置和壮观的山海风貌奠定了其成为观音文化佛教
名山的基础。奇异瑰丽的自然景观是引发人们联想、最早吸引僧人在此修
行的因素，而后期的僧人不断发掘普陀山的自然景观，或改造成人文景
观，或赋予其人文含义，使其更加接近观音道场的环境氛围。而不论任何
时期，自然景观都是普陀山风景的根基。

（一）山峰

由于中国传统山岳崇拜的影响与对山林神秘的联想，山峰一直都是中

国传统风景要素之一。普陀山的山峰不如其他内陆佛教名山高耸奇险，更多是平缓的山岭。历代的山志中最多记载了45座山峰（详见附表2）。这些山峰或可远观，或是凭栏远眺的观景点。虽本身无更加特殊的奇异造型，但是其形成普陀山全岛连绵幽深的地形空间，增加了普陀山的视觉厚度和层次感（图3-12）。

（二）海洋

普陀山独特的山海环境是其区别于国内其他佛教名山的重要特点。海洋的包围使其具备了成为"观音道场"的先决条件。海洋对普陀山的"海天佛国"风景塑造有着极为重要的作用，也是风景体系中重要的组成部分。历代普陀山中有多处与海洋有关的风景形胜（详见附表2），其中对于海洋的欣赏包括了广阔的海面（如东大洋）、海中岛屿（如善财礁）、沙滩（如百步沙）等风景要素，也包含了海中起伏不定的风浪（如莲花洋）。正是由于海洋风浪较大，而普陀山成为天然避风港，这种海洋风浪的情况对比，使得普陀山天然被赋予了神圣的宗教庇佑的寓意，也承载了普陀山的神圣性。

普陀山的风景营造善用了欣赏大海的两个视角——平视与鸟瞰。平视的方式更能够亲近海洋，直观感受海洋与人的互动细节，其中沙滩有"百步沙""千步沙""金沙""龙沙"和"后岙沙"五处。沙质"黄如金屑软如苔"，感受潮起潮落的周而复始，或伫立礁头，感受海洋拍打礁石产生的磅礴力量。如潮音洞、梵音洞这些海蚀巷道中震撼的自然之力都会使人产生较强的心理感受。而经过宗教文化的结合与渲染，进而转化为具有神圣宗教氛围的环境要素，使香客们对于佛教文化的感受得到共鸣升华。而鸟瞰的角度多发生在从山顶俯瞰大海，感受的是海洋的辽阔及周围岛屿的层次，是一种宏观的视角，展现出一种广阔无垠的辽阔之力（图3-13）。带给香客们的是震撼的视觉效果与宽阔的心理感受。两种不同的海洋氛围共同作用，从不同的角度与感受形式渲染具有佛教文化意味的风景。

图3-12　山麓上的灵石庵
（图片来源：作者自摄）

图3-13　潮音洞远望大海与远处诸岛
（图片来源：作者自摄）

图3-14 身披金色绒毛的
舟山新木姜子
（图片来源：网络）

（三）植物

　　普陀山植物资源丰富，历代的游历者均高度赞美普陀山的优美环境。茂盛丰富的植物是山中寺庵景观的完美环境。茂密的植物所形成的或显或隐的视觉效果，营造出神秘感，提升了香客的探索欲望。另外普陀山中许多古树也是香客们膜拜欣赏的对象。

　　除了丰富的植物资源，普陀山中许多植物因其外貌特征而被赋予了宗教意义，如舟山新木姜子［*Neolitsea sericea*（Bl.）Koidz］（图3-14）因为其春季嫩梢嫩叶密披金色绒毛，而被称为"佛光树"；宋代诗人祝穆的《山矾花》"玲珑叶底雪花寒，清昼香薰草木间。移植小轩供宴坐，恍疑身在普陀山。"其中描写的山矾花自宋代便俗称"小百花"的山矾（*Symplocos sumuntia*）与普陀洛迦山的意译"小白华"互相呼应，成为替代观音道场的象征花卉。这些具有特殊意义的植物在一定程度上烘托了普陀山"海天佛国"的宗教氛围。

（四）奇景

　　作为佛教名山，普陀山中有许多古时无法解释的现象被归结为"显圣"与"神力"，例如由于海岛多雾，尤其在佛顶山顶，更加营造了神秘的气氛（图3-15）。另外由于独特的自然条件，岛上多次出现海市蜃楼及海火现象。"海火"也被称为"神火"。也正是由于海中发光微生物所发出的"神火"，使得普陀山在四大佛教名山中被称为"琉璃世界"。这些奇异的自然现象既是山中重要的风景资源，同时也被赋予了一定的宗教内涵。

（五）奇石

　　普陀山中由于地质变化和海水的侵蚀，形成了许多形态各异的奇石。经过历代营建者们的发掘和联想，将其赋予不同的文化内涵。奇石与周围环境差异大，是重要的视觉焦点，成为游客们喜闻乐见的观赏对象。不但能够产生奇特之感，也能通过文化加工或提炼，增添普陀山风景的文化内涵。

图3-15 笼罩在雾气中慧济寺的金顶
（图片来源：作者自摄）

被比拟的奇石的形象主要包括动物、器物、佛教典故及天门（图3-16）。动物如狮子岩、象岩等，这些动物都在佛教中具有一定的意义，如狮子是佛陀的坐台，代表威严；象是普贤菩萨的坐骑，代表着高贵和菩萨的神力等。器物的比拟包括说法台石、梅公鼎岩、洗脚盆石等。这类拟物的奇石多会与佛教或莅山名人进行联系，以增加其独特性，并对山中的宗教氛围进行衬托。比喻佛教典故的奇石在普陀山中占大部分，如比喻达摩"一叶渡江"的一叶扁舟石、比喻观音来到普陀山留下足迹的观音跳和比拟五十三位罗汉听法的五十三参石等。最后一类是形成门状的怪石，古人分

图3-16 形若门形的巨石——南天门
（图片来源：作者拍摄）

别按照其方位将其看作是天宫的天门。普陀山中有东、西、南三座山门。这些石因为其独特的造型经人想象附会之后具有了特殊的意义，成为重要的风景要素。

第二节　风景特征

普陀山风景同时兼具了文化和自然两个属性特征。

作为佛教名山，其文化属性必然是其重要的风景特征。与中国其他传统名山类似，普陀山的文化属性主要是通过人文景观的营建而形成。但由于历史上普陀山曾是佛教僧人自治的"佛国净土"，因此人文景观主要以佛教僧侣的生活与修行为主要营建目的。另外也会通过营建少量游赏类的功能构筑来满足香客朝拜的需求。普陀山的面积与其他中国著名山岳相比十分狭小，但其巅峰时期却承载了"三大寺、八十八庵院、一百二十八茅蓬"。如此众多的寺庵，其寺庵密度在中国佛教名山中也是位列前茅。如此密度的建筑形成了独特的人文景观集群，密集地向香客展示着普陀山承载的文化内涵。

历史中普陀山除了承载佛教文化之外，也是普通百姓游览休憩的重要风景区。山中优美的自然景观也是其风景体系重要的组成部分，因此，自然属性也是重要的风景特征。山岳风光与海洋风光都是普陀山最为典型的自然风景类型，同时历史中各类人文景观建设过程中也十分注重人工与自然的融合，形成了互相掩映互相依存的现状。这也成就了普陀山自古以来幽深野趣的自然风景特征。另外，普陀山在营建人文景观时也十分重视对于自然景观的开发，通常借用奇险优美的自然景观来传递人文内容，使得佛教文化氛围的形成融入自然，潜移默化地影响香客们的感受。

参考文献

[1]　王连胜. 普陀山大辞典[M]. 合肥：黄山书社，2012.

第 四 章

普陀山寺庵景观时空演变

人文景观是名山风景营造过程中人工主要营造的内容，也直接影响了名山风景体系的形成与发展方向。普陀山风景的形成并没有统一的规划和一蹴而就的建造，是经过数百年不断的营建积累而成。不同时代的僧人，通过有意识地营建人文景观，逐渐完成了对普陀山自然风景的改造，使普陀山从一个孤悬海外的渔岛，逐渐蜕变成名扬海内的佛教名山。那么，普陀山为何能够发展成为一处佛教名山？其风景在各个时期是否有着各自的特点？不同时代的建造者是否有着不同的建造目的与方法？本章将从普陀山的历史入手，通过对历史文献的考据，探讨其人文景观的营建过程与历史风貌，理清普陀山风景形胜的历史演变轨迹，来总结各个不同时期普陀山发展的特征和规律。

　　想要理清普陀山发展的脉络不能"就山论山"，需要结合当时历史所在时期的中国社会经济发展和佛教传播情况等诸多因素共同研究。为了方便研究与概括，本章根据普陀山历史发展及人文景观的特征，将其发展时期划分成为四个阶段，分别为：开山时期——唐代及唐代以前的普陀山，"名刹"时期——四代、宋、元时期的普陀山，"名山"时期——明、清、民国时期的普陀山，"风景名胜区"时期——中华人民共和国成立后的普陀山。

第一节 "开山"时期——唐代及唐以前

一、佛教文化发展

　　佛教诞生于印度，于汉代传入中国。白马寺的建立标志着佛教建筑在中国大地上扎根发展的开端。佛教传入初期，百姓对之较为抗拒，官府也禁止汉人剃度。两晋时期由于政治黑暗，佛教开始被广大民众和士大夫所认知，并开始与传统文化相融合。南北朝时期由于统治者的重视，佛教得到了极大的发展，达到了一个小高潮。但也是由于厌恶佛教的统治者的灭佛运动，佛教从兴盛急转直下。到了隋朝佛教逐渐加快与中国传统文化相互融合，较为明显的是佛教建筑形式开始出现向中国传统建筑借鉴的现象，位于中心地位的佛塔开始吸收中国建筑的形式而渐渐脱离印度原有的形态，并开始出现"佛殿""佛堂"等建筑形式，打破了佛塔中心式的建筑布局。而随着佛教的传播受到战乱、禁佛运动等阻碍的影响，同时也因为魏晋文人"隐逸"之风的影响，佛教徒开始在幽密的山林中营建佛教修行场所。《冥祥记》中记载，高僧慧远便在庐山修建了龙泉精舍，而《魏书·释老志》中也出现了"昔如来传教，多依山林"的内容。这一阶段的佛教在多个朝代皇帝的推崇和支持之下，向全国广泛传播，成为中国佛教发展孕育的关键时期，为佛教在唐朝的繁荣奠定了基础。南北朝时期，随着佛教经典的不断汉化翻译，一个"救苦救难、慈悲普度"佛教偶像——观音开始出现，并在与中国传统道教等本土文化的融合过程中"由男变女"。此时期大量记载观音显圣的文学作品传说故事广为流传，侧面反映了观音信仰在当时的流传程度。正因为观音信仰的盛行，人们开始寻找佛经中记载的观音说法生活的圣地"南海补陀洛迦山"。《华严经》中记载"观音圣地"。较为模糊的记载为信徒们创造了想象和附会的空间。

进入盛世的唐朝，国家经济实力的增强和统治阶级对于佛教的大力推广，使得佛教在中国的传播达到了一个高峰。同时，佛教走完了其中国化与世俗化的进程，部分渗入中国传统社会文化之中，被一些人所接受和信奉。佛教不但是一种宗教信仰，同时也成为一些人的一种生活载体和文化符号。而佛教场所也出现在唐朝人民的身边。除了其原始的宗教传道、僧侣修行的功能外，佛教寺院也发展出了游赏娱乐、医疗文化等一些世俗功能。远在东海一隅的普陀山开始了它的发展序幕。

二、普陀山发展

唐之前的普陀山似乎与佛教并没有太多的联系，也没有相关传说流传出来。反而是一些有关道教的故事如"梅福到普陀山隐居""仙人葛洪炼丹"等传说至今仍耳熟能详。同时岛上还流传有诸如"梅福庵""葛洪井"等遗迹来佐证这些传说。甚至普陀山原来的名字"梅岑山"也是与梅福密切相关。因此，不难看出，普陀山曾经是作为避世隐居或道教修炼仙山而存在的。但是岛上的道教并没有诸如其他佛教名山一样有过一次比较繁荣的发展，而是在佛教文化入侵之时，毫无抵抗即被驱逐，甚至连相关的记载也仅在名字与传说之中留下些许痕迹。

对于普陀山最早的佛教活动，史学家至今仍存在较大争议。许多专家学者都对此进行了考证与研究。

一些专家认为，早在晋朝太康年间，佛教徒们已经发现了普陀山，并认为它就是观音道场，山上也已经出现了佛教相关的活动。这种说法被《普陀山史话》与清华大学陈迟的《明清四大佛教名山的形成及寺院历史变迁》所接受。而其依据为明崇祯年间宏觉国师《梵音庵释迦佛舍利塔碑》中所记载的：

"去明州薄海五百里外，复有补怛洛伽山者，则普门大士化迹所显。以佛菩萨慈悲舍因缘故，自晋之太康、唐之大中以及今上千龄，岁奔走赤县神州之民，至有梯山万里，逾溟渤，犯惊涛，扶老携幼而至者不衰。"

以此推断，太康年间，普陀山上就已经成为观音圣地，并为世人所向往。但此观点并无其他史料加以佐证。另外这一说法的出处是明代崇祯年间，距离晋实在太过遥远，难以考证其真伪。另外，明代崇祯年间普陀山已经作为观音圣地享誉海内，因此，为了展现观音圣地的信仰由来已久而对时间进行夸张也是可以理解的。

第二个有关普陀山佛教文化起源的传说是唐代大中年间的一位印度僧人（或梵僧），在潮音洞上燃尽十指敬佛，并见到了观音大士的显圣。

这一故事被包括《宝庆四明志》《重修普陀山记》等多部山志、方志和游记所记载。各版本在时间与内容上出入不大，虽然有关大士显圣的内容描述有些许差异，但是基本可以成为普陀山早期佛教活动出现在唐代的一个佐证。

而至今流传最广泛的版本是近代山志综合各版山志、方志所认定唐朝"不肯去观音"版本。唐朝咸通三年（日本清和朝贞观四年）日本高僧慧锷（惠谔）从五台山请下一尊观音像，回国时触礁受阻于普陀山，于是将观音像留在岛上，并由岛上渔民张氏舍宅供奉，这成为普陀山发展的初始。后来于梁贞明年间将张氏宅邸改建成为山上第一座寺院"不肯去观音院"。这个版本目前被普陀山风景名胜区官方所认可，近代所著的多本有关普陀山的书籍如《普陀山史话》《普陀山古建筑》《普陀县志》等都将其作为普陀山开山的缘由。这也是流传最为广泛的起源说法。

然而这个美丽的观音显圣的传说无论是在时间、主人公，还是观音显圣的记载，在不同版本的方志、山志中均存在不同程度的矛盾，造成了不同的学者参考不同的历史资料而得出不同的结果，形成了较为繁杂混乱的现状。其依据为南宋宝庆二年（1226年）的《宝庆四明志》卷十一、寺院、十方律院六、开元寺中记载：

"有不肯去观音，先是大中十三年，日本国僧惠谔诣五台山欲礼，至中台精舍，睹观音像端雅，喜生颜间，乃就恳求，愿迎归其国，寺众从之。……及过昌国之梅岑山，涛怒风飞，舟人惧甚。谔夜梦一胡僧，谓之曰：'汝但安吾此山，必令便风相送。'谔泣而告众以梦，咸惊异……敬置其像而去，因呼为'不肯去观音'。其后，开元僧道载复梦观音欲归此寺，乃创建殿宇，迎而奉之，邦人祈祷辄应，亦号瑞应观音，唐长吏韦绚尝记其事。"

从《宝庆四明志》中的记载来看，日僧到普陀山的时间不是咸通四年，而是大中十三年，而敬奉被留下的观音像的也不是渔民张氏，而是开元寺的僧人。宋人徐兢在其出使高丽的见闻录《宣和奉使高丽图经》中记录了其登上普陀山，听闻传说的内容：

"其深麓中有萧梁所建宝陀院，殿有灵感观音，昔新罗贾人往五台，刻其像欲载归其国，暨出海，遇焦，舟胶不进，乃还，置像于焦上。院僧宗岳者，迎奉于殿。……吴越钱氏，移其像于城中开元寺，今梅岑所尊奉，即后来所作也。"

这段记载中不但建院时间与观音像到来的时间出现了颠倒，连主人公的身份也从"日本国僧"变为了"新罗贾人"。

对此，李美子在《"不肯去观音"传说新探》中研究认为"不肯去观音"的传说很可能是在宋时根据惠谔来华的活动与新罗商人的题材而形成的。我们通过古籍查阅发现，"不肯去观音"的故事已经被宋代之后的各个版本山志、方志、游记所接受。如元末盛熙明所著的首部普陀山志《补陀洛迦山传》《补陀洛迦山志》中都记载有这段故事，且故事内容已经与今天所知的内容较为一致，各个版本之间的出入也越来越小。由此可以推断，宋代之后，"不肯去观音"的传说内容才最终成型被人们广泛接受与流传，而宋代关于这个传说的内容多有出入，是由于这个故事内容处于形成初期，还没有被广泛接受。而形成这个故事的原因与宋代昌国地区寺院繁多，竞争激烈等诸多因素有关。

无论是哪种版本传说，虽然主人公、细节、时间有所出入，但是都反映了在唐代乃至更早时间普陀山上就已经开展了以观音信仰为核心的佛教活动。但此时，普陀山仍名为"梅岑山"，说明信徒们并未将普陀山当作观音道场的"补陀洛迦山"而对待。虽然普陀山在唐代就出现了所谓的观音胜迹，但是人们对于普陀山的认知，仍主要关注汉代名士梅子真和晋代葛洪在此山隐居炼丹的传说。但是，随着佛教、观音信仰的不断发展，至宋代，处于中国与日本、新罗的航线之上的普陀山真正成为观音圣地的代名词。

三、普陀山寺庵景观发展

早期的"普陀洛迦山"的概念仅有别名为"梅岑山"的普陀山岛这一处。唐代相传出现佛教寺庵的地域为潮音洞与灵鹫峰山麓之中，而五代兴建的不肯去观音院也是依托于灵鹫峰山麓中张氏旧宅改建。而潮音洞由于盛传观音显圣，一直是普陀山中最为神圣的地域。

唐及以前普陀山上并没有大规模的自然形胜营建活动，绝大部分人类的活动都是生活生产行为。即便是传说中的仙人，也是将此地当作隐居避世的场所来居住生活。此时岛上的常住人口均为本地的渔民、农民。传说中舍宅供奉观音像的张氏也是岛上的普通渔民。因缺乏唐代时期有关普陀山的史料，因此无法判断岛上此时是否已经出现相应的风景景点。因此，在唐代普陀山依旧是一处以农业与渔业生产为主的普通海岛，正等待着后世的开发与改造。

第二节 "名刹"时期——五代、宋、元

一、佛教文化发展

佛教在中国发展到北宋年间，已经十分兴盛，达到了一个发展的高潮时期，同时也融入了世俗社会，彻底服从于世俗政府的管辖。据考证，北宋僧尼的数量在宋真宗时已经增长至45万余，远超唐代僧尼的总数量。为了控制佛教的过快发展，北宋政府对佛教的态度并不积极，但也并没有排斥，除北宋末年，宋徽宗一度"抑佛崇道"之外，北宋皇室与全国各大寺院多有来往，但各朝政府也都制定了一系列限制佛教发展、寺院建设的政策，制定了严格的僧尼剃度管理制度，限制僧尼人数的膨胀，以限制佛教

进一步的扩大。例如雍熙二年（985年）二月颁布诏书："应天下佛寺道宫，自来累有诏书约束，除旧有名籍者存之，所在不得上请建置。"寺院度僧需由政府批准并发放正式度牒。因此寺院是否有剃度僧人的资格成了寺院发展的重要限制。而南宋则对佛教较为支持。尤其是孝宗尚佛，对寺院和僧人控制相对宽松，加大度牒发行数量，并由官方发布规定禅寺的等级，选择最为著名的寺院形成了著名的"五山十刹"。随后又发布了"甲刹""教院五山十刹"等寺庙等级制度。

佛教文化除了在两宋稳步发展之外，在地域上也呈现出较为鲜明的南北差异。北方佛教的发展较为缓慢，以律宗为主要教派。地域上也集中于开封附近。而南方佛教发展十分活跃，律宗、禅宗、南宗等教派均有不俗的发展，尤其集中在东南沿海的两浙、南部沿海的两广和四川成都一带。而随着南宋都城的南迁，杭州发展成了中国佛教的核心。据吴自牧《梦梁录》卷十五《城内外寺院》中统计，仅杭州城内外有寺院671座。两浙其他州郡，与杭州不相上下。普陀山所在的明州有大小276座寺院，足以说明当时两浙地区佛教的兴旺程度。

元代的统治者对宗教十分宽容，佛教、基督教、伊斯兰教等宗教在全国都有信众。自元世祖忽必烈起，蒙古统治阶级对藏传密宗推崇至极，甚至任命密宗大师为国师，并在全国支持修建佛寺，特别是藏传密宗的寺院。这一举措使得全国佛寺数量增长迅速。仅普陀山所在的昌国州地区，地方志中所体现出的寺院就多达22座。

宋元两代的佛教一脉相传，是禅宗发展最为鼎盛的时期。寺院规模较之隋唐时期规模上逐渐减小，而建筑布局也逐渐趋于紧凑。建筑群大多以佛殿或法堂为中心，中轴线日益突出。这一时期的佛寺通常设置气势宏伟的山门（又称"三门"），并有"前殿后阁"或"前殿后堂"的布局形式，使面向公众开放的佛堂和私密讲法的法堂及僧人居住的禅房逐渐分割开来。院落的形式也从唐代的廊院式向着更加紧凑的合院式发展，在中轴的两侧设置两庑，在此时已经成为定式。《百丈清规》等禅宗丛林法规的成书及后世增删的各个版本《清规》都标志着佛教寺院日益朝着规则化、模式化的方向发展。

二、普陀山发展

五代时期普陀山中出现了第一座有记载的寺院——不肯去观音寺。据传是由供奉"不肯去观音"的张氏住宅发展演变而来，成为普陀山上唯一寺院。良好的环境与不断出现的神迹使得不肯去观音院声名远播。宋太祖乾德五年（967年）时，宋皇曾命内侍送香幡至普陀山供奉，使其成为被皇室礼遇的寺庙之一。同时普陀山独特的地理位置和自然条件为其发展带来了机遇。普陀山地处中国前往日本与韩国的航线之上，周围的潮汐和避风条件都为远洋的船只提供了避风休息的场所。很多遭受风浪的船只到普陀山来避风，水手们便认为这是观音大士慈航普度的庇佑，因此"船舶至此，必有所祷。"神宗元丰三年（1080年）出使三韩的王舜在普陀山遇风避浪，并上奏朝廷。宋皇诏改建"不肯去观音院"，赐额"宝陀观音寺"，许每岁度僧1人。至此，普陀山开始其被政府承认之后的稳步发展。由于宋代禅宗的发展壮大，绍兴元年（1131年），僧人真歇请示朝廷，将普陀山易律为禅，并驱逐了岛上的山民渔民，使普陀山成为一座以禅宗为主要流派的"佛国净土"。

此后普陀山便在皇室的庇护下稳步发展。宋、元两代朝廷多次因不同缘由赐资建院，敕封高僧，免税免役，既保障了普陀山的经济发展，也在民间为普陀山建立了良好的声望舆论基础。这两朝普陀山高僧频出，真歇、一山一宁、如智、浮中、古鼎等多位高僧著书立说，成就了《华严无尽灯记》《五灯会元》《咸淳清规》《五会语录》等多部佛家经典著作，丰富了佛教的理论体系。同时，山上高僧多人次作为使节出使日本，一山一宁更是作为日本国师在日本创立"一山派禅宗学说"，促进了中国文化与周边国家的交流互动。至正二十一年（1361年）盛熙明撰写了第一部普陀山的山志《补陀洛迦山传》，详细描述了元代普陀山"佛国净土"的盛况，成为普陀山山志的开端。

然而此时的普陀山中主要的寺院仍只有宝陀观音寺一座，虽然也有些如真歇庵等小型的寺庵，但其规模与发展远远不能与宝陀观音寺相较。普陀山仍是以"宝陀观音寺"为核心的"名刹"模式发展，即将"宝陀观音寺"发展成为全国知名的名刹为目的，普陀山的环境作为寺院的附属存在。南宋时期官方发布的"五山十刹"制度将个体寺院的等级加以排序，所依据的是个体寺院的规模及知名程度。宝陀观音寺的地位并不靠前，仅位列"教院十刹"之一。而真正的"五山十刹"中仅宁波当地就有3座著名的大寺。因此，为了增加自身的知名度与地位，宝陀观音寺选择了从增加其所在地普陀山的神圣性这一角度出发，通过所在地的神圣来反映宝陀观音寺自身的重要地位，增加其在竞争激烈的江南丛林中的影响力。

无论是从《补陀洛迦山传》中的描写还是从《宝庆四明志》中的描述来看，此时的普陀山已经坐实了其观音说法地"补陀落迦"的名号，梅岑山这一名字逐渐成为别名，众多观音显圣的事迹也使得普陀山观音圣地的地位逐渐在百姓信徒心中建立起来。但是，此时的普陀山并不是全国唯一一处与观音胜迹相关的佛教名山。《补陀洛迦山传》在附录里面记载了多个与观音相关的名山如"长安南五台"是观音降服火龙的显圣地，"武林西山上天竺寺"有多现祥瑞的观音像，"大都蓟州雾灵山"是古昔相传的菩萨道场，也屡有胜迹。由此可见，单是普陀山作为观音道场的地位并不十分突出，只是全国数处观音胜迹之一。

为了在众多观音院中脱颖而出，普陀山必须要在神圣性方面得到更加广泛的信众认可，以加深观音与这座海岛之间的联系。与在唐代就已经成为佛教圣地的五台山不同，虽然普陀山被塑造成为观音讲法的道场，然而佛经中所记载的真正的补陀洛山位于印度，而非中国。这就造成了普陀山天然的神圣性的缺憾，也致使普陀山无法从其他有过观音胜迹的寺院脱颖而出。德国的鲁道夫·奥托在其著作《论神圣》中探讨了宗教如何使信徒感觉到神圣。他认为神圣的创造需要"显圣物"。"显圣物"可以是一种超自然现象，也可以是一种实际的事物。对于古代信众而言，神圣便是力量，而显圣便是力量的体现。因此普陀山如果能够拥有比其他观音寺院更为神异的"显圣"，则信徒们便相信普陀山具有更为强大的神圣力量。而"不肯去观音"的故事就提供了"显圣"的来源。五台山上请来的观音像不肯离开自己讲法的岛屿，这样的故事间接为普陀山的神圣性提供了佐证，也弥补了普陀山在观音道场"名分"上天然的不足。为了使得"不肯去观音"的故事更加具有神圣的意味，最初"新罗贾人"为主人公的相对朴素的故事情节，被演化发展，最终形成了日本高僧的遇到观音显圣的故事，同时这个故事中的观音像也成为普陀山发迹的"显圣物"。由此便可以解释为何宋代有关"有关不肯去观音"的故事多有出入，而宋代之后的记载则都几乎统一成为日僧慧锷的版本。从这个角度也可看出，宋代的普陀山为了能够在丛林林立的江南大地获得一席之地所作出的努力。

除了在舆论上进行努力，宝陀观音寺还在以其为中心的普陀山中大量营建经营具有佛教意义的风景形胜，营造优美脱俗的自然环境，使其能更符合《华严经》中对普陀山自然环境的描述，来使信徒更加确信宝陀观音寺所在地是观音说法地的正统性。

总结来看，这一阶段的普陀山佛教以宝陀观音寺为核心，并获得皇室的认可，又通过"显圣"传说的舆论影响，得到了空前的发展，确立了观音说法地"补陀落迦"的名分。并通过营造具有佛教氛围的环境来凸显"名刹"的神圣与重要性。因此，这一时期是普陀山以宝陀观音寺为核心发展的"名刹"时期。

三、普陀山寺庵景观发展

现收藏于日本长野县定盛寺的一幅元代绘画《补陀落山圣境图》（图4-1），是现存最早反映普陀山情况的山图。图中出现文字"西至庆元路昌国州沈家门"，其中"庆元路"为元朝世宗至元十八年（1281年）至明洪武十四年对宁波的称呼，"昌国州"为元代至明洪武二年（1369年）对舟山地区的称呼。因此可以推断此画创作时间为元朝。画面不但详细描绘了山中的山峰和建筑，同时用文字标注出了73个建筑或地点的名称。虽然年久，有些字难以辨认，但是仍然可以判别出大量沿用至今的地名。通过对照宋人赵彦卫《云麓漫钞》对普陀山的描写和元代盛熙明的《补陀洛迦山传》，我们可以大致整理出元代普陀山的大体情况，结合中国画图像语言，总结出《补陀落山圣境图》中反映出的各类风景要素。

（一）寺庵建筑及园林

通过对图画中的文字和图形进行辨认，可以发现以画面正中心为一座恢宏大寺——"宝陀观音寺"，所占面积几乎是描绘的普陀山画面部分的二分之一，足可见其重要地位，其周围分布着8处小型建筑和4座佛塔。这些小型建筑有"真歇庵""长生库""妙清□""润亭""四大旗□""天下补陀山""香亭""清凉境峰"。它们大多是三开间，且结构简单，其中"长

絹本著色補陀落山聖境図

境聖□神現音観山迦洛（陀）怛補

西至慶元路昌國州沈家門

東至航羅日本國黒水大洋

月蓋長者

観音菩薩

善財童子

宝陀寺

潮音洞

観音菩薩

图4-1　日本定胜寺补陀落山圣境图
（图片来源：网络）

生库"为宋代寺院开设的典当库，为附属于宝陀观音寺的功能性建筑；靠近高句丽道头处的"天下补陀山"与别处小型建筑略有差异，呈现出中间高两侧低的三开间结构，推测为全山的山门。据载"真歇庵，在寺后深山处，真歇了禅师，修道庵中……"。推测"妙清□""润亭""四大旗□""香亭""清凉境峰"为小型景观性建筑。"塔子峰""多宝塔""分奉塔"为佛塔。从图像上推测，均为中小型的石塔。

位于图正中间的元代宝陀观音寺（图4-2）坐落于山中的一块平地上，四面环山，南侧为正趣峰，东侧为光熙峰并紧邻大海，西侧为金刚山、梅岑山，北侧背靠妙应峰。且磐陀石被描绘位于宝陀观音寺的东北侧。宝陀观音寺主体建筑为三进院落，有一条明显的轴线，串联三座主要的殿宇。第一座重檐殿宇上书"敕赐観音宝陀禮寺"，为寺院的山门。山门体量十分庞大，气势恢宏。第二座重檐殿宇名为"□□□大殿"，推测应为寺院佛殿，位于整个院落的中心位置，体量小于山门；最后一座二层重檐歇山顶的龙章阁，用来供奉宋皇御书的匾额，成为整座中轴线的收束。

三座主体建筑与环绕四周的庑廊组成了合院式的院落布局。第一进院落中有规则种植的植物和整形的绿地。院落中间有一座三开间的建筑，由于画面年代久远，文字模糊无法分辨，因此也无从知晓此建筑为何用。推

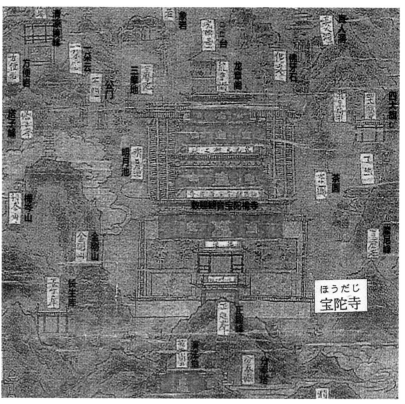

图4-2 补陀落山圣境图中的宝陀观音寺
（图片来源：补陀落山圣境图改绘）

测为第二层山门，与第一层山门共同构成了三层山门的"三门"格局。第二、三进院落东西两侧没有跨院，因此推测东西两侧庑廊为僧寮和庖厨。

本应在中轴线之上的"演法堂"却偏离了轴线控制，隐藏在宝陀观音寺的南部正趣峰南侧山麓中，并在其旁边修建了分奉塔。推测其原因是此部分为元代后期加建，并非与主体建筑同一时期建造；又或是由于山麓中平坦空间的受限，因此选择了在主体建筑邻近的山中另择址修建。画面中主体建筑院落外西侧设有"长生库"。寺院外西侧紧邻"明月池"，东侧紧邻"茶园"，北侧为"□□台"。共同形成了宝陀观音寺周围的寺院环境。

宝陀观音寺的前身为"不肯去观音寺"。宋太祖乾德五年（967年），宋皇曾命内侍送香幡至普陀山供奉，使其成为被皇室礼遇的寺庙之一。神宗元丰三年（1080年）出使三韩的王舜在普陀山遇风避浪，并上奏朝廷。宋皇诏改建"不肯去观音院"，赐额"宝陀观音寺"，许每岁度僧供奉香火。宝陀观音寺也成为普陀山中的主刹。

由于明代曾因海禁驱逐山中僧侣，毁去寺院，且明代兴建的普陀寺并无对宝陀观音寺的延续，因此今天仍无法确定宝陀观音寺的准确位置。但我们仍可以从《补陀落山圣境图》中获取一些定位信息。虽然画面中并未标明方位，且山图的绘制与真实方位存在较大偏差，但我们仍可以通过各个风景形胜与宝陀观音寺的相对位置来推测出其大致方位。根据磐陀石、仙人井、正趣峰、多宝塔等的相对位置，以及明代周应宾山志《重修普陀山志》中记载选址在"迁麓下，并改辰为丙"，即改南偏东向为南向，以及《云麓漫钞·宝陀山记》"自玩月峰之上过一山，中有平地，四山包之，即补陀寺。"可以推测，宝陀观音寺的位置应在今天多宝塔东侧的山麓平地之中，建筑群朝向东南。因此与明代三大寺之一的普陀寺相比，其前身宝陀观音寺与海洋之间的距离更近，联系更为紧密。但由于其东侧的自然山体并未被破坏，其选址四周环山，仍遵循了山势环抱的通常惯例，避免强烈海风的侵蚀。可以看出选址与朝向都是基于获得防风、光照等更舒适的生活环境的考虑，但与海洋距离的紧密呼应了其希望体现"观音说法地"的特色。

宝陀观音寺的格局（图4-3）基本符合宋元时期常见的三门两庑、中轴对称、后阁隆耸、左库右僧的基本格局。其使用的多重山门以及第三重山门庞大的体量也凸显出宋代遗留的唐式寺院的风格，但并没有出现在宋代已十分普遍的"双阁"建筑。整个建筑空间大气简洁，空间布局十分疏朗。三重山门，加强了寺庵对入寺香客的引导作用，并利用规整的植物空间来营造具仪式感的氛围，达到层层递进的效果。

宝陀观音寺主体建筑群建筑等级较高，体量较大，符合它作为皇室敕建寺院的地位。但此时主体建筑群仍然仅有一条主要轴线，并未发展出两侧其他的功能轴线。而参考同期被位列禅宗"五山十刹"的宁波天童寺（图4-4），其东西两侧已经出现多座院落的复杂格局，且规模十分庞大。与之相比，宝陀观音寺的格局与体量仍存有较大差距。但是也有专家认为可能是该图省略掉了两侧僧人私人功能的跨院，仅表达了中轴线上的公共空间。由于缺少同一时期的相关文字描述作为辅助，因此无法判断其真实

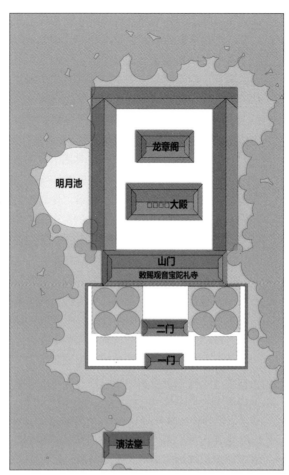

图4-3 宝陀观音寺建筑群格
局示意图
（图片来源：作者自绘）

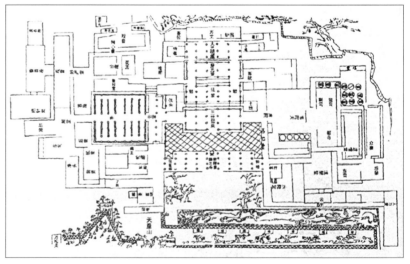

图4-4 五山十刹图中的宁波天童寺
（图片来源：《中国江南禅宗寺院建筑》）

情况。但由于宝陀观音寺山寺的身份，虽为皇室敕建，但由于岛屿孤悬海外，生存环境相对恶劣，出于对建筑难度、材料运输难度以及香客的朝拜难度考虑，宝陀观音寺规模较小仅有一条主要轴线的推测更为合理。

另外，我们也可以发现，宝陀观音寺在建筑布局和建筑空间的营造上均与周围自然环境紧密结合。建筑的布局考虑地形的条件，并对寺院内外的环境均作出了人为的加工和塑造，形成了良好的景观效果。例如在寺院院落内部通过规则式的植物景观烘托出庄严肃穆的气氛；在寺院周围营建明月池与茶园等，既解决了生活需求，同时形成了人工化的景观效果，与周围自然的山林植被对比强烈，可加强自身的存在感。而寺院周围的风景形胜更为密集，形成拱卫之势。而山中其他建筑为景观功能性建筑和小型的庵院茅蓬，体量小、建筑形式简单，对周围环境的塑造较为简单，均与宝陀观音寺的宏伟精致形成了鲜明的反差。这些小型的建筑拱卫在宝陀观音寺周围，既承担了山中的旅游服务功能，又烘托出宝陀观音寺的重要和神圣。可见，此时山中的宗教景观是以宝陀观音寺为绝对的核心。

（二）风景形胜

《补陀落山圣境图》同时用文字标注出了69个建筑或地点的名称，其中自然风景形胜58处[1]。虽然年久，有些文字难以辨认，但是仍然可以判别出大量的沿用至今的地名。通过整理识别出山峰类形胜14处、洞穴类3处、奇石类形胜11处、水景类形胜6处、意境类形胜7处、功能类形胜2处和遗迹类形胜3处。

根据画面中的强调程度，可以发现，潮音洞、磐陀石描绘最为详细，潮音洞更是加入了观音形象的描绘（图4-5），可以推断出，这两处风景形胜在元代时期便是普陀山最为重要且地位最高的风景形胜。

① 清凉境峰主体为一处景观建筑，但其欣赏的对象应为山峰，因此将其也算作山峰类风景形胜，数字重复计算。

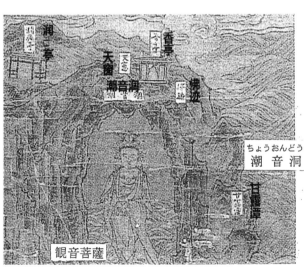
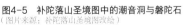
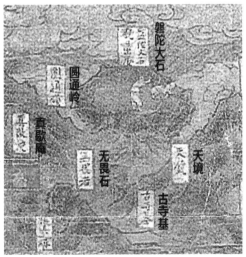

图4-5 补陀落山圣境图中的潮音洞与磐陀石
（图片来源：补陀落山圣境图改绘）

《华严经》中记载，观音道场"华果树林皆遍满""树林蓊郁，香草柔软"，因此普陀山岛的营建者们十分注重对于自然环境及风景形胜的营建。通过对比《补陀落山圣境图》与《补陀洛迦山传》及游记，可以发现当时人们所欣赏的风景形胜大致可分为建筑、山峰、泉池、奇石、遗迹等。岛上早在宋代就已经出现了"菩萨泉""潮音洞"等风景形胜。据元盛熙明所著的《补陀洛迦山传》中记载，当时普陀山自然风景优美，植物繁茂，并以山上烂漫的山茶树而闻名。可见元代香客以十分欣赏岛内的自然环境。而这些自然环境一方面是岛内的自然优势，另一方面则是岛内的僧人有意营造的。

从风景形胜的形成上来看，《补陀落山圣境图》中描绘了两类形成方式：一类是人工在自然基础上营建而成；另一类是天然形成，但人为赋予其文化意象。第一类如"塔子峰""清凉境峰""真人洞"等，虽然风景形胜的主体是自然景物，但都经过了人工营造。通过营建塔、亭等景观建筑，自然与人工交织，互相成就，形成具有风景形胜。第二类风景形胜主体为自然景物，但都通过命名，赋予其丰富的观音文化意象，使其情景交融。被赋予的意象或是结合自然景物的形态进行联想，如"象岩""佛牙石""石观音"等，另一种是根据自然景物的意境，赋予其佛教名称，使其具有一定的宗教意义，例如"三摩地""妙善峰""妙应峰""金刚山""善财洞"等。这两种风景形胜的形成方法共同配合，在宝陀观音寺周围共同营造了观音文化浓厚的宗教氛围。

普陀山中潮音洞与磐陀石恰恰是两处符合"显圣物"特性的特殊风景形胜。潮音洞因海水拍打石壁的声音洪亮而得名。普陀山附近存在良好的避风港，因此屡屡发生诸如"不肯去观音"的化险为夷的"神迹"，因此加强了观音"显圣"的传说，致使宋代的船舶路过普陀山"船舶至此，必有所祷"。另外普陀山中的祈雨活动也较为常见，如南宋时期昌国令王阮，曾前往普陀山祈雨，并作诗《补陀山祈雨》；宋人张邦基在《宝陀山记》中记载了前往祈雨并目睹观音显圣的经历。早期唐代传说中的祈雨地也发生在潮音洞附近。因此两项重要的"观音显圣"发生地也就成为全山最为重要的节点。潮音洞的观音文化内涵与宏伟的自然潮水景观结合，共同形成了历代的普陀山营建者最为看重的风景形胜，也形成了承载观音神圣性的重要宗教景观节点。而磐陀石超尺度的庞大体量和奇险的造型被誉为是宗教之力的展现，因此也受到了格外的重视。但此时这两处景点周围仅有大小风景形胜与之呼应，还没有形成与之毗邻的庵院和茅蓬，对风景形胜的改造更多还是集中在宝陀观音寺及香道沿线。

（三）交通设施

通过对《补陀落山圣境图》图面信息的分析，可以看到高丽道头旁画着水纹和船舶，推测即为游记中的渡口——高丽道头，是元代出入普陀山的重要途径。

顺着高丽道头可以依稀地看见红色细线穿梭在山间，以宝陀观音寺为核心串联着周边风景形胜，以此认为红色细线在古画中代表山中交通路线。由于古画历史久远多处细线已变得模糊不清，仅能辨认出三条山间

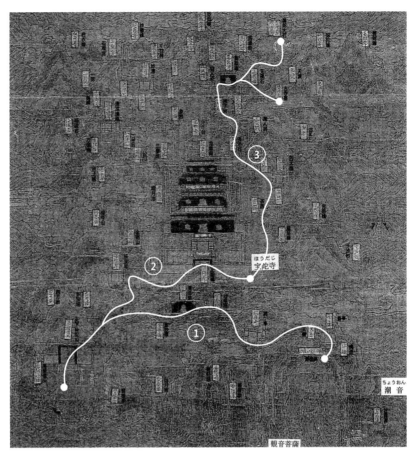

图4-6　陀落山圣境图中的三条香道
（图片来源：补陀落山圣境图改绘）

游览路线（图4-6）。第一条交通路线由高丽道头开始通往潮音洞线路，沿途经过了高丽道头—天下补陀山—演法堂—分奉塔—润亭—香亭—潮音洞；第二条路线为在通过天下补陀山后向北转通往宝陀观音寺，即高丽道头—天下补陀山—多宝塔—长生库—正趣峰—宝陀观音寺；第三条路线是从宝陀观音寺出发通往古寺基或磐陀石，即宝陀观音寺—茶园—四大旗□—佛牙石—狮子岩—仙人迹—真歇庵—无畏石—古寺基或从真歇庵前往磐陀石。由此可以判断，这三条线路是普陀山中较为常见的游览道路。

香道是香客游览、朝拜的线路，也是承担引导、组织、串联景观叙事的重要载体。由于普陀山是一座海岛，因此游览交通系统分为岛外交通与岛内交通两个部分。

1. 岛外交通系统

普陀山与大陆之间的交通联系主要依靠船舶。古时舟山是中国著名的造船基地，也是海上丝绸之路的重要港口，因此当地航海技术十分发达。普陀山与大陆之间的洋流十分利于航行，既便利又安全。

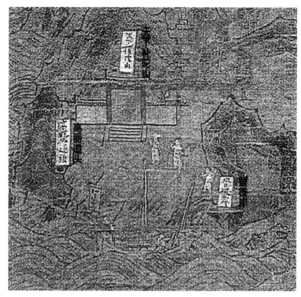

图4-7　元代·高丽道头
（图片来源：根据《补陀落山
圣境图》改制）

　　明代后普陀山使用的渡口是短姑道头，而元代及以前，普陀山中最重要的古道头是高丽道头（图4-7）。据王连胜考据，高丽道头位于今基司湾内。据赵彦卫所著的《云麓漫钞》记载："自明州定海县招宝山泛海东南行，两潮至昌国县；自昌国县泛海到沈家门，过鹿狮山，亦两潮至山下。"元代盛熙明《补陀洛迦山传》中记载："自四明陆行，东九十余里，过穿山渡，至大谢，再经嵩子渡，至昌国州，陆行七十里，沈家门止一渡至山。"分别展示了两种前往普陀山的游览方法，一种是从定海县招宝山走海路经过昌国（今舟山）、沈家门最终到达普陀山；另一种是从四明（宁波）海路、陆路结合至沈家门再走海路至普陀山。无论从《补陀落山圣境图》还是山志、游记中的记载，此时的普陀山岛并未构架与洛迦山岛等其他周边岛屿之间的海上交通，也未将周边岛屿纳入"普陀山"这一范畴，因此游览范围仅限定在普陀山岛的独立区域之中。这与明代时期包含了普陀山岛、洛迦山岛及周边岛礁的"普陀山"的范围存在着较大的区别。

　　2. 普陀山岛上的交通系统

　　岛屿内部的香道与朝圣道路是连接和引导游人的重要线性功能系统，元代普陀山岛上的交通系统也因寺庵、自然形胜的内容不同于明代及今天的普陀山有着较大的区别。此时无论从游记还是山志中均未列出明确的香道。但从《补陀落山圣境图》中展示出的交通，并参考宋代赵彦卫所著的《云麓漫钞》中有关于普陀山中道路交通的详细描写，可以整理出普陀山主要的游览体系。《云麓漫钞》中记载了从高丽道头向东有路，过普门岭后向东南便到宝陀观音寺；从普门岭向南沿着玩月岩向北至善财洞；从宝陀观音寺前向东到"古寺基"过圆通岭，可以到达海边。借此我们分析出元代的游览路径是以高丽道头为起点，以宝陀观音寺为中心的交通结构。由宝陀观音寺为连接点，向山中各个小型的庵院（如真歇庵）、自然形胜辐射次要一级的道路。进一步印证了元代普陀山中的最主要核心为宝陀观

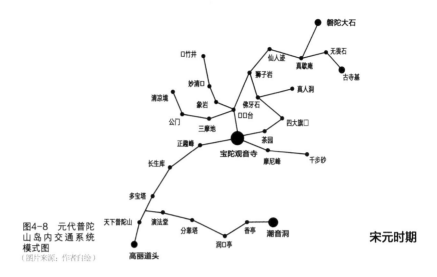

图4-8 元代普陀
山岛内交通系统
模式图
（图片来源：作者自绘）

宋元时期

音寺。对比明清时期多核心全山辐射的交通模式，此时普陀山的发展空间仍然限制在高丽道头、宝陀观音寺与潮音洞之间的线性交通，并未形成网状的交通结构（图4-8）。

（四）景观结构

《补陀落山圣境图》中描绘的普陀山全山仅以宗教景观为主，反映出宋代驱逐岛民后在元代形成的仅有僧人居住的普陀山，对环境的改造策略以营造宗教景观为主要方向，同时为了能在东部沿海地区众多历史悠久的大丛林中脱颖而出，普陀山在营建的过程中极力凸显观音文化的特色，更加注重对于自然环境的利用，将人工与自然相结合，形成了以宝陀观音寺为核心的观音文化宗教景观结构。

此时的景观结构以宝陀观音寺为中心核心，以高丽道头、潮音洞和磐陀石三个重要节点为次要核心。在中心核心周围和串联各个节点之间通过人工营建，形成一系列小型的景观节点，同时也进行小型寺庵的营造，形成一个放射状的景观结构。景观节点的密度越靠近核心越密集，越远离越稀疏。越靠近核心人工化越强，多为人工构筑与自然环境结合而形成的景点；而越远离核心人工性越弱，更多为通过对宏观自然景物的文化命名方式来形成景观节点。形成了大海——高丽道头——宝陀观音寺——风景形胜这一宗教景观序列。呼应于佛经中记载神圣的"观音说法地"的环境氛围，以凸显宝陀观音寺及普陀山的神圣性。

在宗教景观辐射范围上，通过对比民国时期普陀山的风景形胜名称，图中大部分标注出可考的重要景点集中于今天普陀山的前山区，名称延续至今且能够定位位于后山的仅有光熙峰和千步沙。说明此时的普陀山仍是以大寺和神迹节点吸引香客，后山并没有发展成明代以全山的神圣性来吸引香客的景观模式。这种以大节点为主的发展模式可以节省营建成本，在有限的范围内更好地营建宗教景观氛围。另外，由于明前普陀山中具有分量的寺庵极少，除以上四个重要节点外，其他偏远节点对香客的吸引力十分有限。仅靠一座皇室敕建寺院无力建立起全山的神圣性宗教景观格局。这也形成了如《补陀落山圣境图》中描绘的以大寺为核心的宗教景观发展模式——"名刹"式发展模式。

但此时"普陀山"的概念仍局限在普陀山岛之内，无论是有意识的风景营造或朝拜游览都局限于岛屿内部，并未扩展到周边外的岛屿。大海仅作为了呼应佛经中普陀山海岛的特点，并未加以利用。这与明代形成的，将普陀山全山及周围海域岛屿均纳入宗教景观范围的"名山"式的景观发展模式相比，范围更小更集中，宗教神圣性和游览的丰富程度更弱。是后期普陀山不断发展壮大的起点，为后续发展奠定了物质空间和宗教文化双重基础。

第三节 "名山"时期——明、清、民国

一、佛教文化发展

发展到明代，佛教信仰与宗教的影响力受到了统治阶级的重视，通过倡导佛教思想、佛教观念来实现对臣民的统治与控制。明太祖便通过一系列政治管理系统的设立与改良，通过僧官制度强化僧人的管理，并着力发挥佛教的社会功能。同时统治者的许多针对佛教，尤其是藏传佛教的政策，实际上与朝廷对西部边疆少数民族的统治和安定有着紧密的联系。

但是皇室对待佛教并没有保持从始至终一样的态度，而是时而抑佛，时而兴佛。不论是对藏传佛教还是汉传佛教，皇室的态度往往会发生前后急转的现象。虽然朝廷对佛教的政策经常摇摆，但是免除寺院僧众的田赋或赏赐田产等行为，使得民间困苦为生的百姓选择成为僧侣以逃避繁重的税负或挣扎保命。明代寺院通过皇室赏赐或乡绅捐赠聚集了大量的田地，并吸纳大量的劳动力为不需要纳税的僧人，造成了严重的社会和政治问题。为了保证国家的运转，免除寺院僧众的税赋依旧要转嫁到普通百姓身上，进一步造成了百姓的赋税负担，使百姓的生活更加困苦。因此，明代朝廷中一直存在着抵制佛教的声音，这也是导致政府对待佛教态度波动的原因之一。这一摇摆不定的态度也间接平衡了佛教在中国的发展。而政府对待佛教摇摆的态度，也间接使得普陀山在明代几度兴废。

清朝政府对待汉传佛教的态度沿袭了明代，除康熙皇帝较为宽容与支持外，其余皇帝均采取宽容接纳与限制管理并存的政策。同时，皇室更加明显地显现出对于藏传佛教的偏好，将藏传佛教的寺院大量修建在皇家园林之中，并呵护关照西藏的达赖喇嘛，以起到稳定边疆统治的目的。同

时，清朝政府为了避免再一次出现明朝寺院与民争夺劳动力的问题，严格限制了僧众出家的管理制度，抑制寺院对民间劳动税赋发展的影响。力求寺院既可以成为安定人心的精神控制工具，又能避免其过度发展所造成的对民间劳力财产的侵夺。因此，清代大多寺院中僧尼的数量较前朝大幅度减少，甚至敕建的寺院也只有10位僧众，私人寺院更不必说。据清华大学王贵祥教授考据，明代僧尼总数约为21万人，而这个数字比清初僧尼、道士、女冠数量的总和还要多。可见清代佛教的发展已经明显步入下坡道，影响远不如前朝。

民国时期中国佛教呈现出一种两极分化的状态。被剥夺了封建地主地位的顶层僧人们在经济上大大减少或直接丧失生活来源，在思想哲学话语权上无法与西方民主自由科学的思想抗衡，在号召力上再也不能如曾经那般呼风唤雨，甚至影响政府的决断。因此，这些位于金字塔尖的僧人们开始反思与寻求佛教新的出路。而与之相对应的是广大的底层僧人和普通信众们则对于这场佛教变革不以为然。他们既不是封建时代的受益者，也没有感受到思想文化带来的冲击。他们依旧依附于佛教对于他们精神上的安慰，希望可以通过拜佛来改变现状困苦的命运。因此，这场佛教的变革是从佛教内部，由佛教顶层阶级发起的，却并没有传递到底层，未对普通信众造成多大的影响。

在佛教理论发展方面，明代是儒释道三教合一思想发展的鼎盛时期。大量的理学士子开始崇尚佛教，有些人会将佛教思想与治国理论共同讨论。这种三教合一的思想不论是对中国的哲学体系、文学艺术创作还是对建筑与园林环境都产生了较为深远的影响。佛教的民间信众依旧十分广泛，但民众对于佛教的信奉已经完全世俗化。佛教信仰在普通信众的心中成为实现他们现实世界欲望的途径，与佛教解脱开悟的精神内核相去甚远了，而佛教本身亦渐渐世俗化，佛教研究也呈现出明显的衰退之势。

由于朝廷的支持和部分民间信众的热情，明清两代汉传佛教建筑在不断地兴建与发展之中。但是，明清代的佛教建筑无论位置和规模都无法与唐宋盛时相比。除了皇室敕建的寺院之外，寺院的规模已经明显缩小。同时明清代的封建等级观念对寺院的规模也有着约束和影响。明清代的寺院在建筑类型上开始趋于简化，基本保持了宋元时期的三门两庑、中轴对称、后阁隆耸、左库右僧的基本格局，但是从前恢宏的三门渐渐被低矮的金刚殿所取代。同时，随着"四大天王"信仰的形成，出现了"天王殿"这一种建筑类型。因此，在中轴上正佛殿前的建筑出现了多种组合形式，有将金刚殿取代三门的，有同时设置三门和天王殿的，有三殿兼而有之的，也出现了将金刚殿与天王殿相结合布置的案例。在正佛殿之后，明代的许多寺院渐渐取消了法堂的设置，并继续在一些供奉释迦牟尼佛的寺院中设置菩萨殿。同时，寺院的院落空间组织也越来越简单，渐渐形成了规范化、模式化的布局形式。

随着明清时期寺庵建筑规模的逐渐减小，无法恢复宋代"五山十刹"时期的辉煌。因此明清时期渐渐从对单一大寺高僧的崇拜转变为对整座佛山的崇拜。以佛山整体为崇拜对象，通过集群的方式营造了一个更具有力量与神圣价值的"道场"的概念。将单一寺庵微弱的影响不断聚集和积累，并通过对佛山整体环境的营造，消除了影响日益式微的单体佛教建筑陷入的困境。这种对于佛山的崇拜渐渐发展和演变，逐渐形成了"佛教四大道场"。到清代几乎各个州府县域都有山寺，而佛教比较发达的江南地区，山寺遍布山林。而这些山寺不但以集群形象成为信徒们朝拜的对象，也因其清幽禅意的景观空间成为文人墨客或普通百姓游览休闲的场所。

基于民国时期佛教式微，其建筑布局大多沿袭清代时期的规制。但是由于寺院田产回收，僧人不得不依靠信众捐助与接待香客为生，导致寺院对于香客、居士的寄宿空间的需求大于清代。因此以普陀山为例，一些寺院在民国初期反而大兴土木对寺院进行客房的扩建。同时由于西方文化的入侵，一些寺院为求发展吸引香客居士，也在寺院中兴建西式风格的建筑，使得这个时期的寺院建筑呈现出一种较为混乱的状态。

二、普陀山发展

由于明朝政府对于佛教政策的摇摆，再加上倭寇作乱、海上战事的原因，普陀山的佛教在明代曲折发展。随着山中的寺庵数量增多，普陀山开始了"名山时期"的发展模式。虽然几经兴废，普陀山最终在明代确立了全国四大佛教名山的地位。明代初期，由于统治者希望利用佛教对百姓进行统治和教化，因此大力支持发展佛教，此时普陀山的发展十分繁荣。

洪武十五年，京都设僧录司，州设僧正司，县设僧会司，规定三年一次考试僧侣，合格者免费发给度牒，时普陀山有殿宇300间，度僧传戒，佛事不衰。

然而由于普陀山地处的东南沿海在明代为倭寇作乱的主战场，清代又有荷兰海盗来犯，海疆不靖。出于海防作战考虑，普陀山在明代和清代均经历了毁寺去僧，发展受到了严重的打击。

然而封山禁海并没有阻碍虔诚的佛教信徒对普陀山的向往。虽然普陀山多次遭受毁灭性打击，但仍有僧人筹措资金、寻求皇室庇护，希望能够重振普陀山，但均未成功。海禁期间，僧真松、真表等多位虔诚僧人不顾禁令上岛，寻觅被毁宝陀观音寺遗址，并复建寺院、茅蓬。但由于禁令原因多次被毁，真表更是被施以刑法。战乱平息之后，因良好的群众基础、僧众的努力和在以太后为代表的侫佛皇室的大力支持，普陀山反而快速重建发展起来。在万历年间，普陀山得到了空前的发展。

明代海禁结束后，太监张随奉旨前来重建普陀山。此后，皇室敕建了两座大寺，一座是之前的全山主刹"宝陀观音寺"，并更名为"护国永寿普陀禅寺"；另一座是由庵改寺的"海潮寺"，并赐名"护国永寿镇海禅寺"。同时，由皇家妃嫔出资捐建了一座庵院，赐名为"敕赐祝延圣寿磐陀禅院"，并赐金佛及经卷。明代的重建使得普陀山重新焕发生机，将普陀山岛附近的洛迦山纳入到了"普陀洛迦山"的范畴之内，使普陀山成为一个包含两座海岛与其周边海域的集群概念，延展了普陀山寺庵整体园林环境的边界。与五台山、峨眉山和九华山一起并称四大佛山，形成了四大菩萨的道场。明代文人董其昌在其文集中评价了当时明代的四大佛教名山"岁在甲辰,夜台访余南屏,请书牓书三,于五台,曰金色世界;于峨眉,曰银色世界;于补陀,曰琉璃世界。丁未又书,离垢世界,以真九华。"对于亲自到过普陀山的董其昌而言,普陀山虽然规模不及其他三山,又几经兴废波折,但是,仍将其位列四大佛山第三,并赞为"琉璃世界",十分难得。同时在明朝的寺院营建中也出现了模拟五台、峨眉和普陀三山来修建三大菩萨殿的行为,说明普陀山在信众心中已经具有了十分深厚的信仰基础。

清代经过康熙四年至二十三年的兵患海禁,荷兰海盗登岛掠夺了大量的佛像财物,普陀山遭受了巨大的打击。海禁松弛后,康熙南巡至杭州亲自命重修普陀寺。后定海总兵蓝理笃信佛教,多次登上普陀山,并聘请天童密云四世法裔潮音主持山事,再次"易律为禅",振兴禅宗。后康熙、雍正、乾隆、光绪等帝王多次赐金、赐经、划拨寺田、免除钱粮赋税,大力支持普陀山佛教的发展。普陀山继续在明代的基础上发展壮大,并最终在光绪年间形成了全山三大寺引领的寺庵结构(图4-9)。

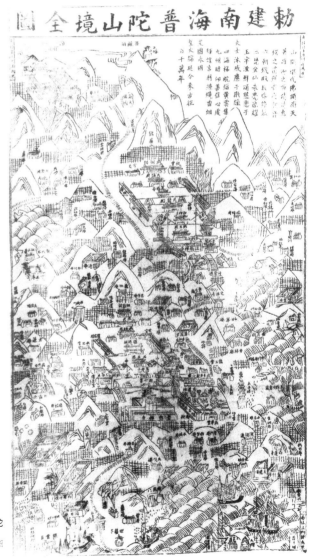

图4-9 清代敕建南海普陀
山全境图
(图片来源:刘镇伟《中国古地图
精选》)

民国前期普陀山寺庵景观基本延续明清两代的模式进行发展。普陀山寺院的田产共计3388.7亩，而清代道光年间，仅普济、法雨二寺有数字记载的田产便超过3886.3亩，还不包括各种类型寺庵在各地的田产。虽然普陀山寺庵经济受到挫折，随着访山香客日益增多，香客们的旃檀香资日渐成为全山寺院收入的主要组成部分。为了招揽容纳更多游客与香客，全山各寺院均兴建扩张。同时在宁波、定海、台州等地设置"下院"以接待前来参拜三大寺的香客。民国2年（1913年），为了促进普陀山佛教的发展，普陀山佛教会成立。民国14年（1925年）4月，西藏九世班禅活佛及随行人员来到普陀山说法，轰动一时，各寺庵听法人数超过了2000人，极大地促进了藏汉两派佛教的交流和发展。佛事兴盛，僧侣的教育与受戒也逐渐受到重视。普济、法雨两寺每年春秋两季轮设戒坛，每次受戒弟子达百余人。同时，山上开设僧众小学，以培养和接受小沙弥和住山工匠们的子女入学。一时间普陀山的声望与规模都步入了巅峰时期。

然而好景不长，抗日战争前夕，普陀山成为江浙商绅们的避难地，而普陀山也没有逃脱被日军占领的厄运。民国28年6月，日军占领普陀山，民国30年，日军在山上办学堂，强迫僧人学习日语，同时封锁海港，香客断绝。没有了香客们的资助，僧众生活十分艰难。山上佛寺勉力维持至抗日战争结束。民国34年，成立中国佛教协会普陀山直属支会，逐步修复寺院、恢复佛寺，香客也日益增加。然而等国民党败退之时，大批国民党军队退至舟山、普陀，采挖普陀山废弃庵院的石料用来修建机场，部分庵院被军队占据，多处景点荒废。住山高僧多人闭关数年不出。普陀山由盛期快速地衰落了。

三、普陀山寺庵景观发展

明、清和民国时期普陀山的资料较为丰富，有一定的山志、山图和游记来佐证这一时期普陀山风景的发展演变。通过研究，发现这三个朝代普陀山的发展虽各有不同，但其发展模式均可以归结为形成全山及周围海域统一的佛教名山的结构。虽然由于明、清两次大规模的海禁，导致普陀山单体寺庵的发展呈现出断层式的状态，但全山风景的营造则仍呈现出较为一致的发展脉络。以至于经过三个朝代的发展，最终形成三大寺引领全山的结构，在民国时期达到巅峰繁盛状态。

（一）寺庵建筑及园林

明、清、民国时期，普陀山中的寺庵数量急剧增加，每一朝代寺庵数量都有数百座之多。寺庵分布逐渐从前山区域扩展至全山及洛迦山岛的范围。山中寺庵出现了明显的等级划分，形成了大寺——庵院——茅蓬这一等级体系。并在建筑等级、规模、布局形态上均有体现。此时期寺庵注重庭院与周围园林环境的营造，出现了许多仅具有观赏价值的营建活动，并有意识地营建新的自然形胜，将普陀山岛、洛迦山岛及周围的海域岛礁通过佛教文化内涵联系成为一个整体。此时期主要通过对自然的改造与人工的营建相结合，打造普陀山整体的宗教神圣空间。

　　通过整理明代山志《重修普陀山志》及明代游记《海内奇观》中所载的明代普陀山山图和崇祯年间张岱的《海志》中的记录，发现此时普陀山中的寺庵数量较宋元时期明显增多，且分布范围向北扩展到镇海禅寺附近，即锦屏山脚下。同时，洛迦山岛上出现有僧人在其上结茅修行，吃穿用度均由普陀山岛定期运送，但位置并不可考（图4-10）。此时佛顶山顶已出现清朝三大寺之一的慧济寺的原型慧济庵，但此时其规模较小，影响力也较弱。

　　通过整理《南海普陀山志》和《中国古地图精选》中的清代山图及清代大量的普陀山相关游记，可以发现，清代普陀山寺庵的主要分布范围继续向东、北、南扩展。最北达到了佛顶山山顶的慧济寺，向东扩展到梵音洞，向南扩展到最南部的西方庵（图4-11、图4-12）。此时除最北端外，普陀山全岛均分布有寺庵茅蓬，雪浪山、茶山、锦屏山中有数量众多的茅蓬位置并不可考。此时，普陀山鼎盛时期寺庵分布形态已基本形成。清末洛迦山岛上的茅蓬数量也逐渐增多，但仍是仅供僧人独自修行的茅蓬，位置不可考，游客也无法登上洛迦山岛。

　　民国时期普陀山的发展达到了巅峰，形成了"三大寺，八十八庵，

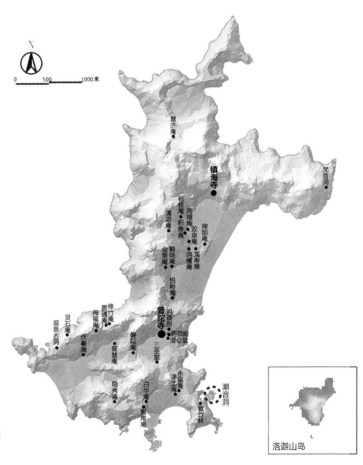

图4-10　明代普陀山寺庵分布图
（因位置不可考寺庵未显示）
（图片来源：作者自绘）

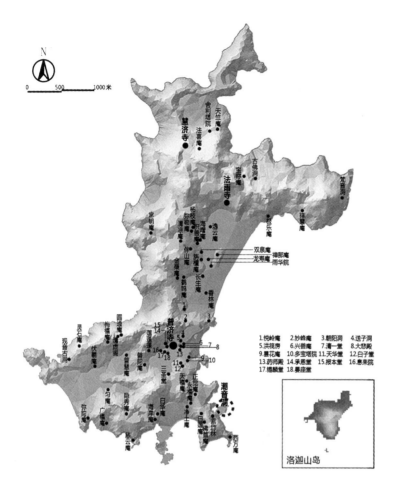

图4-11 清代普陀山寺庵分布图
（位置不可考寺庵未显示）
（图片来源：作者自绘）

1.悦岭庵 2.妙峰庵 3.朝阳洞 4.送子洞
5.洪筏房 6.兴善庵 7.清一堂 8.大悲殿
9.墨花庵 10.多宝塔院 11.天华堂 12.白子堂
13.药师殿 14.承恩堂 15.报本堂 16.息来院
17.锡麟堂 18.暴座堂

洛迦山岛

"一百二十八茅蓬"的繁盛景象。此时期寺庵几乎遍布普陀山岛的全部范围，甚至在附近的小型岛礁上也分布有小型的茅蓬（图4-11）。此时寺庵分布态势基本沿袭清代，寺庵分布明显更加密集，并在普陀山岛的东南侧聚集形成了组团式的结构，在普陀山东北侧山中也仍有许多小型茅蓬只记录在山志文字中，并没有记录在测绘图中，因此位置不可考。

总结来说，明清及民国时期普陀山寺庵数量急剧增多，并先后又出现了两座大寺，最终形成了三大寺统领全山的格局，山中也形成了大寺——庵院——茅蓬三层寺庵等级。而这三类寺庵景观的发展与演变模式也不尽相同（图4-12）。

民国时期的"三大寺"是在明清两朝逐渐形成和发展起来的。明朝初期，普陀山的发展十分兴盛，宝陀观音寺及潮音洞观音显圣的事迹已经广为流传，"而王侯贵妃，贵戚貂珰，荐金宝以致诚，忏悔愆以祈宥，使者冠盖，相属于道"，游人如织。后在明中和清代先后出现了镇海寺（法雨寺）和慧济寺，形成了山中三座规模最大、等级最高的寺院。从历史山图中可以看到，这三座大寺的规模远大于其他山中的小型寺庵，布局均为复杂的院落式布局，通过多层多进的院落形成了建筑群。且出现了如影壁、引导墙等非功能性的景观构筑物。在寺庵周围也出现了水池、桥等景观构景要

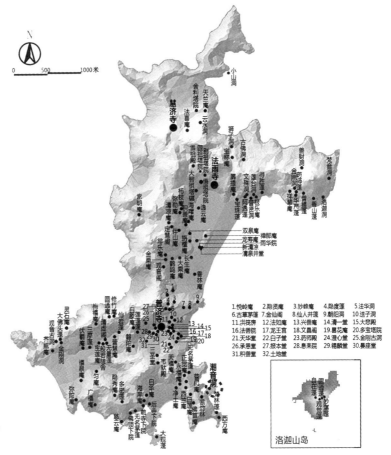

图4-12　民国时期普陀山寺庵分布图（位置不可考寺庵未显示）
(图片来源：作者自绘)

素，在寺庵的院落内及院落外均出现了较为明显的植物景观的表达。说明此时期的大寺十分重视自身景观的效果，力求营造较为丰富的景观环境。

　　除了大寺，山中分布有数量众多的中小型庵院和茅蓬，规模上差别也十分明显。有拥有数进院落的中型庵院，也有只有房屋几间的小型茅蓬（图4-13）。由于庵院与茅蓬的规模与重要性远不及大寺，因此相关的资料记载十分缺乏，仅有山志之中的些许文字记录与山图之中的图形。目前暂无对单一庵院茅蓬的独立图文记载。因此无法做到对单一庵院茅蓬的建筑及景观的演变进行详尽的研究。但是我们可以通过不同时期的山图之中寺庵群体的寺庵景观，总结出普陀山中庵院茅蓬在普陀山发展的不同时期所具有的共性和不同时代的差异性，以得出普陀山中庵院茅蓬的演变规律。

图4-13　山图中的息未院与金刚窟
(图片来源：清重修南海普陀山志)

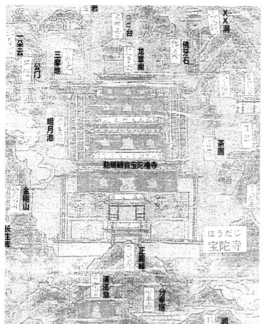

元代 宝陀观音寺平面图

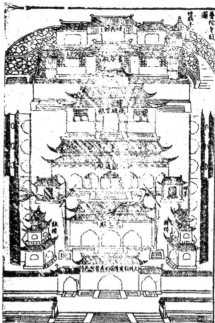

明代 普陀禅寺平面图

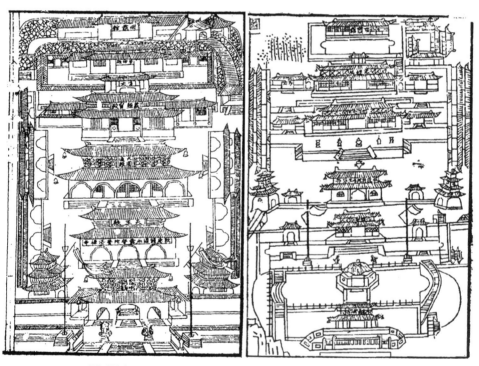

清初 普济寺平面图　　　　　　　清中期 普济寺平面图

图4-14　历代山志中普济寺平面图

（图片来源：1. 日本定胜寺；2. 周应宾主编. 重修普陀山志. 明文书局印行，1980年；3. 裘琏主编. 普陀山志. http://nrs.harvard.edu/urn-3:FHCL:5112563；4. 许琰. 普陀山志，见《续修四库全书》编委会编撰《续修四库全书·史部·地理类》[M]. 上海：上海古籍出版社，2002年）

首先普陀山的庵院茅蓬建筑规模较小，均远远小于普济法雨二寺。同时，规模较大的寺庵单体建筑规模也并不庞大，而是采用多进式的合院式围合形成建筑群来扩大建筑规模。随着时间的发展，普陀山中规模增加的庵院越来越多，明代杨尔曾《海内奇观》中所载山图中仅三官堂为两进院落，总静室为一三合院之外，其余庵院茅蓬均为单体建筑。而在清代的《敕建南海普陀山全境图》中描绘了12座合院式的庵院。虽然古代山图中描绘建筑或有简略，并不能完全反映当时寺庵景观的真实情况，但仍能够从数量上的增长看出随着时间的推移与积累，山中规模较大的庵院在不断增加。

其次随着时间的发展，普陀山寺庵景观中的元素在不断丰富（图4-14）。宋元时期的山图中描绘的真歇庵附近并无园林化的痕迹存在，而到了明代山图，则能够明显发现寺庵附近的植物种植与自然山体中的环境有很大差别，同时山中出现了许多造型特异的佛塔。说明明代寺庵景观中便十分重视植物景观的营造，同时也通过具有特殊功能的佛塔，来达到造景的效果。而到了清代，山图中出现了牌坊、照壁、水池、桥等更加丰富的人工造景元素。说明普陀山庵院茅蓬更加注重对于寺庵景观的营造。寺庵景观也在朝着丰富复杂和人工化方向发展。

1. 此时期的宝陀观音寺——普陀禅寺

在经历了明代的毁寺去僧后，重建之后的宝陀观音寺更名为普陀禅寺。但无论规模、形制还是选址，普陀禅寺均没有沿袭已经被毁的宝陀观音寺。出于地基稳固性的考虑，在宝陀观音寺旧址西侧重建新的普陀寺，并将朝向改东南为南向。从山图与山志中对于普陀寺的记载可以发现，普陀寺建筑单体数量增多，建筑布局更加紧凑，是一座重新修建的、气势恢宏的、明代风格的禅寺（图4-15）。整个寺院是一个紧凑的合院式布局，中轴由南到北依次是山门——天王殿——大圆通殿——藏经宝殿——仪门——景命殿——烟霞馆。整体层次上比元代要丰富很多，同时增加了元代没有出现的钟楼和鼓楼。中轴两侧为一圈廊房，并在中轴建筑的两侧加

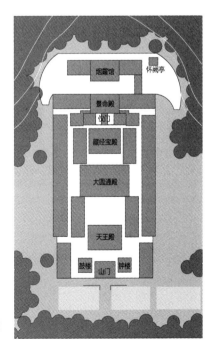

图4-15 明代普陀禅寺平面示意图
（图片来源：作者改绘）

建了4座配殿。功能上更加完善，在所能容纳僧众的数量上也较前朝有大幅度提升。同时，在环境的营造方面，没有表现宗教空间中对称的植物，而是在建筑群最北端，烟霞馆的东侧，布置了一座碑亭"怀阙亭"，且"四围松竹腾茂"。可见当时寺院在生活院落中十分注意雅致环境的营造。通过明代山图我们可以发现，普陀寺前已经出现了引导性的引导墙和水池，开始有意识地营造寺前环境空间。

由于清初的海患和海禁，普陀寺再次被毁，并于康熙年间重建，更名为普济寺。清代重建的普济寺几乎延续了明代普陀寺的基本结构，但建筑的体量略有缩减。清代的普济寺延续了万寿亭（山门）——天王殿——圆通殿——藏经殿——仪门——景命殿（方丈）——烟霞馆的中轴结构。同时，普济寺中的配殿或朵殿还供奉了包括明代重建普陀寺的太监张随、抗击外敌将领在内多人的牌位，以表彰其对普陀山及对国家的巨大贡献。方丈殿后建筑围合形成了生活院落。此时普济寺更加注重对于寺前空间的营造，在轴线南侧上先后建设了八角水亭和御碑亭，延长了普济寺的轴线，与寺前的海印池相结合形成了极具艺术价值的园林环境空间。

普济的布局结构一直延续到了民国时期。由于民国时期旅游接待需求的暴涨，因此各大寺庵均进行了扩建，以满足更多游客的需求。然而，大寺的扩建仅限于对生活院落的扩建，并没有对宗教部分，也就是中轴线上的建筑格局进行更改。

自明代开始，在寺院东西两侧的"隙地"上还有一些小型的功能性建筑，但是由于山志中仅记载了名字，而无从知道其位置与规模。这些小型的建筑均为附属于普济寺的供僧人独立修行的僧寮。发展至清代，这些独立僧寮的数量大大增加，形成了普济寺的东寮和西寮。这些独立的僧寮逐渐发展壮大，慢慢发展演变为独立的庵院，在普济寺周围，最终形成了极具特色街巷式的建筑组团空间。民国时期的寺庵景观将在后文进行详细分析，在此不多赘述。

2. 海潮庵——镇海寺——法雨寺

法雨寺是由明代的海潮庵不断增扩建而成，清代经历大规模重建后，各时期建筑布局差异较小（图4-16）。由于明代镇海寺为原有庵院扩建而成，因此在建筑的布局上与经过规划设计的普陀寺不同。其中轴线从南段一牌坊起始，包括山门——天王殿——龙藏阁（藏经阁）——千佛殿——圆通殿——方丈（图4-17）。值得注意的是，寺中最为重要的圆通殿位置偏后且与其他佛殿、藏经阁相比，规模小、建筑等级低。从这一点推测是因为圆通殿原为海潮庵佛殿，而千佛殿、藏经阁等大型佛堂为后期加建，因此在规模上更为宏伟。而中轴线的终点建筑，推测为方丈。明代《重修普陀山志》及海内奇观中的"镇海寺殿图"并没有标注轴线末端建筑的名称，而《重修普陀山志》中也并未特别说明，仅记载"方丈在净业堂左"。在明代《金陵梵刹志》中有"方丈左，止观堂，次斋堂；右净业堂，次庵福客寮"的记载，布局方位恰好与《重修普陀山志》中的记载吻合；且《金陵梵刹志》中也在敕建寺院的禅院建筑部分中出现了净业堂，明代《武林梵刹志》中所出现的"净业堂"均为小型僧人修行建筑的名字。推测中轴

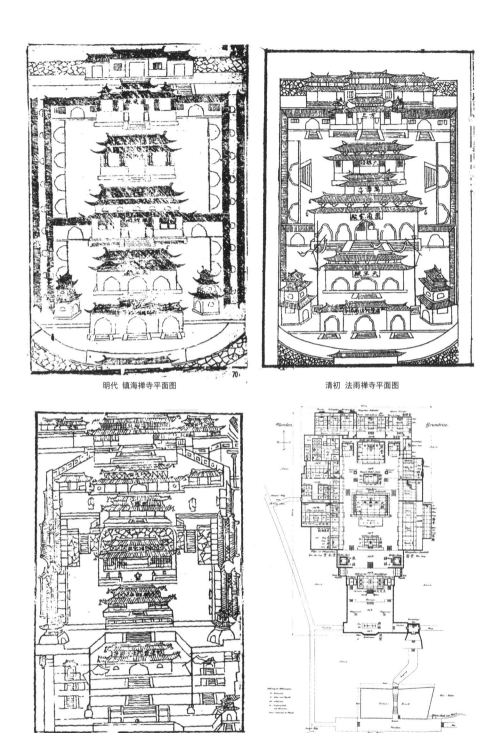

明代 镇海禅寺平面图

清初 法雨禅寺平面图

清代 法雨禅寺平面图

民国 法雨禅寺平面图

图4-16 历代山志及资料中的法雨寺

（图片来源：1. 周应宾主编. 重修普陀山志. 明文书局印行，1980年；2. 裴鋆主编. 普陀山志. http://nrs.harvard.edu/urn-3:FHCL:5112563；3. 许琰.普陀山志，见《续修四库全书》编委会编撰《续修四库全书·史部·地理类》[M]. 上海：上海古籍出版社. 2002年；4. [德]Ernst Boerschmann. Die Baukunst und Religiose Kultur der Chinesen.[M]Berlin: Druck und Verlag von Georg Reimer, 1911）

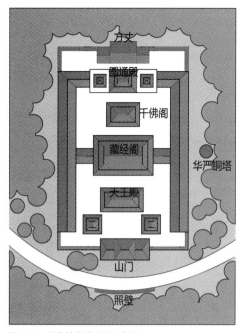

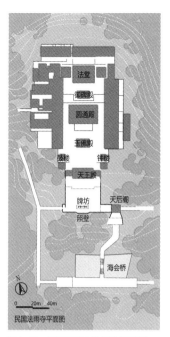

图4-17 明代镇海寺平面示意图
（图片来源：作者自绘）

图4-18 民国及现今法雨寺平面图
（图片来源：作者根据［德］Ernst Boers-
chmann《Die Baukunst Und Religiöse
Kultur Der Chinesen》改绘）

终点的建筑为方丈，右侧为净业堂。在寺院的环境上，《重修普陀山志》中虽然没有相关描述，但是可以从山图中看出镇海寺背靠光熙峰，面朝大海，视野开阔，四周被松、竹、柳所环绕，可见寺院周围的环境经过认真的设计和改造。

镇海寺在清代重建并改名为法雨寺，与普济寺的区别是，法雨寺在清代的重建过程中对建筑的布局进行了重新的安排与设计。寺院的建筑布局从最初复建时延续了明代的布局风格，在后期雍正年间的大规模重修之后，逐渐形成了"天王殿——圆通宝殿——万寿亭（御碑殿）——大雄宝殿——藏经阁"的中轴建筑布局，并利用中轴两侧的建筑来满足生活与接待功能需求。值得注意的是，清代的法雨寺中设置了"大雄宝殿"这一供奉释迦牟尼的重要佛殿，这是以往法雨寺中所没有的。此时法雨寺的"天后阁"为香灯寮，而非今天用作山门的功能。推测其是在后期逐渐丧失其原有功能后逐渐演变成为民国时期的头山门。法雨寺内部运用台地的处理手法来解决高差地形变化，形成了丰富的建筑院落空间（图4-18）。

3. 慧济寺

慧济寺原为佛顶山巅的一座石亭改建，由僧人圆慧创于明代。清初得以复建后，在嘉庆元年扩建为寺，与普济寺、法雨寺统称"三大寺"，并一直发展延续至民国时期。慧济庵在创立之初仍以供奉有观音的主殿圆通殿为核心，与普陀山中的其他中型庵院十分类似。改寺之后，经过光绪年间的重建，变为以供奉释迦牟尼佛的大雄宝殿为建筑群的核心。至此，全山大寺从南至北"观音—佛祖"的整体结构得以形成。

从《普陀山古建筑》中所测绘的20世纪90年代的慧济寺平面图中可以发现，慧济寺体量较普济、法雨二寺小，建筑布局更为简单。同时在寺院的东侧扩建出一块小型的附园。悠长的引导空间结合周围山林怪石的清幽氛围，使得慧济寺具有浓郁的山野氛围。

（二）风景形胜

明代的《重修普陀山志》中一共记述了74座寺院建筑，共161处景点。与元代山图中所提及的73处相比，在数量上增长了一倍有余。在自然形胜方面，许多形胜沿袭自前朝，但也有很多新兴的内容，例如新开辟的风景点：法华洞、金刚窟等。通过在自然山石上雕刻大量的摩崖石刻，增加了许多烘托佛国氛围的自然形胜，丰富了山中的自然人文景观（图4-19）。此后的清代及民国，对于自然形胜的营建大多沿袭明代时期的成果。通过统计可以发现，清代及民国虽然也营造了新的景致，但是整体内容和数量并没有产生巨大的变化。值得注意的是，明清民国时期的普陀山中自然形胜的内容不再局限于佛教典故或佛教教义的展示，而是更多了对自然山水的赞颂和欣赏（图4-20），例如茶山、青玉涧、藤萝境等（附表2）。

图4-19　明代山图中的自然形胜
（图片来源：根据明屠应埈《重修普陀山志》改制）

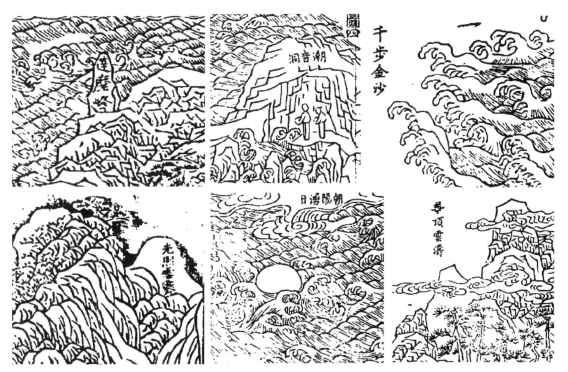

图4-20　清代山图中的自然形胜
（图片来源：根据清许琰《重修海普陀山志》改制）

（三）交通

1. 岛屿间

明清时期，普陀山的主要码头改换至位于普陀山岛南侧的短姑道头（图4-21）。随着海路的不断扩展，宁波的桃花渡成为了前往普陀山较为常用的港口，定期有香船通航，若风向良好，仅半天便可抵达普陀山。除此之外，宋元时期的海路也被使用。明代杨宝曾所著的《海内奇观》中记载："……山一名招宝山……平冈城之谒大士不能渡海者，多于此遥祝。"即前往普陀山海路起点招宝山发展成为了不能乘船远航的信徒们远望朝拜观音的地点。清代康熙年间，除了宁波、杭州等地，松江、常熟、无锡、温州、台州也相继出现了普陀山寺庵的下院，成为前往普陀山参拜的据点。清代光绪年间官府在宁波、镇海、定海等地设置专门往返普陀山的客运船。香会客多时节，法雨寺前往沈家门、朱家尖收租的谷船也可载客前往普陀山，香客也可自行租船前往。此时轮船开始普及，各大轮船公司均开设了普陀山往返宁波、上海的客轮，使得普陀山与大陆之间的海上航线更加便利。明代开始有僧在洛迦山上结茅，而洛迦山也被纳入了普陀山的范畴之内，与普陀山岛一同并称"普陀洛迦"。明代普陀十二景中也出现了"洛迦灯火"这一景。然而明代游记中对于前往洛迦山岛游览的记载，只有崇祯年间张岱的《海志》中"粮尽举火，常住令船送之。"记载了洛迦山岛与普陀山岛之间物资的往来。清代游记中也并无对前往洛迦山岛的记载，可见明清时期普陀山岛与洛迦山岛之间的交通并不便利。

民国时期，轮船班次更加频繁，普陀山与大陆之间的海上交通十分繁荣（图4-22），然而普陀山岛屿洛迦山岛之间的交通却依旧十分不便。民国初年，盛叔型所写的《洛迦山游记》中详细记载了从普陀山岛搭乘小舟前往洛迦山的惊险而艰难的过程。文中记载"两山之间，水势如奔，即天朗气清，波涛亦轰豗无息期"，虽然两山之间距离仅十余里，但是航程往

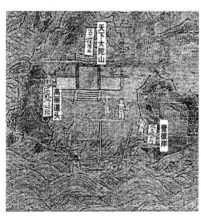

元代·高丽道头

明代·短姑道头

清代·短姑道头

图4-21 普陀山历代主要道头演变
（图片来源：根据《补陀洛山圣境图》、明周应宾《重修普陀山志》、清许琰《重修南海普陀山志》改制）

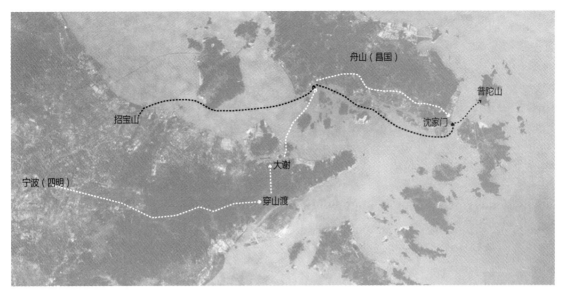

图4-22　宋元水路两种到达普陀山的路线
（图片来源：作者自绘）

往要数小时到达。更有甚者早上启程，傍晚仍不能到达洛迦山。可见两山之间的交通十分危险，也间接印证了明清时期洛迦山中无人游览的原因。

　　2．岛屿内部

　　明代山中寺庵数量逐渐增加，并形成了普陀、镇海两大寺，因此山中的交通系统也较宋元时期更为复杂，道路的长度和密度也明显提升（图4-23、图4-24）。从山图中我们可以发现，前山道路较为密集而镇海寺所在的后山道路则明显稀疏。山中修建了两条最为重要的香道：妙庄严香道连接了明代新码头短姑道头与主刹普陀禅寺，玉堂街连接了普陀禅寺与镇海禅寺两座最为重要的敕建寺庵。普陀禅寺所谓转折点，又向西向南向东连接了两条主要的道路，分别连接了潮音洞和另一座皇室出资修建的盘陀庵。这4条主要道路构成了普陀山中交通系统的骨干。从上分生出多条支路连接众多的寺庵与自然形胜景点，组成了全山的交通系统。

　　清代普陀山中的交通系统已经趋于完善。除去明代修建的两条香道之外，山中又修建了一条连接法雨寺与山顶慧济寺的登山道——香云路。至此三大寺之间的交通骨架已经建立完毕。除了三大主要香道之外，还形成了一条连接法雨寺与梵音洞之间的香道，串联起了新兴的梵音洞及其附近的寺庵组团（图4-24）。例如英国人Fitch在其游记中记载他四次游览普陀山的经历，其中第一次便是游览过磐陀石后，沿着山中的便道，从茶山的西侧登上菩萨顶，游览慧济寺，而从香云路下山。

　　民国时期的普陀山形成了一套较为完整的交通道路体系，同时满足香客朝拜、游人游览、僧人日常活动、物资运输等一系列活动的需求。普陀山的交通分为岛内交通和岛外交通两个方面。经过数百年的经营与积累，

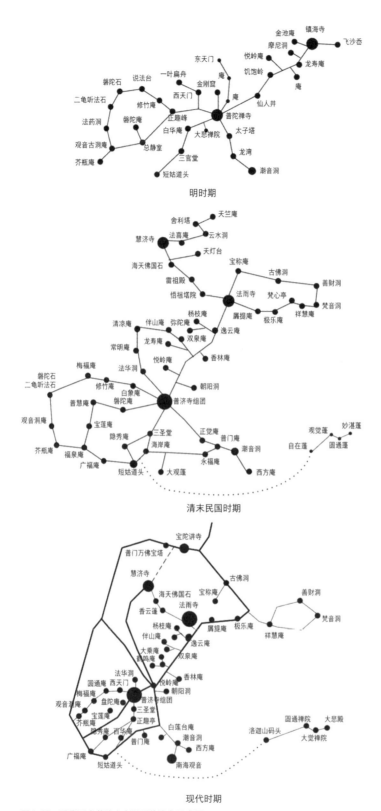

图4-23　明代至今普陀山交通系统演变示意图

（图片来源：作者自绘）

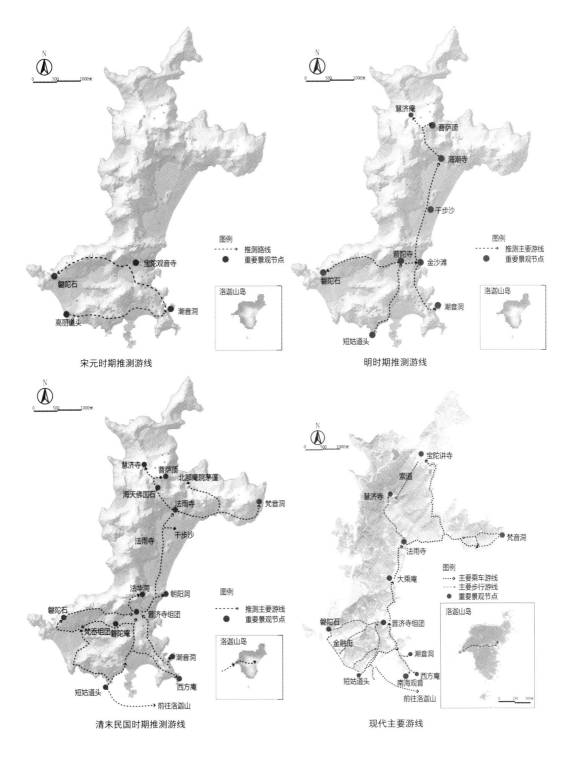

图4-24 普陀山历代主要游线

（图片来源：1. 作者根据元《补陀洛迦山传》、《甬东山水古迹记》绘制；2. 根据明侯继高《游补陀落迦山记》绘制；3. 根据清流宿周车《普陀山》绘制；4. 根据现场踏查绘制）

民国初年普陀山上已经形成了四级道路体系，其中一级路为主要的朝圣香道，具有包括"妙庄严香道""香华街""玉堂街""香云路"四条，道路宽敞，路面均为石板铺就，将登岛的主要码头——短姑道头与全山三大寺串联起来。这四条香道除连接法雨寺与慧济寺的"香云路"十分陡峭之外，道路均顺应山势修建，坡度较为平缓。二级路为山上主要为僧人日常使用而修建的大路，这些路为全山路网的主要组成部分，将全山的各个寺庵组团串联起来，承担起全山人员、物资往来的功能。同时，这些路也承担着一部分前往中小型寺庵修行的香客们的交通功能。三级路为串联起小型庵院、茅蓬及一些著名景点的小路。四级路为串联一些较为次要景点或垂直于山势的爬山小路，大多为台阶石蹬。

（四）景观结构

明代随着山中寺庵数量的增加以及佛教名山崇拜的兴起，开始了普陀山"名山"模式的营建时期（图4-25）。明代普陀山打破了宋元时期的"一寺中心"，又由皇室敕建扶持了一座镇海禅寺，形成了双核心。同时，山中营建的核心区域逐渐向北扩展，并连同山中分散的诸多中小型寺庵形成对二大寺的向心结构。山中自然形胜基本沿袭宋元时期的内容，但在重要性上较宋元时期有所下降。另外，普陀山将其周边的洛迦山岛也纳入到佛教名山发展的范畴之内，形成了一个"普陀洛迦"的合称概念，有效地利用了普陀山与洛迦山之间的地理联系，丰富了普陀山寺庵景观的内涵。寺庵景观的营建不再是为了凸显某一座寺庵的重要性，而是将普陀山作为一组佛教名山进行整体佛教景观的打造，开启了普陀山"名山"营建模式。

清代的普陀山寺庵景观结构在明代的基础上继续发展，寺庵的分布继续向北扩张。位于山顶的慧济寺建成后，形成了完整的以全山"三大寺"为核心的寺庵景观结构，也完成了普陀山中对于佛教名山的整体景观的打造（图4-25）。山中寺庵的数量逐渐增多，也呈现出在三大寺附近聚集的态势，从清代的山图中已经可以大致看出短姑道头、普济禅寺、法雨寺、慧济寺、潮音洞几处寺庵建筑组团已初具一定的规模。同时，随着航海技术的不断进步，普陀山岛与洛迦山岛之间的联系也越来越紧密。洛迦山岛也成为普陀山寺庵景观中重要的组成部分。

直至发展到民国时期，普陀山中寺庵的数量达到顶峰，并形成了严格的寺——庵——茅蓬的等级。以三大寺为核心的寺庵景观结构更加明确，而山中的中小型寺庵则呈现出明显的组团聚集的分布特点，形成了多个寺庵建筑组团。一座井然有序的佛国名山已经发展至巅峰时期。

高丽道头　宝陀观音寺　潮音洞

宋元时期普陀山景观结构

镇海禅寺　普陀禅寺　潮音洞　小洛迦山　短姑道头

明代时期普陀山景观结构

慧济寺组团　梵音洞组团　法雨寺组团　普济寺组团　潮音洞组团　梵岙组团　短姑道头组团　小洛迦山

清末民国时期普陀山景观结构

慧济寺-宝陀讲寺景区　梵音洞景区　法雨寺景区　普济寺景区　西山景区　紫竹林景区　短姑道头客运中心　洛迦山景区

当代时期普陀山景观结构

图4-25　普陀山景观结构演变图
（图片来源：作者自绘）

第四节 "风景名胜区"时期——
中华人民共和国成立后

一、普陀山发展

中华人民共和国成立后，普陀山已经不再是佛教独享的"佛国净土"，而是发展成为佛教僧侣与世俗居民混居的"僧俗共生"。共和国初期虽然政府保护普陀山的寺院古迹，但无偿征收了普陀山寺院在朱家尖等地的田产，按配给分给每个僧人8分田、1亩山地进行耕作生产。许多寺庵茅蓬被渔民、农民及军队占据。由于佛事衰败，僧众大多老病，因此生活较为困难。据初期统计，1951年普陀山有僧人316人，1956年山上僧人257人。接着"反右派"运动和"人民公社化"运动开启，历史宗教文物受到了严重破坏。虽然1962年，中共中央决定"把普陀山整顿建设成既是佛教名山，又是国防前线和风景名胜区"的方针，保证山上宗教秩序，并保护修缮风景点，发展生产，自给自足。但是随着"文化大革命"的到来，刚刚起步的普陀山建设工作又遭受了破坏（图4-26）。

普陀山被山上居民开荒造田，大肆采挖海沙，整体风貌受到了严重的破坏。直到1979年拨乱反正，维护了党的宗教政策，并重新展开了对普陀山历史宗教文物的保护和修缮工作。同时停耕还林，禁止采挖海沙，渐渐使得普陀山的自然风貌得以逐渐恢复，风景资源得以保护。进入20世纪80年代后，恢复了普陀山佛教协会，并积极开展与海内外的佛教交流活动，并请回原法雨寺住持妙善方丈主持山事。普陀山佛教新的发展逐渐开始展开。经过各界37年的共同努力，普陀山已经被重新建设成为名扬海内外的海天佛国与风景名胜区。

图4-26 普陀山中被损毁的摩崖石刻
（图片来源：作者拍摄）

二、普陀山寺庵景观发展

（一）寺庵建筑及园林

改革开放后随着风景名胜区的建立，普陀山寺庵景观进入修复与传承时期。同时普陀山融入了旅游、国防、生活等多方面新的内容，为普陀山寺庵景观带来了新的机遇和挑战。此时期可以概括为寺庵景观的保护与传承的探索时期。

今天的普陀山面临着僧俗共存的新问题，许多山中小型的茅蓬逐渐荒废坍塌，条件较好的寺庵以各种形式被占用。随着合理规划的推进，根据历史存留的寺庵主要的分布位置，逐渐腾退一些被占用的寺庵，将寺庵较少的西南侧和北侧规划为提供居民生活的游览服务区和一般控制区；将现存寺庵较多、质量较好的东南侧规划为特殊景观区、史迹保存区和景观风貌保护区，用以保护和发展寺庵景观。并将洛迦山岛上的茅蓬遗址修复，形成以洛迦山香道两侧寺庵为主要内容的景观风貌保护区（图4-27）。

由于经历了战争与各项政治运动，普陀山中的寺庵景观被严重破坏，留存下来的建筑数量有限。在建设普陀山风景名胜区的过程中，许多寺庵得到了重建，也有许多寺庵根据新时期的不同需求进行了改建、扩建。

三大寺基本沿袭了原来的建筑规模，但是为了满足寺内的生活与接待需求，扩大了周围生活院落的面积，并对建筑的布局进行了调整，如普济寺向北延长了中轴线，新建灵鹫楼成为中轴线的收束，并将周围的承恩堂、报本堂、锡麟堂等小型庵院重新纳入到普济寺的范围内，成为其接待游客的空间。慧济寺扩建了东侧的生活院落等。而中轴线上的宗教院落在建筑布局上并没有发生变化，但是在建筑内供奉的内容上作出了调整，以更加适应现今佛教事务需要。

中型庵院则是在遗存的基础上进行了重建、改建和扩建。但由于中小型庵院的资料极少，对于已经坍塌的庵院则很难进行原样复建，目前修复、复建的庵院基本上都是在原有遗存的建筑之上进行重建与改建的。目前庵院改建的方法主要分为：化整为零，合并两座小型庵院，如杨枝庵与弥陀庵；扩建生活院落，如白华庵；改建主要佛殿，通常为提高制式等级或扩大面积，如隐秀庵、大乘庵。一些小型的庵堂被居民生活用房包围，周围充满了私搭的房屋，破坏了原有的寺庵格局与风貌。普陀山风景名胜区管理中心也于2015年起逐步开展了老庵堂的环境整治工作。但从目前修复的庵堂状况看，复建的庵堂也存在扩大规模与等级制式的问题（图4-28）。

山中数量众多的茅蓬是更迭最为频繁、建筑寿命最为短暂的一种。明清时期的茅蓬为就地取材的茅草屋，因此很难保存下来。清末民国初期，茅蓬的建筑换为砖瓦房，但建筑质量也很难与大中型寺庵相比，多有坍圮。中华人民共和国成立后，茅蓬大多为登岛居民所占用，改建成为商店、民房等。因此很难研究其寺庵景观的历史发展和演变。

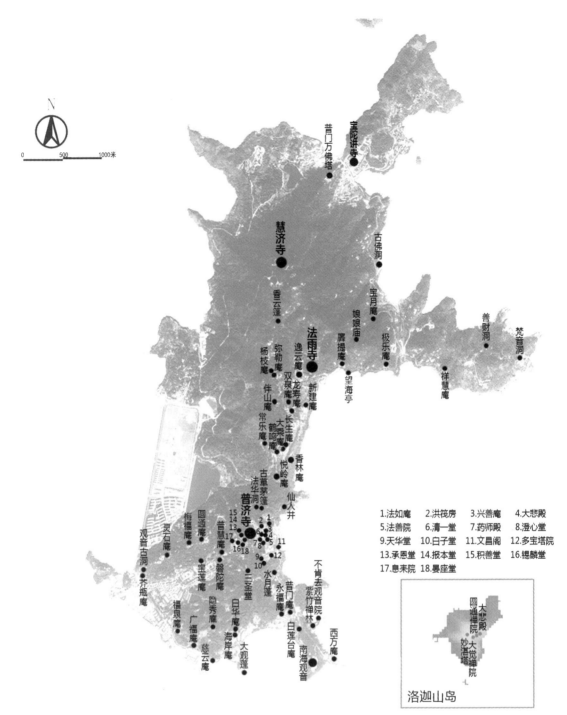

普门万佛塔
宝陀讲寺

古佛洞

慧济寺

宝月庵
娘娘庙
极乐庵
善财洞
香云篷
梵音洞
弥勒庵
逸云庵
龙寿庵
屏提庵
祥慧庵
法雨寺
杨枝庵
双泉庵
新建庵
望海亭
伴山庵
长生庵
常乐庵
大乘庵
鹤鸣庵

香林庵
古草茅篷
悦岭庵
仙人井
法华洞
普济寺
观音古洞
灵石庵
梅福庵
圆通庵
普慧庵
普慧庵
15 14 13
17
16 18
11
12
9 10
芥瓶庵
宝莲庵
碧陀庵
阳秀庵
三圣堂
水月篷
不肯去观音院
福泉庵
白华庵
普门庵
紫竹禅林
广福庵
白莲台庵
西方庵
海岸庵
慈云庵
大观篷
南海观音

1.法如庵	2.洪筏房	3.兴善庵	4.大悲殿
5.法善院	6.清一堂	7.药师殿	8.澄心堂
9.天华堂	10.白子堂	11.文昌阁	12.多宝塔院
13.承恩堂	14.报本堂	15.积善堂	16.锡麟堂
17.息耒院	18.晏座堂		

大悲殿
圆通禅院
妙湛塔
大觉禅院

洛迦山岛

图4-27　现代普陀山寺庵分布图
（图片来源：作者自绘）

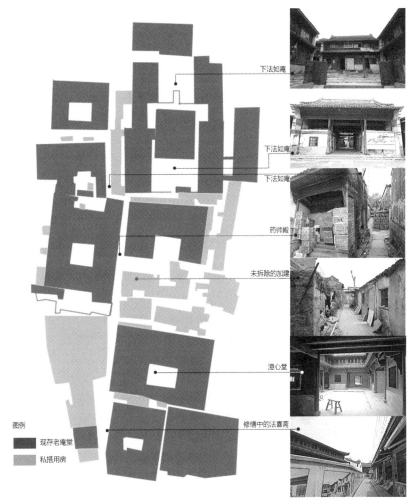

下法如庵

下法如庵

下法如庵

药师殿

未拆除的加建

澄心堂

修缮中的法喜斋

图例

■ 现存老庵堂

■ 私搭用房

图4-28 普济寺东老庵堂修缮及周围私搭生活用房现状
（图片来源：作者根据普陀山风景名胜管理中心提供资料及现场踏查绘制）

1. 普济寺

20世纪80年代风景名胜区成立之后，普济寺一直以保护性修建为主，并对寺院的建筑，尤其是生活院落部分的建筑布局进行了重新整合。由于普济寺东西两侧均已分布大量的庵院，几乎没有扩张发展的空间，因此改为向北侧山中发展，形成了今天的格局（图4-29）。同时，普济寺连同西侧的锡麟堂、报本堂等庵院，分散一部分大寺中接待管理功能。

为解决与日俱增的游客需求，普济寺消减了宗教院落内绝大多数的成片绿地，改为以古树为中心设置座椅树池。这样既保护了古树名木，依然保留着寺院内山野的气氛，同时也能够增加游人的集散空间，确保游客的安全。寺庵外部的环境基本沿袭了之前的基本格局，但由于游客的交通方式的改变，导致普济寺的引导空间失去了大部分功能（第五章和第七章将对此进行详细分析，在此不做过多赘述）。

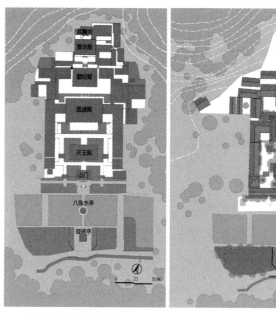

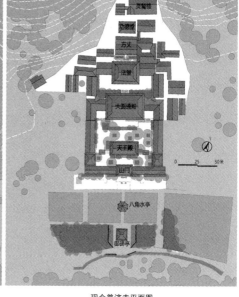

20世纪90年代以前普济寺平面图　　　　　　　　现今普济寺平面图

图4-29　普济寺20世纪90年代及现今平面图
（图片来源：1. 作者根据赵振武、丁承朴《普陀山古建筑》改绘，2. 作者自绘）

2. 法雨寺

现今的法雨寺在宗教院落的建筑布局仍保持着清代、民国时期的样貌，但是对其东西两侧的生活院落依然进行了重新规划和整合，以满足日益增长的功能需求。在院落部分，法雨寺天王殿广场进行了较为仔细的环境营造，将原有被毁的照壁按照北京九龙壁样式重建，并在其前设置水池以丰富环境空间。由于天王殿广场中失去了原有的牌坊，广场显得较为空旷，因此利用重新布局的种植池和新增的两座大型经幢来丰富空间，消减天王殿广场所产生的空旷之感。同时，出于对天后阁作为售票厅的集散功能考虑，扩大了天后阁前的空间，对进入法雨寺的路径进行了一定的限定，以方便管理（图4-30）。

3. 慧济寺

今天的慧济寺规模相比20世纪90年代扩大了许多，分别在寺院的东西两侧扩建了生活管理功能用房（图4-31）。由于这些新增用房均建在比慧济寺低的坡地上，因此在视觉上对慧济寺的主体宗教空间没有造成影响。在环境的营造上除了保持周围茂密幽静的山野氛围，同时继续发展东侧的附园，兴建了水池、温室，栽植了大量观赏花卉，营造了优美的园林环境，同时，在寺庵的西侧利用地形兴建了观景平台，可以远眺莲花洋的美景。它取代了被改建为哨所的菩萨顶，成为普陀山中重要的登高远望的观景点。

4. 庵院茅蓬

普陀山的众多庵院在普陀山的变迁中几经兴废，经常出现一座庵院茅蓬荒废多年后，由所住僧人的后世弟子重新修建或原址重建的现象。即便

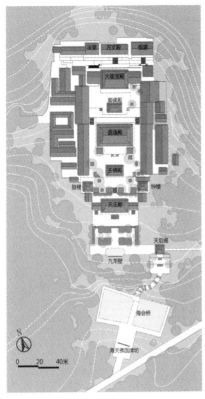

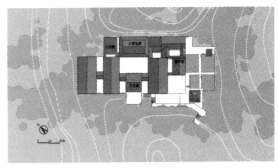

20世纪90年代惠济寺平面图

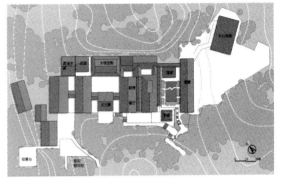

现今惠济寺平面图

图4-30　民国及现今法雨寺平面图
（图片来源：作者自绘）

图4-31　慧济寺20世纪90年代及现今平面图
（图片来源：1.作者根据赵振武、丁承朴《普陀山古建筑》改绘；2.作者自绘）

是一直延续下来的寺庵也会不断地对寺庵的建筑、布局进行翻新和调整。民国时期蒋介石之子蒋经国在其日记中所记："徒步至三圣堂……现房屋款式已变，多不如前。……直抵天福庵，此亦父亲九日寄住之地，唯建筑皆新，无复观矣。"表现了在民国9年（1920年）到民国38年（1949年）间，普陀山中寺庵进行的修缮和改建。中华人民共和国成立后风景名胜区成立以来，荒废庵院得到重建，一些规模较小的庵院也在不断地加建、扩建。下文以白华庵、大乘庵、隐秀庵为例，研究庵院寺庵景观的演变过程。

白华庵位于普陀山岛的东南，紧邻短姑道头和妙庄严路，是前山重要的庵院之一。早在明代的山图中就对白华庵进行描绘。此时其规模虽然较小，仅为一座四合院，但是在山图上却是山中规模最大的庵院，其北靠白华山，南临妙庄严路，西临大海，位于香客前往普济寺的要道。经过清代寺产变卖重建、民国及"文化大革命"的波动，风景名胜区成立之时为一座布局紧密的山地庵院，尚留有一部分明代建筑。白华庵于2013年在重修过程中大部分拆毁重建，并在东侧增加了生活建筑，但从恢复的情形来看，平面布局基本依照原有庵院重建，并没有过多改动。目前重建工作仍在进行中（图4-32）。

大乘庵是民国期间修建的一座十分具有山野寺庵小巧幽深风格的庵

明代白华庵平面示意图

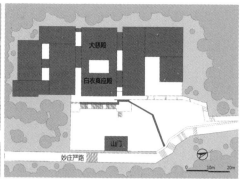

20世纪90年代白华庵平面

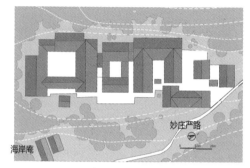

现今重建中的白华庵平面

图4-32　各时期白华庵演变平面图
（图片来源：1. 作者根据山图绘制；2. 作者根据赵振武、丁承朴《普陀山古建筑》改绘；3. 作者自绘）

院，位于玉堂街的西侧，与之相邻有鹤鸣、长生、常乐、金栗（毁）等多座小型庵院。从20世纪90年代的测绘图中可以看出，建筑院落规模适中，寺前通过悠长曲折的通道连接主路，且十分注重营造园林环境。然而，由于大乘庵前修建了停车场，这座庵院的建筑布局被大幅度改变。将原有的三合院形式改为四合院，增加了天王殿，去掉了曲折的引导廊道，改为了中轴对称的台阶，并扩大了第一进的宗教院落空间。改建之后的大乘庵完全失去了原有质朴的山野风格，让人倍感遗憾（图4-33）。

　　隐秀庵位于白华山中，始建于万历年间。历史上与白华庵、海岸庵、净土庵、盘陀庵、梅福庵并称"前山六大房"。中华人民共和国成立之后，寺庵被农民占用居住。1995年归还宗教使用，并于1997年拆去重建。重建前的隐秀庵，宗教院落尺度紧凑，建筑等级较低，周围古树环绕。重建后的隐秀庵一改大殿小式建筑结构，重新设计了一座重檐歇山顶的佛殿，使得整个院落空间略显局促，同时在院外扩大了门前广场，但对古树进行了保护（图4-34）。

（二）风景形胜

　　今天普陀山中的自然形胜由于种种原因并没有完全恢复，有的甚至因为山中的建造过程而受到了破坏。现存的许多自然形胜并无明显标识，使得很多只闻其名却踪迹难寻。在今天的普陀山旅游导引书或旅游地图中标示出来的自然形胜不足巅峰期的一半。许多山志中记载的自然形胜因书中没有明确的位置、现场也没有相应的标识系统和道路指引，让人难以寻觅其踪迹，不得不说是一大遗憾。

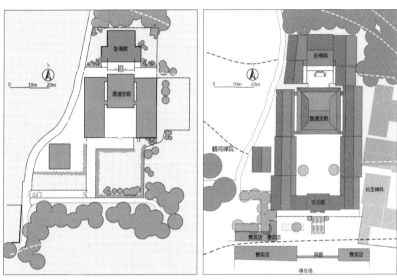

20世纪90年代大乘庵平面图　　　　　　　　现今大乘庵平面图

图4-33　大乘庵演变平面图
（图片来源：1. 作者根据赵振武、丁承朴《普陀山古建筑》改绘；2. 作者自绘）

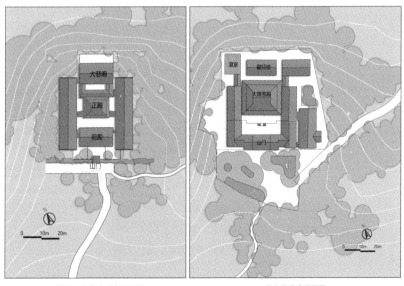

20世纪90年代隐秀庵平面图　　　　　　　　现今隐秀庵平面图

图4-34　隐秀庵演变平面图
（图片来源：1. 作者根据赵振武、丁承朴《普陀山古建筑》改绘；2. 作者自绘）

（三）交通

1. 岛屿之间的交通

今天普陀山岛上新建了客运码头，取代了原来短姑道头的接待功能，又修建了龙湾码头以接驳物资航运。洛迦山中也修建了三座码头，一座客运，两座货运。如今朱家尖、沈家门、宁波、上海、福建马尾港、江苏南通均有与普陀山之间的客轮。普陀山岛与洛迦山岛之间航线的开设，保证了两岛之间交通的快捷与安全，真正将两岛紧密连接成为一个整体。同时，普陀山还开设了通往周边旅游度假海岛的游线，如桃花岛、葫芦岛等，使得舟山大小群岛的旅游交通形成体系，以岛链的模式互相带动、共同发展。

2. 岛屿内部的交通

20世纪80年代，普陀山开始了恢复与保护工作。为解决山中僧俗生活需要与游客游览需要，山中对交通进行了全方位的调整，修建了机动车环山公路和缆车，游客游览的方式也发生了改变。环山公路多依托原有的香道，例如法雨路便是依托原有的三大香道之一的玉堂街改建而成。公路通车之后，全山数个景区均设有巴士车站。游客可以乘车至车站后再步行游览景区。因此，机动车公路取代曾经的三条重要香道成为山中的一级路，香道体系被严重破坏。而一级机动车环山路不再如前几个时期一样直接连接重要的寺庵或自然形胜，而是通过巴士车站和步行道串联机动车道与重要景点之间的交通。除了机动车道，基于山中原有的步行道，也开辟了多条新的香道，串联起了巴士车站与各个寺庵、风景形胜之间的交通，形成了今天的完整的交通系统。

（四）景观结构

由于1949年初期军队、山民、渔民对普陀山寺庵建筑的占据及"文化大革命"中对普陀山寺庵的破坏，导致了新时期普陀山发展与复兴的新形势与新问题。普陀山不再是僧人自治的"佛国净土"，而是成为"僧俗共存"的风景名胜区。因此，山中所需要承载的功能也发生了变化，直接导致普陀山寺庵景观整体结构的变化。首先，为了解决僧俗共存对寺庵景观所造成的影响，将普陀山岛西侧划定为军队驻扎与居民居住的集中范围，并将现状居民聚集的三处曾经的寺庵组团化为居民点，使得真正意义上的寺庵景观空间被缩小集中至普陀山岛东南部及洛迦山岛之上。同时，山中由于近些年的大力复兴工作，出现了大量的新兴景点。由于新兴景点的体量问题与游览方式的变化，使得今天普陀山的寺庵景观结构打破了"名山"时期形成的以三大寺为核心的景观结构，变成了今天的多核心、多景区的景观结构。形成了"西天景区""紫竹林景区""普济寺景区""法雨寺景区""佛顶山景区""梵音洞景区"和"洛迦山景区"，将大部分的寺庵、自然形胜纳入景区范围内。

第五节 寺庵景观发展的特点及驱动因子

一、特点

通过本章的研究，可以总结出普陀山寺庵景观空间在时空发展上的主要特征：

（一）断层式传承发展

由于经历过多次战争的毁坏打击，导致普陀山中寺庵景观呈现出断层式的发展状态。寺庵的历史传承度较差，除大寺之外，每一朝代都会兴起大量新的寺庵，随着时间的发展又渐渐消失。流传下来的以清末时期修建的寺庵为主，且大量元代、明代兴建的寺庵在毁坏复建的过程中并没有保留原有的形制风格，而是重新按照清代或近代人的审美与建造规范进行了重新建造。因此山中的单体寺庵景观为以清代风格为基础，并混杂近代风格的折中风格样式，并没有实现对历史上寺庵景观文化的传承。

（二）"名刹"模式到"名山"模式到"风景名胜区"模式

虽然普陀山寺庵景观单体在传承与演变的过程呈现出断层式的状态，但是普陀山的寺庵整体景观营建模式却是沿着一条明显的主线一脉相承。

从宋元时期以宝陀观音院为核心的"名刹"发展模式，到明、清、民国时期一脉相承的以"普陀洛迦山"为营建载体和崇拜对象的"名山"发展模式，是一种从个体崇拜到"群体"崇拜的自然过渡和发展。虽然明清时期普陀山多次出现断代式的破坏，但是由于发展"名山"崇拜这一核心理念的坚持和三大寺的佛教社会地位的稳固，使得"名山"发展模式在寺庵景观个体发生巨变的时期也能够保持和延续下来。

经历了"文化大革命"后的普陀山开始以"风景名胜区"为发展目标，从而面临了诸多历史上不曾遇见过的新形势，导致"名山"发展模式无法按照历史的模式继续发展。而是在其基础上发展演变成为以"景区"为单元的"风景名胜区"发展模式，并形成了新的游览交通系统和景观结构，以适应新时期的发展需要。新的模式也带来了诸多问题，这也是后文对"名山"发展模式彻底研究的必要性。

（三）岛内发展模式到岛域发展模式

普陀山与其他佛教名山不同的是，它并不是一座孤立的山，而是由两座海岛及周围海域共同组成的一个集群概念。这也是随时间的不断演变而形成的。宋元时期的"名刹"发展模式以单一寺院为核心，因此只需要打造其周围的景观环境，使其更加具有神圣性即可。因此，此时所营造的景观多是在普陀山岛内，并没有扩展寺庵景观与海洋、与其他岛屿之间的联系，是一种岛内发展模式。而到了"名山"时期，为了能够进一步拓展普陀山的影响力和神圣性，营建者们将视野扩展到了普陀山岛周围的海域，利用广阔的大海和远处的岛礁，发挥想象力，将卧佛形状的洛迦山赋予了更加神圣的地位，并与如新罗礁、善财礁、小山洞等多处小型岛礁、明礁共同将"普陀洛迦山"的概念形成了一个跨越海域的"岛域"发展模式。既扩展和丰富了景观资源，也丰富了游赏体验。

二、驱动因子

（一）自然因子

普陀山之所以可以从一座孤悬海外的海岛发展成为全国闻名的佛教名山，在形成之初的确有赖于其独特优良的自然环境。

1. 地缘优势

普陀山地处东南沿海，是"海上丝绸之路"的必经之地。与大陆相隔离的地理位置使其避免因大陆战乱而受到影响，使其在改朝换代之时仍能保持稳步的发展。同时，普陀山紧邻中国最繁华的东部沿海地区，佛教的基础深厚。大陆内不断出现的战争让佛教信仰成为战时普通百姓们的精神寄托，也一定程度上加速了普陀山的发展。作为"海上丝绸之路"必经之地的普陀山成为大陆东部与海外交流的窗口。多元的文化交流给普陀山融入了多元的性格，也促使普陀山观音文化传播到海外，影响了日本、韩国乃至东南亚国家的佛教文化。然而海上重要的位置也使其先后在明、清和民国三代遭遇外来入侵战争而陡然衰落。明朝时期，因倭寇入侵而实施的"毁寺去僧"政策几乎将前朝所有的寺庙遗存破坏殆尽。若非普陀山当时已经在国内享有较高的声望，多位虔诚的僧人四处奔走，普陀山已不存于世。由此可见，普陀山的地缘位置既为发展带来契机，也成为阻碍其发展的根源。

2. 海岛地理环境

孤悬在祖国东南沿海的普陀山，最初是因为其地理位置与岛上环境与《华严经》中所记载的观音说法之地十分类似，进而促使一批信徒前往岛上朝圣，才使得普陀山渐渐发展壮大。这成为普陀山被发现与关注的最初契机。

其次，普陀山虽为海岛，但多处是面积大而平坦、避风的山麓，十分适宜人类生活和居住。而山中气候温和湿润，植物茂密繁盛，能够提供人类生活所必需的水和建筑材料。这使得来到普陀山的僧人们可以安全地生活，而不会遭受大自然对生命威胁。

第三，普陀山中许多奇异的海蚀地貌和海上的奇异气象现象使得佛教信徒可以看到"观音显圣"的神迹。这种在当时无法解释的自然现象，使得信徒们更加坚信这座小岛就是传说中观音的道场。

第四，普陀山周围海域风浪较小，而普陀山中也拥有优良的避风港。这使得往返于"海上丝绸之路"的船只在遇到风浪时会来到普陀山躲避风浪。在大风大浪中逃过一劫到达普陀山的船员们大多会将这归结为是受到了"慈航普度"的观音大士的保佑，而风平浪静的普陀山必然便是大士居住之所。因此，许多商船"每过必祷"，祈求菩萨的保佑。随着这些商船前往全国乃至世界各地，普陀山观音显圣的传说便传播开去，使得普陀山的神圣性和观音道场的正统性得到了保障，这成为普陀山逐渐发展的重要推力。

（二）社会因子

1．海上交通技术发达

普陀地区航海技术发达，是中国重要的造船基地。古人交通方式手段较为落后，可达性成为普陀山是否能够发展壮大的重要因素，而先进的造船航海技术便是普陀山能够稳步发展的重要保障。宋代时，明州（今宁波）便是全国的造船业中心之一，不论官营造船还是民营造船都十分兴旺，海上航运已较为成熟。因此，不论是运输大型的建筑材料和米面钱粮等生活物资，还是运送游客都十分安全。

2．宗教的传播与发展

佛教自传入中国以来便不断与中国传统文化互相渗透，也能够吸引包括皇室成员的信奉。而佛教在不断中国化的过程中所衍生出中国特色的禅宗，为普陀山的发展和壮大奠定了基础。

同时，佛教在不断被统治者接纳的过程中，逐渐成为统治者们教化民众、统治社会的一种方法。因此皇室经常出台宽松的宗教政策，以推动宗教的传播和发展，但是又会在管理上对宗教的发展加以抑制，以防其扰乱正常的社会生活。在这种宗教政策下，普陀山在曲折中不断壮大。

3．战争的影响

由于普陀山位于东部沿海地区，且周围海域航行条件优越。这一方面造就了其在海上丝绸之路中的地位，同时也为其带来了巨大的战争阴影。明代、清代由于战争所引起的海禁对普陀山是一种重大的打击，在一定程度上阻断了普陀山代序之间的传承与发展。

4．经济政策影响

经济基础是发展的根本。自从宋代皇室予以普陀山免除役税并赠予其土地之后，普陀山的寺院经济就一直在有序地经营之中。寺院经济的主体是寺田与信徒的旃檀。明清随着皇室赏赐的增加和寺院有效的经营，寺田收入成为普陀山的主要经济来源。稳定的经济来源使得普陀山即便在受到战争影响被毁之后仍能够很快地恢复元气，造就了普陀山不断发展延续的基石。

参考文献

[1] 王贵祥. 汉传佛教建筑史·上卷[M]. 北京: 清华大学出版社, 2016.

[2] 李艳茹, 李瑞春. 佛教寺院与唐代小说[M]. 北京: 人民出版社, 2014.

[3] 王连胜. 普陀山大辞典[M]. 合肥: 黄山书社, 2012.

[4] (宋)方万里. 宝庆四明志·卷第二十.

[5] (宋)徐兢. 宣和奉使高丽图经·卷三十四.

[6] 郭万平, 张捷. 舟山普陀与东亚海域文化交流[D]. 杭州: 浙江大学出版社, 2009.

[7] 程民生. 论宋代佛教的地域差异[J]. 世界宗教研究, 1997, 01: 42-51.

[8] (宋)钱若水. 宋太宗实录·卷32.

[9] (宋)章如愚. 群书考索·后集卷63·财用门·胃僧类.

[10] 程民生. 论宋代佛教的地域差异[J]. 世界宗教研究, 1997, 01: 42-51.

[11] (宋)张邦基. 墨庄漫录·宝陀山记.

[12] 鲁道夫·奥托[德], 成穷, 周邦宪译. 论神圣 [M]. 成都: 四川人民出版社, 2003.

[13] (清)曹秉仁. 宁波府志.

[14] (元)盛熙明. 补陀洛迦山传.

[15] (明)周应宾. 重修普陀山志.

[16] (宋)赵彦卫. 云麓漫钞.

[17] (清)郑光祖. 一斑录. 杂述三.

[18] (明)方泽. 注华严经合论纂要.

[19] 马晓菲. 明代僧官制度研究[D]. 山东大学, 2014.

[20] 赵轶峰. 明朝宗教政策合论[J]. 古代文明, 2007, 02: 68-85+113.

[21] 傅贵九. 明清寺田浅析[J]. 中国农史, 1992, 01: 20-28+35.

[22] 王贵祥. 汉传佛教建筑史·下卷[M]. 北京: 清华大学出版社, 2016.

[23] 李霞. 论明代佛教的三教合一说[J]. 安徽大学学报, 2000, 05: 54-57+62.

[24] (明)董其昌. 容台集·文集卷七.

[25] (明)汪镗. 重修宝陀禅寺记[A]. 王连胜. 普陀山大辞典[M]. 合肥: 黄山书社, 2012, 668-669.

[26] (明)周应宾. 重修普陀山志·殿宇.

[27] (明)葛寅亮. 金陵梵刹志.

[28] (明)吴之鲸. 武林梵刹志.

[29] (清)许琰. 续修四库全书·史部·地理类·普陀山志·卷三[M]. 上海: 上海古籍出版社, 2002.

[30] (民国)释印光. 普陀洛迦新志·卷五·梵刹门.

[31] 石野一晴(日), 夏红(译). 明代万历年间普陀山的复兴[A]. 郭万平, 张捷. 舟山普陀与东亚海域文化交流[M]. 杭州: 浙江大学出版社, 2009.

[32] (明)杨宝曾.《海内奇观》.

[33] (明)张岱.《海志》.

[34] (民国)盛叔型《洛迦山游记》.

[35] R.F.Fitch. Pootoo Itineraries: Describing the Chief Places of Interest, with A Special Trip to Lo‐Chia Shan [M]. Shnaghai: Kelly & Walsh, Limited and at Hongkong & Singapore Mcmxxix. 1929.

[36] (民国)蒋经国.蒋经国日记[M]. 北京: 中国文史出版社, 2010.

[37] 忻怡, 郑明. 普陀传统木船制造技艺[M]. 杭州: 浙江摄影出版社, 2012.

第 五 章

普陀山寺庵景观空间
格局与风景特征

普陀山自唐代开始发展至今，经历了四次衰落兴盛的过程。自人们登上普陀山开始，便有意识地对普陀山的自然环境进行改造活动。普陀山的占地面积是中国四大佛山中最为狭小的，陆地面积仅12.18平方公里（含洛迦山）。但山上却分布着超过200座大小寺庵和多处人文景观，为四大佛山之首，密度之高国内罕见。这些人文景观在空间分布上有着怎样的特点，是否呈现出一定的分布规律？为了能够理清自营造人文景观之时所注重的影响因素，本章从宏观视角着眼，对普陀山人文景观的分布规律进行整体分析。对组成普陀山人文景观的寺庵景观和亭、塔等小品景观的分布规律进行分析，整理普陀山单体人文景观的分布规律。接着对普陀山的交通系统和景观序列进行分析，将人文景观单体串联成为一个整体。最后通过对分析结果的总结，得出普陀山人文景观整体分布的规律及影响因素。

　　由于民国后期的战乱及"文化大革命"运动，现在经过重建和发展的普陀山寺庵规模与民国初年时期的鼎盛时期相去甚远。1949年前后迁入普陀山进而定居发展的世俗军民也给普陀山的整体风貌带来了一定的改变。而中华民国10年（1921年）的测绘资料更能够反映出普陀山经历了漫长岁月而形成的佛国净土最巅峰的形态。为了研究在我国传统园林造园理念与对自然的改造理法影响下而形成的普陀山的整体景观。本章主要以中华民国10年（1921年）9月的测绘图纸为主要研究对象（图5-1），并综合现状田野调研的结果和民国时期的山志记载对其进行辅助和完善。通过对鼎盛时期普陀山整体景观结构的解构和分析，探讨普陀山整体景观结构的理法。通过对中华民国10年（1921年）9月的测绘图纸的整理及数字化，得到了民国十年时期普陀山的整体地形、土地用地性质、自然地貌地物、人文景观分布位置、道路系统分布等信息，并以此为依据进行分析。

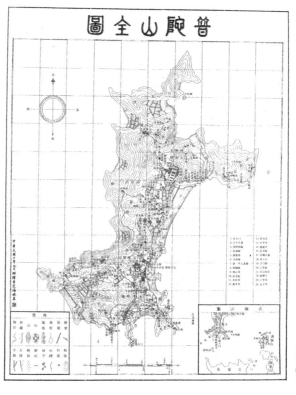

图5-1　民国10年普陀山测绘图
（图片来源：2005年《普陀山大辞典》）

第一节 自然地理环境与寺庵分布

普陀山经过清代及民国初年的发展，在民国13年（1924年）前后形成了三大寺、八十八庵、一百二十八茅蓬的鼎盛局面。其中三大寺规模最大、等级最高，均为皇室敕建的大型寺院。八十八座庵为山中的中型寺院，规模大小不一，有受过皇室资助、拥有殿宇数十间的大型庵院，也有只有三五间房的小型庵院。全山庵院除几座为民国初年改造清茅蓬所成之外，均为明清所建。茅蓬则为等级最低，民国前通常仅为茅草搭建的简易茅屋。民国初年，茅蓬均改为三开间的砖瓦房，只有一位（偶有两位）僧人独自在此修行，且归普济、法雨二寺管理，衣食也均仰赖分拨。

民国时期普陀山中并无宾馆旅社，香客游人全部仰赖三大寺及具有一定规模的庵院提供食宿、导游等服务。民国初年，全国各大寺院的御赐寺田部分被收回，寺院经济受到冲击。香客、居士供养及法事收费在寺院经济中的比重越来越高，因此，游客的数量直接关系到寺院的经济收入。

对不同等级、不同时期背景下修建的庵院分布的规律进行分析整理，可综合分析出普陀山寺庵在选址时所考虑的因素。

寺庵景观是普陀山整体景观的重要组成部分。为了分析普陀山人文景观在布局与选址上的理法特点，本节将分项探讨寺庵与自然山水环境之间的关系，并总结其分布规律。

中华民国10年（1921年）9月的测绘图中标注了138座寺庵（含洛迦山）的位置和名称，其中包括大寺3座，庵院82座，茅蓬53座，其中洛迦山上4座庵院均为茅蓬。

将数字化的测绘图导入地理信息系统中，对全山寺庵所在的地形、高程、坡度、坡向及与水环境（溪流、泉、池、大海）之间的关系进行分析，得出统计表，并总结出寺庵的空间分布与山水之间的组合空间逻辑。

一、山体与寺庵

（一）高程

高程标志着寺庵所在位置的海拔高度。普陀山最高的山峰为位于北部的菩萨顶，高程为286.3米。超过200米的山峰有5座，即菩萨顶、茶山、雪浪山、光熙峰和青鼓垒，均位于北部。由于普陀山高程变化不大，因此普陀山上并没有形成明显的植被垂直变化。通过地理信息系统的分析统计，得出寺庵所处的高程的分布情况（图5-2）。

通过统计结果发现，海拔高度在0~240米以内均分布有寺庵，而大部分寺庵所处的高程较低，集中在海拔0~30米高程范围内的寺庵占总数的46%，而海拔90米以下的寺庵占总数的91%（图5-3）。

三大寺中仅有慧济寺的高程超过200米，普济寺与法雨寺所在的高程均较低。中型庵院的数量随着高程的增加而减少。大量的中型庵院集中在

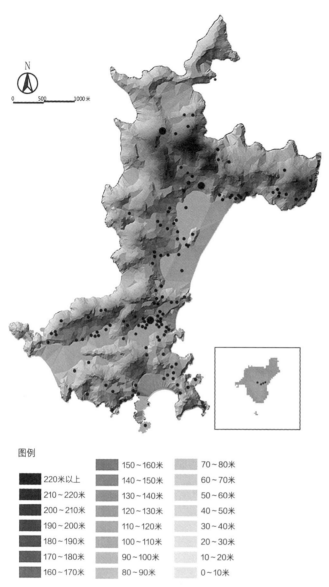

图例

	220米以上		150~160米		70~80米
	210~220米		140~150米		60~70米
	200~210米		130~140米		50~60米
	190~200米		120~130米		40~50米
	180~190米		110~120米		30~40米
	170~180米		100~110米		20~30米
	160~170米		90~100米		10~20米
			80~90米		0~10米

图5-2　普陀山高程分析图
（图片来源：作者自绘）

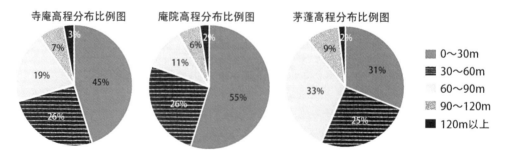

寺庵高程分布比例图　　　庵院高程分布比例图　　　茅蓬高程分布比例图

	0~30m
	30~60m
	60~90m
	90~120m
	120m以上

图5-3　民国10年普陀山测绘图寺庵高程分布比例图
（图片来源：作者自绘）

0～30米高程范围内，90米以上仅有6座。相反，被统计的52座茅蓬随高程增加而数量减少的现象并不十分明显，0～30米、30～60米、60～90米三个高程区间内茅蓬的数量十分接近。到了90米以上，茅蓬的数量骤减为5座。洛迦山上的4座茅蓬均位于60～90米这个较高的高程区间，没有位于更低海拔上的茅蓬。

（二）坡向

普陀山冬季以北风为主，夏季以南风为主，超过7级的大风天多出现在冬季，以北风和西北风为主。通过地理信息系统分析，全山寺庵大多位于东南坡（37座）、东坡（22座）和南坡（29座），位于西坡的寺庵数量最少（图5-4）。

三大寺中普济禅寺位于南坡，法雨禅寺位于西南坡，慧济禅寺则位于北坡上，而中型庵院大多数位于东坡、东南坡及南坡之上，茅蓬则主要位于东南坡和南坡之上。洛迦山的4座茅蓬均位于东南坡上（图5-5）。

（三）坡度

普陀山全岛西侧的地形较陡而东侧多为缓坡。南侧由于高的山峰较少，坡度也较为平缓；而北部陡坡较多。通过地理信息系统的分析，得出庵院所处的坡度情况（图5-6）。

通过统计结果发现，全山坡度范围为0°～78°，寺庵大多分布在坡度为0°～25°的山地空间内，占全部寺庵的94%。在坡度0°～10°的平地及缓坡地带所建造的寺庵数量占46%，在坡度为10°～25°的中坡地带寺庵数量为48%（图5-7）。两个坡度范围寺庵数量类似。参考我国《城市用地竖向规划规范》CJJ 83-1999中规定的"居住用地的最大宜建坡度为25°，公共设施用地最大宜建坡度为20°"，我们可以发现，在宜建的坡度之内寺庵的总体分布数量与坡度的大小没有直接的关系。但是超过宜建坡度之后，寺庵的数量便急剧减少。

若分别看庵院与茅蓬所在坡度的分布比例，我们可以发现，建造在平地及缓坡上的庵院比例高于茅蓬的比例，而建造在宜建坡度以外的茅蓬占有的比例则高于庵院的比例。由此可以得出，与茅蓬的选址相比，庵院更加注重选址的坡度，即选择更加宜建的区域建造。这是因为茅蓬的使用对象少，功能需求简单，因此建筑结构简单，即使在建造条件恶劣的地域，也可以勉强建造；而庵院通常规模较大，建筑结构复杂，对建造基址的要求则更多。

（四）地形

寺庵所在位置的地形特征代表了其所处的山体环境，不同的山体环境具有不同的特征，会产生具有明显差异的小气候和视觉（表5-1）。普陀山岛地形变化丰富，在岛上形成了多个小型的山峰，形成了山顶、山脊、山坡（凹坡和凸坡）、山麓、山谷、陡壁以及海边的平缓地带等不同的地形类型。通过使用地理信息系统将普陀山的地形数据DEM高程图和通过

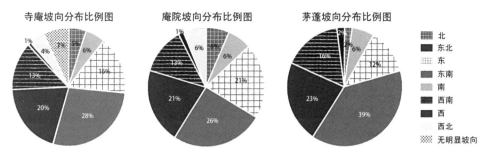

寺庵坡向分布比例图　　　　庵院坡向分布比例图　　　　茅蓬坡向分布比例图

图例
- 北
- 东北
- 东
- 东南
- 南
- 西南
- 西
- 西北
- 无明显坡向

图5-4　民国10年普陀山测绘图寺庵坡向分布比例图
（图片来源：作者自绘）

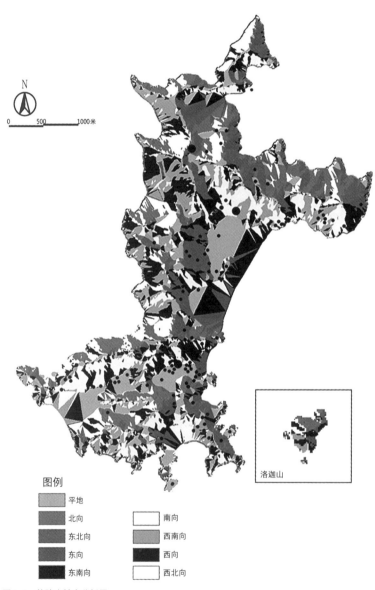

N

0　　500　　1,000米

洛迦山

图例

	平地		南向
	北向		西南向
	东北向		西向
	东向		西北向
	东南向		

图5-5　普陀山坡向分析图
（图片来源：作者自绘）

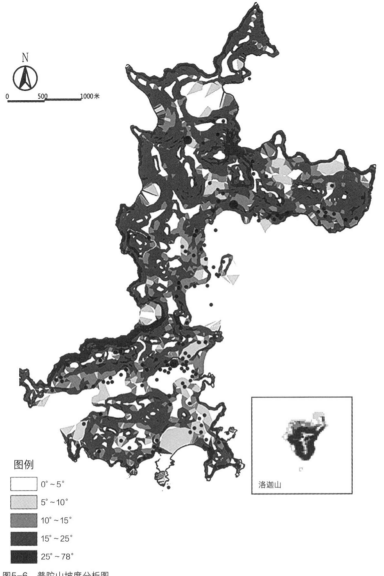

图例

- ⬜ 0°~5°
- ⬜ 5°~10°
- ⬜ 10°~15°
- ⬛ 15°~25°
- ⬛ 25°~78°

图5-6　普陀山坡度分析图
（图片来源：作者自绘）

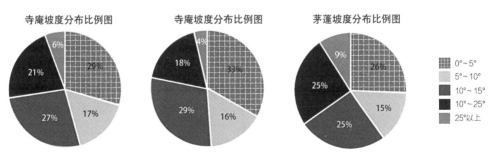

寺庵坡度分布比例图　　寺庵坡度分布比例图　　茅蓬坡度分布比例图

- 0°~5°
- 5°~10°
- 10°~15°
- 10°~25°
- 25°以上

图5-7　民国10年普陀山测绘图寺庵坡度分布比例图
（图片来源：作者自绘）

现场实测得到的各个寺庵的空间坐标相叠加，形成了普陀山寺庵空间分布图。通过分析得出普陀山鼎盛时期的寺庵所处地形的规律。

通过统计发现，全山138处寺庵，大部分位于山坡（48%）和山麓（26%），位于凸坡的寺庵数量与位于凹坡的寺庵数量相近。

表5-1 寺庵与山体之间的空间关系分类表

	地形	空间特点	视觉特点	寺庵位置	视觉效果
1	山顶	山顶宜建区域一般较为局促，但四周开阔，居高临下，有神圣感。但四面无自然屏障，易受海风影响	山上四周视线均十分开阔无遮挡，可向四周远眺。山下可产生仰视效果，凸显出神圣感。具有"显"的效果		
2	鞍部	鞍部位于两座山峰之间的狭长平地，两侧有山峰作为屏障，另外两侧没有屏障	两侧视野开阔，两侧视线封闭。视线会沿着山脊产生线性的延续感		
3	凹坡	凹坡十向内凹陷的山坡之中，三面被山体环抱，一面开敞。较容易形成藏风的舒适小气候	视线集中在开敞的一面，视线范围小，可看到山体凹坡内侧面的景色。若位于凹坡之外很难看见里面的情况，有"藏"的效果		
4	凸坡	凸坡位于向外凸起的山坡之上，三面开敞，背后有山体依靠。三面暴露易受风影响	视线较为开阔，且位于凸坡的建筑易于被周围所看到，有"显"的效果		
5	山麓	山麓为山脚下平缓的地带。背靠山体，地势平坦开阔，十分适合建造建筑，但易受到山体排水的影响	视线主要沿着开敞的平坦地势展开，或沿着背靠的山地向上延伸		
6	山谷	山谷是位于山地环绕的小块平坦地带。空间较山麓狭小，但也十分平坦宜建，且藏风，易形成良好小气候	视线集中在山谷之中，较为封闭，或沿着周围的山地向上延伸，有"藏"的效果		
7	陡壁	陡壁之上的建筑通常以险取胜。背后紧贴山体，面前紧邻大海，是山坡的一种极端形式	视线朝向开敞的海面，也可向下俯瞰海浪与岩石之间的激荡。远望陡壁上的建筑给人奇险的感觉		
8	海边平缓地	海边平缓地通常是位于海积地形之上，紧邻沙滩或坐落于沙滩之上。土壤松软潮湿，并不十分适合建造房屋，但土地平坦开阔。此类地形易受海风和潮汐的影响，建造房屋需注意避风与潮汐淹没范围	视野开阔，可远眺平静的大海，也可回望四周起伏的山脉		

资料来源：作者自制。

三大寺中1座位于山麓，1座位于山坡，1座位于山脊平地。统计中的82座中型庵院同样集中位于山坡（36%）和山麓（34%），凸坡与凹坡上寺庵数量相近。没有中型庵院位于岛礁及崖壁上。统计中的53座茅蓬主要集中在山坡地。坡地上所建茅蓬的数量占茅蓬总数的66%，且凹坡上茅蓬的数量略高于凸坡。

洛迦山上有4座茅蓬，结合测绘图与现状对其复原的位置，其中1座位于山顶，另外3座均位于山坡之上，且均处于凹坡之中。

（五）小结

通过以上4项分析，我们总结得出了普陀山寺庵与山体之间的空间分布规律：

1. 以组团形式分布于山麓及东、南向坡度较缓的低海拔地区

普陀山总体面积有限，山地多平地少，适合营建建筑的面积也十分紧张。但是普陀山上寺庵的数量和密度却在四大佛山中位列第一。如此高密度的分布，使得寺庵无法像其他三大佛山一样可以大部分互相独立存在。通过对统计数据与图面信息的整理和分析，我们发现普陀山上寺庵的分布呈现出组团聚集的规律，其中低海拔的山麓地带和东向、南向的缓坡、低海拔山坡聚集了普陀山大部分的寺庵与茅蓬。全山共有7处较为明显的寺庵组团——普济寺组团、法雨寺组团、慧济寺组团、潮音洞组团、梵音洞组团、短姑道头组团和梵岙组团。其中普济寺组团和法雨寺组团较大，分别包含41座和35座寺庵。这7处寺庵建筑组团共包含了109座寺庵，占全山寺庵总数的79%。

2. 凹坡上的寺庵数量与凸坡近似

由于山势的聚拢和舒张形成了具有内聚性质的凹坡和具有外向性质的凸坡。通常凹坡由于具有一定的内聚型，可以起到挡风挡光等作用，与暴露在风雨阳光下的凸坡相比，凹坡的小气候具有一定的优势。许多传统山地建筑都选择在向阳的凹坡内修建，但是普陀山中却没有发生这种现象，凹坡与凸坡上的寺庵数量相当。这一方面可以归结为普陀山上两种坡向的小气候差异并不明显，也可归结为普陀山寺庵在选址的时候，有更为重要的因素让其可以较少地考量寺庵所在地理位置的优劣。

3. 洛迦山上的茅棚全部位于高山位上

与普陀山岛上寺庵大多位于海拔较低的低山位地区相区别的是，洛迦山上的四座茅蓬全部位于较高海拔的高山位地区。

4. 环境恶劣的山体空间上依然有寺庵的存在

通过对所分析的四项地理因子的总结，我们发现普陀山上有相当一部分寺庵坐落在自然地理环境较差的位置上，如毫无遮挡暴露在海风之中海边地区、北向的陡峭山坡上等。甚至在佛顶山山巅形成了以大寺——慧济寺为中心的小型寺庵组团，该组团内的建筑全部位于偏北的山坡之上，自然条件相对较差。这些寺庵在选址时为何忽略了对于艰苦自然环境的考虑，而没有选择那些自然环境相对舒适的山体空间，需要参考其他因素来进行综合分析。

二、水体与寺庵

水资源自古便是寺庵选址的重要参考因素。水资源不但与僧人的日常生活息息相关，同时也与中国传统风景文化格局的形成和雅致环境的营造有着重要的关系。普陀山中自然水系较少，通过对民国10年（1921年）9月的测绘图的解析和结合民国时期的山志记载，可以识别出的自然水体包括一条从雪浪山流下的自然水系，形成了青玉涧、雪浪涧等水景，一条位于白华山南麓的水系，汇入海边滩地；包括基司湾在内的2处大面积湿地沼泽、茶山东麓的龟潭和潮音洞口的龙潭、泉眼11处和环绕在四周的大海。人工的水体包括池10处、井若干处。通过对测绘图的解析和对山志的分析，了解普陀山寺庵与水体之间的空间关系。

（一）寺庵与山中自然淡水环境的空间关系

从测绘图中，可以发现，最为明显的雪浪山南麓的溪流流经了雷祖殿、悟祖塔院、大智祖塔碾和法雨禅寺四座寺庵，汇入法雨寺前的莲池内，最后流入大海。白华山南麓的溪流则流经广福庵。"龟潭"为明普陀十二景之一的"龟潭寒碧"，但是其位置无法考据，仅能从山志中的文字发现其周围并没有记录其周围有寺庵。"龙潭"位于潮音洞口。民国山志中记载当时全山共有8处泉眼，其中有6处位置可确定，2处无法确定其在山志中记载的位置，仅能通过文字来判断其与寺庵分布之间的关系，其中3处位于寺庵内（2处在普济寺内、1处在息耒院内），2处在寺庵附近（1处在故育恩院侧，1处临关圣殿），另外3处均位于交通要道附近（1处临香道、1处临道头、1处临桥）（表5-2、图5-8）。

表5-2　普陀山中自然淡水水体与寺庵或人工构筑分布表

编号	自然水系	周围寺庵及人工构筑
1	雪浪山溪流	雷祖殿、悟祖塔院、大智祖塔碾和法雨禅寺
2	白华山南麓溪流	广福庵
3	龟潭	无（具体位置无法考证）
4	龙潭	潮音洞口
5	菩萨泉	普济寺
6	菩提泉	普济寺
7	三昧泉	永寿桥
8	活眼泉	息耒院
9	八功德泉	妙庄严路
10	涤心泉	短姑道头
11	灵一泉	故育恩院（具体位置无法考证）
12	功德泉	关圣殿（具体位置无法考证）

资料来源：根据民国10年测绘图及民国《普陀洛迦新志》绘制。

自然水体不但是是僧人生活用水的重要来源，同时也能够营造丰富清幽的景观，为修行生活创造良好的氛围。因此，普陀山之中除龟潭周围无寺庵记载之外，岛上仅有的自然淡水水体周围，且适宜营建寺庵的，均分布着1处或多处寺庵，可见水体对寺庵的选址的影响。但由于普陀山中的溪水（如雪浪山中的青玉涧等溪流）周围地势较为复杂，无法营造较为大型的寺庵，因此只在临近入海之处营建了法雨寺，而山中区段周围多为塔院等小型的茅蓬、塔院建筑。

图5-8　普陀山中寺庵与岛屿内自然淡水之间的空间关系图
（图片来源：作者自绘）

　　虽然普陀山地表淡水资源紧缺，但地下水资源却较为丰富，因此大量寺庵选择使用井水取水。据1995年版《普陀山志》记载："民国13年（1924年）普查各较大寺均有井1～2口，据1956年普查，全山有水井86口。"民国13年的《普陀洛迦山新志》中记载三大寺、八十八庵、一百二十八茅蓬，远远超过了水井的数量。由于并不是每一座寺庵都有自己的井，一些地理条件无法打井或规模过小不需要独立打井的寺庵会选择通过自然方式收集雨水或就近取水，因此总结出，普陀山中的淡水条件也并不是寺庵选址主要考虑的因素。

　　除了表面的淡水水体，普陀山山地复杂，容易形成丰富的地表径流汇集雨水。利用GIS对普陀山地形进行表面雨水径流的汇水分析，然后对比寺庵位置与汇水线之间的位置关系（图5-9）。发现仅有29座寺庵没有位于汇水线附近，仅占统计寺庵总数的20.8%。由此说明，普陀山寺庵选址多数会考虑选择将建筑修建在山体汇水线附近，且这些没有位于汇水线附近的寺庵多为位于山体顶部和鞍部，自然也无法形成有规模的山地汇水。

　　寺庵选择位于山地汇水线附近，考虑第一是普陀山山势较低，且山势曲折，地表径流形成的冲击力不大，因此寺庵建筑不会被地表径流冲击破

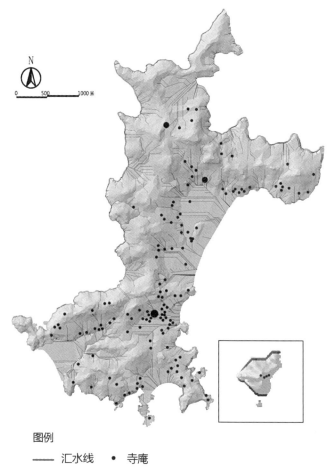

图例

—— 汇水线　　• 寺庵

图5-9　普陀山寺庵分布与地表汇水空间关系分析图
（图片来源：作者自绘）

坏。第二，普陀山中自然形成的潭、泉和溪流较少，而靠近汇水线可以形成季节性的地表径流或溪流，以便寺庵中僧人日常取水用水。第三，由于地表汇水的存在，可以为寺庵带来湿润凉爽的小气候，十分宜居。第四，禅宗十分讲究寺庵修行环境的清雅和意趣，虽然普陀山中缺少自然水体，但是地表径流形成的季节性溪流也为寺庵附近带来了雅致的风景。有些寺庵也会利用人工手段，对山体中的汇水进行组织，形成了季节性的河流。进而丰富了寺庵周围的景观，也为僧人修行提供了良好的悟道环境。从多首描写普陀山寺庵的诗词中可以发现，许多赞颂附近并无泉水寺庵的诗句中，都出现了"山泉""流水"这一意象，可以推测，其描绘的是因山地汇水而形成的季节性地表径流。

（二）寺庵与大海的空间关系

普陀山四周为大海所环绕，拥有较长的海岸线，形成了十余处或大或小的海积地貌和突出的海蚀海岸。而寺庵与大海之间的空间关系也并不仅

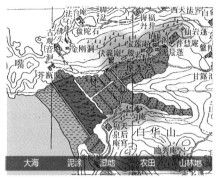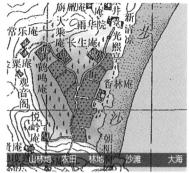

图5-10　海积地形递进结构平面图
（图片来源：根据民国10年测绘图改绘）

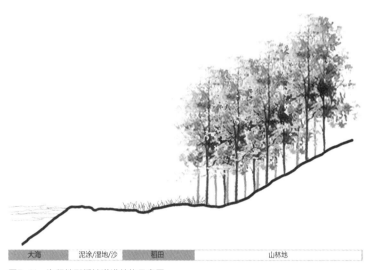

图5-11　海积地形缓坡递进结构示意图
（图片来源：作者自绘）

仅出于对自然环境的考虑，大海作为一种神圣的精神力量的象征也吸引着大量寺庵聚集在其周围。

通过对测绘图的分析，海积形成的海湾坡度较小，由大海至陆地形成"大海—泥涂、湿地或沙滩—田地—山林地"的缓坡递进结构（图5-10、图5-11），高程也是从大海至山林地缓慢升高。朝向南侧或东侧的海湾内分布有寺庵40座，且寺庵几乎都位于山林地之中，只有香林庵1座庵院出现在田地及更加近海的位置之中。近海的海积沙滩土质松软不利于修建建筑，但是土壤湿润，便于打井取水或修建水池。同时，由于海湾内地势低、坡度变化小，过于靠近大海的建筑也会受到海水涨潮落潮的影响。而海湾内的山林地中海风较小，这在经常受到台风侵袭的普陀山上是需要着重考虑的要素。因此，大量寺庵选择位于海积滩涂地域林地交接处，是出于对获取淡水资源、建筑难易度以及生存环境等多方面考虑的结果。

与之相区别的是岛上的大部分海蚀地貌均与海平线有着5m以上的高

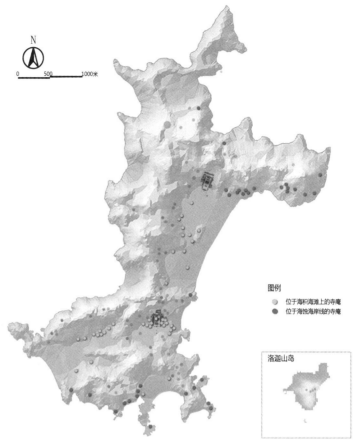

图5-12　普陀山寺庵与大海空间分布图
（图片来源：作者自绘）

差，以避免海水潮汐对建筑的影响。同时海蚀地貌形成了许多海蚀平台、海蚀巷道、海蚀崖等多地貌，岩岸坚硬，因此，在较为平坦的海蚀海岸上具有修建建筑的基本条件。在普陀山东侧海蚀海岸线上分布着30处庵院（图5-12）。从图上可以发现，位于海蚀海岸上的大部分庵院均处于海湾形成的环抱之内，这样既能够临靠大海，又可以通过山体的环绕而减弱海风的侵袭。

普陀山海岸附近会有大量的寺庵也与普陀山附近风浪较缓有一定联系。与普陀山隔海相望的洛迦山周围风浪较大，因此，洛迦山上的庵院多位于山顶或海拔较高的山坡，历史上也没有出现在洛迦山海边修过建庵院的记载。

总结以上两种海岸线与寺庵的空间关系，我们发现临靠大海的寺庵占全部寺庵数量的55%以上。这些寺庵有的选择建在避风向阳的海湾之中，也有寺庵不顾海风呼啸和海浪的侵蚀，建在最靠近大海的位置上。虽然这些紧邻大海的寺庵尽量选择适当的地理环境来削弱海风、海浪带来的不良影响，但是，海边的建筑环境与海湾内或山林中的建筑自然环境相比，仍然较为恶劣。由此可见，海洋对普陀山寺庵选址产生了重要的影响，这种影响一方面体现在对舒适自然环境的选择上，另一方面则体现在对于大海精神内在的崇拜上。而这种精神上的追求与崇拜可以使僧人们将舒适的生存条件作为次要因素来进行考量。

（三）总结

通过以上分析，可以得到普陀山寺庵与水体之间空间分布有以下规律：

1. 近水而居——寺庵会选择靠近多种形式的淡水资源

淡水是人赖以生存的必需品，而普陀山上的淡水资源十分稀缺，尤其是自然形成的地表淡水资源。靠近淡水资源修建寺庵可以使僧人们的日常生活得以保障。同时，水在中国传统风景文化格局里又是十分重要的考察因素，甚至认为水对气的影响要比山势更为重要。但是普陀山中自然形成的永久水体十分稀少，由山地汇水而形成的季节性水体也成了寺庵选址的倾向之处。因此，普陀山寺庵的选址大多靠近了各种形式存在的自然淡水资源。

然而，普陀山上却没有形成以自然淡水资源为中心的寺庵建筑组团。其原因：一是因为淡水资源周围山体环境并不优越，空间也比较局促，不适合发展出大型的建筑组团；二是因为这些自然水体位置多在海边或山中，远离普陀山上的大寺，周围也没有特别的宗教显圣胜迹，因此无法吸引修行朝圣的僧人在其附近结庐建庵。

2. 海洋崇拜——寺庵的选址会考虑海洋带来的影响

由于普陀山四面环海，因此大海对普陀山上的佛教产生了巨大的影响。寺庵在选址的时候也会考虑与大海之间的关系。大海不但会给普陀山带来充足的降雨和开阔优美的景致，同时也会给海边的建筑带来潮湿的环境和海风的侵蚀，可谓积极影响与消极影响并存。因此，岛上的寺庵在选址的时候会通过与山体空间的结合考虑来尽量屏蔽掉大海所带来的消极影响，选择一处宜居的修行环境。但是也有僧人不顾大海所造成的不便和侵害，义无反顾地将修行场所修建在大海边上，希望可以通过面对广阔的大海，在与恶劣生存环境抗争的过程中来达到精进修行的目的。因此，不论寺庵选址的初衷是否包含对大海的崇拜，大海对全山寺庵选址所产生的影响都是显而易见的。

三、传统风景文化格局与寺庵

中国传统建筑选址时通常是将山水空间特点综合起来进行考量，形成了一套传统风景文化理论，对寺院、住宅、坟墓的选址均有指导作用。理论结合考虑的山水格局所共同营造的小气候的优劣，凝练为一个"气"字，通过对"气"的考察与"龙"的查寻来寻找优越的生活环境。普陀山现存寺庵修建时间大多集中在明清及民国初期，因此在选址上多会受到传统风景文化的影响。

普陀山寺庵在进行选址时大多会考虑到有利于生存与宜居的自然环境。山中最为平坦避风的山麓空间均分布着大量的寺庵。即便是在自然地理条件不佳的区域，寺庵也大多会选择该区域内相对适宜生存的空间来建造。按照传统风景文化格局中"环抱式"的山水格局选址，体现了寺庵选址过程中对于舒适生活的追求。

同时，普陀山中也存在数量庞大的中小型庵院分布在自然地理条件十分恶劣的区域，如山顶、海边等地。这些选址使得寺庵的生存环境十分恶劣，寺庵内的生活并不舒适。选择这类"行煞式"格局则更多意味着放弃对宜居环境的追求，选择满足宗教和精神层面的追求。

（一）"环抱式"山水格局

普陀山三大寺，一座位于近海地势平坦的山麓之中，一座位于近海的山坡之上，一座位于佛顶山的山巅，其中普济寺和法雨寺虽然所处位置不同，但是所处的山水格局均可以归纳为追求"藏风纳气"的结穴之地。普济寺的选址相比法雨寺更为优良。从元代盛熙明的《补陀山传》中的文字描述和《补陀洛圣境图》的描绘可以发现，普济寺四面环山，毗邻大海，坐落在被环抱形成的一片开阔的山麓之中，南侧案山、朝山低矮，而背后的靠山、祖山逐渐升高，且"明堂"开阔，虽然"明堂"并无自然而成蜿蜒的流水穿过，但是毗邻大海，土地湿润，后期通过修建海印池来对水体进行弥补，形成了一处藏风纳气的优质环境（图5-13），满足了中国宗教园林"前朱雀（池塘）、后玄武（山陵）"的传统风景文化观念，也是宗教建筑选择地理环境的基本原则。与此相比，法雨寺的山水环境略显逊色，虽处于三面山体环绕的凹坡之内，形成了环抱聚集之势，但是寺前缺乏案山与朝山的呼应，宜"生气涣散"。法雨寺有自然形成的溪水环寺而过，绕至寺前，形成莲池，则更宜得"气"。其山寺附近植物生长茂盛、生机

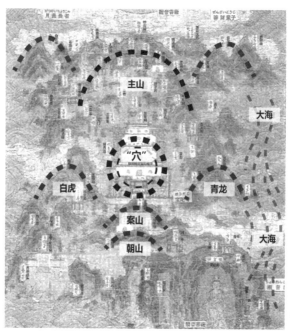

图5-13 宝陀观音寺格局
（图片来源：根据元代山图《补陀洛圣境图》改绘）

勃勃，同样也是宝地的标志。因此二寺的山水局势虽都有不足，但是从整体原则考虑均为十分优秀的选址之地。明朝朱国祯曾在文章中对普陀山两大寺的格局进行分析，认为普济禅寺所在"结局宽平"，且"二小山为右臂，一小山圆净为案。""左一长岗不甚昂"，但是通过多宝塔的弥补，也能起到"蔽"的效果。在更大的格局上，"殿之辛隅为盘陀石，山势颇高耸；巽方位潮音洞，吞吐惊人。正后逶迤菩萨岩最高"。并认为普陀山前后二寺的关系也具有极佳的，"前结正龙，即普陀寺；转后为托，即海潮寺也。"

分布在"环抱式"山水格局内的中小型寺庵数量最多，无论是以组团形式集中聚集在山麓海湾中的缓坡平地上，还是以独立散布在山间。这类山水格局能够有效地阻挡海风，聚集水气，形成舒适宜居的小气候。同时山体环绕的部分通常坡度平缓，易于修建房屋。

（二）"行煞式"山水格局

中国传统风景文化讲究的是山环水抱、藏风纳气，对其中的建筑可以起到"聚气"和保护的作用。而山巅处、山脊、海岸孤绝处、奇峰怪石旁等使建筑大面积暴露在天地之间，经受风雨的洗礼，无法聚集土地中产生的"气"，是民间阳宅忌讳选择的位置。但是从相对的观点上，寺院作为宗教建筑，可以起到"镇"的作用，可以化解地理环境所产生的不良影响，将"煞"转为"吉"。同时，宗教信徒们也会通过寻求这种"行煞式"的建寺位置而达到苦修的目的。三大寺中与前二寺不同的慧济寺所处的便是非传统意义上的宝地——位于山巅的"行煞"之地。但是同时慧济寺位于山脊线上，南侧依傍着佛顶山的山顶，东侧受到菩萨顶的庇护，将西北两面开敞向广阔的大海。可见，慧济寺虽然选择的是环境相对恶劣的"行煞"之地，还是会结合现状环境选择能够尽量减弱不良自然影响的位置（图5-14）。

图5-14　民国时期潮音洞附近的寺庵
（图片来源：［德］Ernst Boerschmann《Die Baukunst Und Religiöse Kultur Der Chinesen》）

山中的中小型寺庵也有很多选择奇险的"行煞"之地，例如将寺庵修建在山顶或海边甚至岛礁之上，这些地方普遍具有较好的视野，无所凭依，任由海风呼啸阳光暴晒，生活环境较为恶劣。另外，这些奇险的位置多是观测海市蜃楼、佛光、显圣等宗教显灵的所在，因此这些寺庵或孤立存在，或组团式出现，在"行煞式"的山水格局中挑选相对适宜的环境，以进行宗教精神上的追求。

由此可见，普陀山中寺庵的山水格局呈现出两种不同的类型：一类是遵循传统优良格局的"环抱式"格局，另一类则是追求奇、险的"行煞式"格局。这两类山水格局形式各有侧重，前者自然地理环境优良，僧众生活较为舒适，香客也比较容易到达，地形对寺院规模的限制较小，侧重人的生存；后者自然地理环境较为恶劣，僧众生活相对艰苦，香客需要花费精力才能到达，由于地形的限制，寺院规模往往不大，但是其占居奇特险峻之地，具有较强的精神象征意义，无论僧人还是香客都能通过克服艰辛的自然环境体会到精神的升华，侧重人的精神。因此，这两种类型的山水格局各有侧重，各有优劣。

第二节　自然形胜、核心寺庵与寺庵分布

一、普通自然形胜与寺庵

普陀山寺庵的空间分布还有一个较为显著的特点就是与自然形胜互相关联。许多自然形胜附近都会出现或大或小的寺庵。通过对民国十年测绘图及民国山志的整理和总结，测绘图中140座寺庵中有105座依傍或附近有自然形胜，占全山寺庵总数的比例为75%。普陀山早在元代就已经形成了诸多自然形胜，并一直延续发展至今。而普陀山上的寺庵由于战乱、海禁及规模原因多有兴废，且依傍寺庵的规模多以小型庵院和茅蓬为主（图5-15），因此先有自然形胜的确立而后在其附近依傍寺庵的情况占绝大多数。这些自然形胜多位于地势险峻之处，因此多数的自然形胜附近仅有一处寺庵，但一些重要的具有很强宗教意义的自然形胜附近则会聚集多处寺庵，形成一处寺庵建筑组团（附表3）。

"名山时期"巅峰的普陀山中大部分寺庵周围都会伴随有自然形胜，其为寺庵表达神圣的宗教文化发挥了重要的作用。寺庵不但在选址上会考虑与既存的自然形胜产生关联，同时也会在寺庵附近新增或营建新的自然形胜以突显寺庵的神圣属性。虽然许多自然形胜附近自然地理条件十分恶劣，并不宜居，但是面对生存环境的艰苦与由于毗邻富有宗教意义或具有景观价值的风景形胜的选择中，僧人们选择了后者。这与自古以来对自然的崇拜和对宗教显圣物的追求有着极大的关系。僧人们认为靠近这些具

图5-15 民国时期在
自然形胜附近结茅修
行的僧侣
（图片来源：1923年出版
［英］R.F.Fitch《Pootoo
Itineraries》）

有神圣意义的自然形胜，不但可以带来更多的香客，而且可以使自己的修行得到庇护和加持。同时，佛教教义中对于"苦"的阐述可以让僧人不惧恶劣的自然环境，并认为忍受和克服这些痛苦可以更加有助于他们"悟"并达到更深层次的精神境界。从这两处寺庵组团的形成中我们发现，普陀山僧人们在进行寺庵选址时舍弃了舒适的环境来强调对佛法内在精神的追求，是一种"舍身"的原则。

二、核心自然形胜与寺庵

普陀山中有一些自开山之初便已具有神圣含义或更深刻的自然形胜，这些形胜便对于山中寺庵的分布起到了十分重要的作用。本小节选取普陀山开山便存在的神圣根源——潮音洞，以及在"名山时期"逐渐发展成为"观音得道之地"的洛迦山岛两处重要的自然形胜为例，来分析其对普陀山寺庵空间分布所产生的影响。

（一）核心自然形胜的直接吸引力

重要的自然形胜天然具有神圣的宗教寓意，是普陀山宗教神圣感的重要源泉。因此其无论是对于香客还是修行的僧人均具有天然的吸引力。例如从宋时期出现的游记均记载前往潮音洞希望能够一睹观音显圣的内容。因此，重要的自然形胜对于寺庵的修建来说也具有天然的吸引力。位于重要自然形胜附近的寺庵，不但在宗教修行上能够有神圣的"助益"，同时也能为寺庵带来大量前来朝拜的香客，提高寺庵的知名度与旃檀收入。

潮音洞是普陀山开山时期便存在的重要自然形胜，其内容与观音显圣相关，可以说是普陀山神圣的核心来源。洛迦山与普陀山岛之间相隔大海，虽然并不是普陀山开山时期出现的形胜，但是其远眺形状如卧佛，自明代被纳入"普陀洛迦山"的范畴之后，在流传的传说中更是作为观音得道修行的神圣场所存在，也自然成为普陀山中最重要的与佛教相关的神圣自然形胜。因此选取这两处重要的形胜来分析。

但是我们发现，在洛迦山与潮音洞这两处重要的自然形胜周围却形成了截然不同的寺庵分布状况。潮音洞自宋元时期便有僧人在其附近结茅修建寺庵，明至民国期间更是聚集了大量的中小型庵院、茅蓬，形成了一处较为明显的寺庵建筑组团。而洛迦山岛上却一直人迹罕至，直到民国时期岛上才有四座小型的茅蓬。这一方面是由于洛迦山周围海域风浪大，海况差，难以登岛；另一方面也是因为洛迦山岛被营造成为"观音得道之地"，充满了一种难以接近的神秘感。因此，即使在海上交通已经十分便利的今天，洛迦山仍然保持着较少的寺庵数量与较小的规模。

（二）核心自然形胜视觉吸引力

核心自然形胜除了对于寺庵的聚集作用，其视域范围也对普陀山的寺庵分布产生了一定的影响。人们将其看作一处可以远望朝拜的对象，即便仅仅视觉可见，仍认为其产生了强烈的神圣意味。

选取洛迦山、潮音洞作为视觉焦点，通过GIS的视域分析来研究寺庵分布与这些重要的视觉焦点之间的关系。在对两处自然形胜的视域范围进行分析之后，得出以下结果：

1. 潮音洞视域范围

潮音洞位于普陀山岛东南部的一块突出海岸的半岛之上，其三面环海，视线没有阻挡，因此视域范围十分开阔（图5-16）。既可以远眺洛迦山岛，也可以远眺朱家尖，以海洋开阔的景色取胜。通过将视域分析图与普陀山寺庵分布图叠加，发现潮音洞视域与青鼓垒南侧沿海一带的寺庵位置出现大范围重合，雪浪山和锦屏山南侧的寺庵也与潮音洞视域出现重合现象。可见这些寺庵与潮音洞之间存在着视线关系，可以通过远眺观看到潮音洞。

2. 洛迦山岛视域范围

洛迦山岛在普陀山岛的东南部，由于洛迦山岛面积较大，GIS中一个点无法涵盖洛迦山岛的面积。因此在洛迦山岛的东侧用五个点勾勒出洛迦山到东侧的形状，进而求得的视域范围便和实际中观看到洛迦山的范围较为接近。

经过GIS的分析，我们得出在大部分岛屿东侧的区域均可以观测到洛迦山岛（图5-17）。即便是不临海的山地范围，只要达到一定的高度条件，便可以观看到洛迦山岛。而反过来，在洛迦山岛上也可以观看到普陀山东侧大部分的区域。可见两座岛屿之间的视线关系是十分畅通的。通过将视域分析图与寺庵分布图重合，发现其范围与大量的寺庵位置重合，即排除植物对视线的遮挡，普陀山中的大量的寺庵可以远眺到洛迦山岛。

通过前面的研究，发现潮音洞的视域范围与潮音洞组团大范围重合，而洛迦山视域范围则与普陀山大量寺庵位置出现重合。潮音洞和洛迦山都是具有很高佛教内涵的自然形胜，其中潮音洞是普陀山最早观音圣迹显现的地方，而远眺如卧佛的洛迦山岛被认为是观音修行得道的场所。这两处具有极高宗教意义的自然形胜的视域范围与寺庵位置大量重叠，让人很难忽视其中的内在联系。

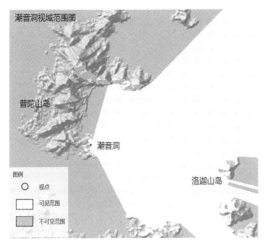

图5-16　潮音洞视域范围与寺庵分布图
（图片来源：作者自绘）

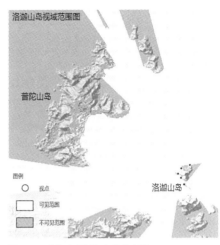

图5-17　洛迦山视域与寺庵分布图
（图片来源：作者自绘）

潮音洞是海边的一块突出的半岛，高程较低，且其东部有一处猫跳岩阻挡了一部分从百步沙、千步沙与潮音洞之间的视线关系，因此只有与之隔海相望的青鼓垒南侧的空间才能够不受阻隔地看到潮音洞。同时，青鼓垒一侧地势陡峭，且与核心大寺较远，民国之前也一直没有修建高等级的香道串联，因此此处会大量聚集寺庵。除了位于青鼓垒梵音洞的影响之外，可以考虑是受到了与潮音洞之间通畅视线的影响。作为普陀山中最早的观音显圣之地，潮音洞一直是修行者们向往的胜迹，因此附近也聚集了许多大小庵院茅蓬。而佛教中常常将"视觉可见"当作一种十分重要的感知渠道，若因故不能前往朝佛便会采用朝向佛山的方向或在能看见佛山的地方进行礼拜，采用一种迂回的方式表达对佛祖菩萨的朝拜和敬仰。这也就不难理解在潮音洞的视域范围内会出现大量的寺庵，而青鼓垒中的庵院则大量集中出现在山体的南侧山地。这也是一种对于观音圣地的追求方式。

洛迦山岛也同理。洛迦山岛纳入"普陀洛迦"这一概念的时间在明朝前后，也正是今天普陀山"名山"发展模式的形成初期。随着海上交通的发展，逐渐有僧人前往洛迦山中修行结茅，而洛迦山的重要意义也越发凸显出来。作为观音修行得道的场所，洛迦山岛比普陀山岛更能够带给僧人一种具有神秘力量的错觉，而难以到达的艰苦海路和卧佛一般的形态，也使得洛迦山的神圣性更加强烈。因此，寺庵的建造追求建在洛迦山岛视线可及范围之内的说法便有了支撑。通过民国时期的老照片我们可以发现，随着僧人不断地开垦活动，山中的植被条件日益被破坏。因此，民国时期普陀山的植被并不如今天一样繁茂，普陀山岛各区域与洛迦山之间的视线可达性要优于今天。因此，追求对于具有神圣宗教意义的洛迦山岛的视线也是寺庵在选址建造时考虑的因素。

三、核心寺庵对整体寺庵空间分布的影响

普陀山中的寺庵有着明确的等级分化，由普济寺、法雨寺和慧济寺所组成的三大寺是山中最高等级、最为权威的存在，也是山中小型茅蓬的管理者。因此，这些高等级的寺院对于山中其他中小型寺庵茅蓬的空间分布也产生了十分重要的影响。

（一）核心寺庵的直接影响

不难发现，三大寺附近均出现了中小型寺庵与茅蓬的聚集，但聚集的形态却根据周围的地形条件而产生了空间差异。民国时期，普济寺附近聚集了41座大小寺庵，法雨寺附近聚集了32座大小寺庵，而慧济寺周围寺庵较少，仅有2座小型的寺庵。由此我们也可以看出，大寺对中小型寺庵的吸引力，随着其建寺时间、规模、重要程度而定，同时也与其所处的自然地形条件有关。普济寺作为山中首刹，规模最大，历史最为悠久，且所处的地区平坦，因此吸引聚集了最多的中小型寺庵。而建寺最晚的慧济寺，虽然位于最为神圣的山顶，宗教寓意浓厚，但由于其规模小且地势险峻，因此对中小型寺庵的吸引力最弱。

（二）核心寺庵的视觉吸引力

普陀山中的核心自然形胜存在着视觉空间影响寺庵分布的现象，那么核心寺庵的视觉空间是否会对中小型寺庵庵院的分布造成影响？通过GIS的分析，得出了以下结果：

1. 普济寺视域范围

普济寺位于灵鹫峰山麓之中，东西南三面均环山，东侧地形有起伏。因此普济寺所在位置的视域范围较为狭小（图5-18）。可视范围几乎局限在山麓之中，只在东南侧留有一条狭窄的视廊可以望向洛迦山岛。然而若考虑到普济寺周围较为茂密的植物背景，则基本可以认为普济寺的视域仅局限在山麓之中，因此与普济寺存在视线关系的寺庵也局限在位于其周围山麓之中的寺庵。

2. 法雨寺视域范围

法雨寺坐落于山坡之上，且前方地势平坦，因此法雨寺所在视点的视域范围较大，可以远望到洛迦山岛和朱家尖岛，也涉及法雨寺组团中寺庵所在的山坳（图5-19）。且沿海一带均在有多处凸起地形的视域范围之内，即表示在沿海地带登高远眺便可远望法雨寺的壮观建筑群。但山中的可视范围却较为狭窄，大部分山中的空间无法看见法雨寺。

3. 慧济寺视域范围

慧济寺位于佛顶山山巅，但由于其并没有位于山顶最高峰，且东侧被最高峰菩萨顶所遮挡，因此慧济寺的视域范围极其狭小（图5-20）。从图中可以看出，由于地形的原因和慧济寺的位置，普陀山岛内仅有小部分区域可以远眺到慧济寺。但是慧济寺却对在海上和洛迦山岛上更大范围的区域可见。这一结果与明清时期仅涉及普陀山岛的大部分游记中均未出现远

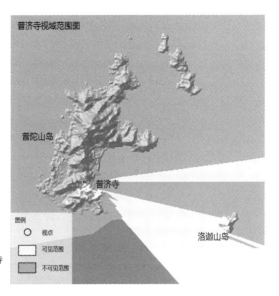

图5-18 普济寺视域范围与寺
庵分布图
（图片来源：作者自绘）

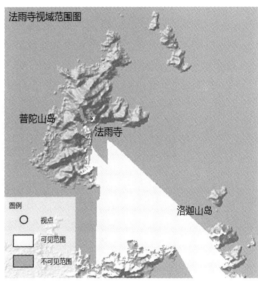

图5-19 法雨寺视域范围与寺
庵分布图
（图片来源：作者自绘）

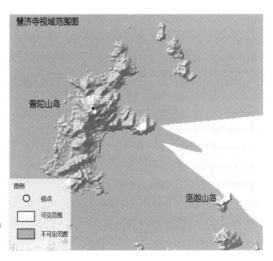

图5-20 慧济寺视域范围与寺
庵分布图
（图片来源：作者自绘）

望慧济寺金顶，但与盛叔型在洛迦山游记中所记叙的"北望普陀山巅之慧济寺，已如天星"远眺慧济寺的结果相一致。

通过对普济、法雨、慧济三大寺的视域与寺庵分布关系的分析，我们发现大寺在视觉上对寺庵的分布影响是十分有限的。虽然山麓中有大量的寺庵与普济寺的视域范围重合，但是综合考虑地形、普济寺的组织地位，认为视线并不是导致寺庵在此分布聚集的最主要因素。

同时，从全山的角度看，能观测到三大寺的范围狭小，所能看见的角度少，因此对于其他中小型寺庵并没有直接的影响。由此可以看出，与核心自然形胜相比大寺本身所具有的神圣属性相对较弱，并不能对普通寺庵产生视觉上的吸引力。

然而，从另一个角度我们可以发现，普陀山大寺的选址在一定程度上会选择可见范围较为狭窄的区域，使得大寺虽然规模庞大，但是却能够隐藏在山中，形成了香客在登岛之后并不能直接看到大寺的样貌，需要在山中行走，偶能窥到大寺的建筑一角的效果。因此，虽然大寺的等级决定了三大寺的建筑体量与规模要远大于山中其他寺庵，但是这样的选址使其具有了"藏"的属性，增加了三大寺山寺幽深的特点，与全山寺庵含蓄雅致的气氛十分契合。

四、小结

由此可见，普陀山中寺庵的分布会受到自然形胜与核心寺庵的影响。同时寺庵与普通的自然形胜会在分布上互相影响，共同发展。核心的自然形胜对中小型寺庵具有很强的吸引力，使中小型倾向于分布在核心寺庵周围。若由于自然地理环境因素的限制而无法在空间上靠近核心自然形胜，也会在选址上考虑在视觉上保持与核心自然形胜的可达性与联系性，以获得核心自然形胜所带来的宗教神圣属性。

核心大寺同样对普通的中小型寺庵的空间分布造成了很强的影响。中小型寺庵在空间上也趋向于在大寺附近聚集，以获得僧团管理、组织交往、香客来源、交通等方面的便利。核心大寺的视觉可见性却对普通寺庵没有吸引力。中小型寺庵的选址，并没有过多考虑是否有可以望见大寺的视线通廊。同样，大寺的选址在视觉可见上也没有希望被全山的寺庵或香客仰望，而是选择隐藏在山中，处于可见范围十分狭小的空间之中，以保证大寺的庞大体量能够更好地融合进山中自然的环境。

第三节　交通系统与寺庵分布

一、海上交通与寺庵

民国时期普陀山与陆地之间的交通主要由短姑道头与沈家门、朱家尖、宁波甚至上海之间的海运完成（图5-21）。普陀山岛与洛迦山岛之间也在民国时期开始有频繁的游客往来，真正使得两个岛屿在交通上也融为一个整体。

由于海上的交通，使得短姑道头成为普陀山岛上最重要的交通枢纽。由于是最主要的登岛码头，因此在其附近形成了寺庵的聚集（图5-22），其中既包括为了承担接待、转运香客的功能而修建的"三大寺"的下院，也包括如海潮庵、慈云庵、白华庵等被码头大量人流吸引的这类规模较大的庵院。这些寺庵在短姑道头与妙庄严路两侧次序排列，形成了香客们登岛之后的第一印象。

洛迦山岛在民国时期虽然也开通了与普陀山岛之间的海上交通，但是并没有在码头附近形成寺庵或茅蓬。究其原因：第一，洛迦山岛内地形复杂，濒海地理环境不宜修建庵院或茅蓬；第二，两岛之间的交通易受风浪影响，因此前往洛迦山岛的香客数远远小于普陀山，且洛迦山中茅蓬均不具备接待香客的功能与条件，因此，码头所带来的人流优势便失去了意义。

图5-21　民国时期普陀山转运旅客的小船
（图片来源：[德] Ernst Boerschmann《Die Baukunst Und Religiöse Kultur Der Chinesen》）

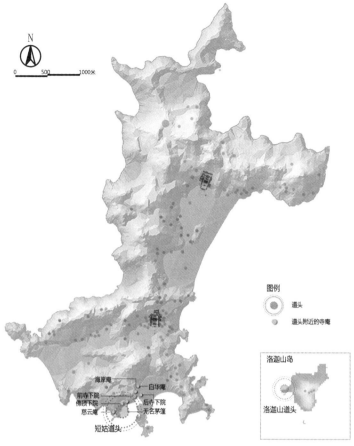

图5-22　普陀山道头与寺庵分布图
（图片来源：作者自绘）

二、岛屿内部交通与寺庵

无论是普陀山岛还是洛迦山岛，交通组织均是由不同等级的香道所串联交叉，形成网络。洛迦山较小，只有一条登山的香道。而普陀山岛的交通系统较为复杂，主要分为一级香道、次要香道及小路等多个道路等级。道路的功能也分为仅有交通和物资运输功能的道路和兼具朝圣与物资运输两种功能的复合型道路。

妙庄严路、玉堂街和香云路三条连接短姑道头与三大寺的香道是全山最主要的香道，等级也最高；次要香道是连接潮音洞组团、梵音洞组团、梵尘组团、磐陀石等重要景点的香道。主要香道与次要香道构成了山中交通的骨架，是山中最为主要的交通道路，也是游客朝拜的重要道路。除此之外，为连接较为隐蔽寺庵与主次要香道之间的小路，或连接次要自然形胜的小路。这些小路是山中交通系统的毛细血管，完善了全山的交通结构（图5-23）。

三种不同强度的道路串联了不同等级的寺庵，相应地也对寺庵的分布

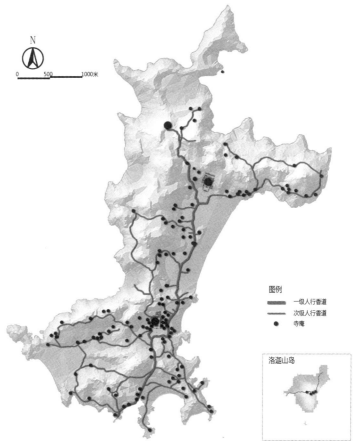

图5-23　民国时期普陀山交通系统与寺庵分布图
（图片来源：作者自绘）

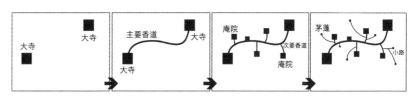

图5-24　交通系统与寺庵分布互相影响过程示意图
（图片来源：作者自绘）

产生了不同的影响。总的来说，交通系统的生成与山中寺庵的分布按照香道与寺庵的等级互相影响、互相依傍（图5-24）。主要大寺的出现形成了山中一级主干香道，进而影响了一级香道两侧寺庵的分布。而次要香道则多是由于寺庵建成后的交通需求而形成，并进一步影响了小型庵院或茅蓬的选址。而由于这些小型孤立的茅蓬或寺庵，又形成了如无数毛细血管一般的山中小路。

第四节　佛教文化与寺庵分布

　　虽然普陀山寺庵是经过数百年来僧人不断自发的积累与营建而成，但是大大小小的寺庵、风景形胜及其他景观节点通过有意识的组织与串联，形成较为统一且具有特色的完整的佛山风景体系，向游人完整地传达了佛教文化。当游人按照特定的线路进行游览的时候，就会依照次序对序列中的不同空间、不同情境、不同景物产生不同的反应与感受，这些感受与认知通过不断的叠加，最终形成游人对普陀山的认知与感受。将全山打造成为脱离了"苦难之海"的"观音道场"与"天国世界"（图5-25）。

　　在佛教中将"天国世界"描述为不同境界大阿罗汉以及不同境界菩萨、辟支佛所居住的地方，最上层为佛祖居住的金殿，金殿周围是大菩萨的道场。因此，作为"观音菩萨道场"营造的普陀山便通过不同区域与内容打造脱凡离尘的"天国世界"。

　　普陀山可被拆解为海洋、岛礁、洛迦山岛、普陀山岛四个组成部分，其中普陀山岛是佛教文化主要营造的核心区域。而包围普陀山岛、洛迦山岛等岛屿的海洋便被看作将佛国与尘世相隔离开的"苦难之海"。只有经历海上艰辛旅程的考验，才能真正到达乐土。大海同样将普陀山岛与大陆相隔，形成了普陀山与世隔绝的环境，这恰恰又与我国传统理想园林范式中的"蓬莱仙岛"不谋而合，因此，更为普陀山岛增添了神奇的氛围。

　　与大海相对应的便是海上的岛屿与岛礁。它们是航海过程中希望的象征，象征着可以靠岸、象征着安全。僧人将小型的岛礁也赋予了佛教形象，使其环绕与辅佐在佛教圣地周围，形成了对两座大型岛屿众星拱卫的形象。如东洋海中的小岛因远望宛若香炉花瓶而被命名为香炉花瓶山；潮音洞前的小型礁石"宛若小艇投岸，相传为善财南询大士处"而被命名为善财礁。

　　普陀山岛与洛迦山岛这两座相对大型的岛屿，在发展中被赋予了观音说法地与观音得道地的佛教文化形象，其中，洛迦山岛较小，且周围海浪湍急，仅有少量僧人在岛上修行，直到民国时期才有游客登岛。这种不

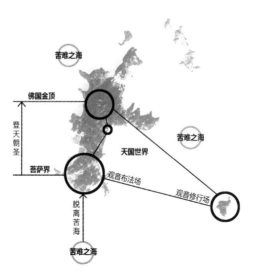

图5-25　普陀山"天国世界"景观序列示意图
（图片来源：作者自绘）

得亲近的神秘感被赋予了观音得道修行之所的内涵，使游客只能远远眺望，心生崇敬之情。而普陀山岛规模更大，生存环境适宜，且在山中不断的营建过程中兴建了大量以观音为主要供奉对象的大小寺庵。形成了以观音为主题的佛教内容，因此被赋予了观音说法讲道，普济众人的场所，成为香客主要朝拜的场所。而普陀山岛与洛迦山岛之间艰险的交通也使从洛迦山岛而来的观音更显威力。

当香客们的海上航行，经历了如同《大唐西域记》中所记载"其有愿见菩萨者。不顾身命。厉水登山。忘其艰险。能达之者盖亦寡矣。"的海上艰辛才能到从短姑道头登上普陀山岛，便是从凡尘进入了观音菩萨道场。首先便在心理上对普陀山产生了观音道场的认同感。在普陀山南部低海拔前山区以供奉观音的主刹普济禅寺为核心，周围分布着大大小小供奉观音的庵院和茅蓬。东南部的潮音洞、西南部的磐陀石等自然形胜也是观音显圣神迹主要集中的区域。此时，香客还能够远眺或乘船游览与普陀山隔海相望的洛迦山。前山地区的整个部分通过密集的寺庵、清幽的自然环境、众多观音显圣的自然形胜以及与洛迦山岛的视觉与交通的联系，营造出以观音作为主题的佛教氛围，使游人感受观音道场的特点，在游客心中渐渐积累对佛教的感知与情感。同时，与江南民居相似的建筑、建筑周边的农田、普济寺组团中的商业街，这些世俗而亲切的体验都使游客产生了一种桃园春村的感觉，就像进入了桃花源一般，有菩萨们在身边生活着的，而不是处于高高在上遥不可及的佛国世界。

当游客继续北上来到以法雨寺为核心的中部区域，寺庵主要供奉的对象开始出现了释迦牟尼佛。法雨寺将观音菩萨与释迦牟尼佛共同作为主要供奉的对象，这标志着香客们渐渐开始从观音菩萨的道场向佛祖的金殿前进。而无法经受住艰苦登顶考验的香客则到此为止，则无缘见到最高层的佛祖金殿。

当香客沿着香云路向山顶攀登时，周围的寺庵数量锐减，只有山中瑰丽的自然与佛教文字石刻形成的神奇景象。香客的体验也从山下亲切的宗教氛围向着神圣的宗教氛围过渡，直到慧济寺作为全山景观序列的最后一段象征着"天国世界"中位于最高处的佛祖的金殿。无论是慧济寺的金顶、所在的地点与佛祖所居之处相互呼应，还是中国园林理想范式中的"昆仑崇拜"，都使得游客产生了浓厚的宗教神圣感与敬畏之情。同时高山上的云雾与菩萨顶的天灯塔都彰显着至高无上佛祖的神迹，壮丽的自然美景与神圣的佛殿使得香客心中积累的情绪一瞬间得以释放，最终化作对

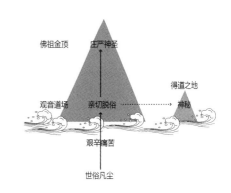

图5-26　普陀山整体佛教文化的表达
（图片来源：作者自绘）

佛祖的无限憧憬与顶礼膜拜之情。由此,香客们完成了从岛外的"人界凡尘",渡过"苦难之海",步入"观音菩萨的道场",最终登顶到达"佛祖金殿"的"天国世界"的历程。

总的来说,普陀山通过大海旅程的"艰辛"、山下菩萨道场的"亲切"、佛祖金殿的"神圣"以及周围岛屿的衬托,通过信众在游览时的感受,向他们传达了"天国世界"的佛教文化内涵(图5-26)。

第五节　寺庵分布空间格局形式

一、街巷式

由于普陀山特殊的地理环境及寺院之间的组团关系,在灵鹫峰山麓中的平地上形成了一种罕见的密集分布的寺庵组团。组团中以普济禅寺为核心,在东、西、南三个方向分布了数十座大大小小的寺庵茅蓬(民国时期为41座,今天保留下18座)。整个寺庵建筑组团以普济寺为核心向东西南三个方向发展。普济寺两侧的寺庵密度最高,寺庵与寺庵之间通过建筑的围合形成道路,核心普济寺前形成大型的公共开敞空间——海印池。随着周围山地地势的起伏,建筑密度逐渐降低(图5-27)。这些庵院紧密排列在普济禅寺周围,形成了类似民居古镇的街巷空间。这座寺庵组团中还有一条明代就记载在山志中的商业街。这些寺庵与商业街形成了独具特色的佛教建筑组团。赵振武先生将其定义为"里坊式"的"佛教村镇"。但"里坊"是唐代及以前对城市中居住区的称呼,通常布置高墙环绕,并设置里门实行宵禁,是一种十分封闭的居住区形式。这显然与此佛教组团的性质并不吻合。由于其布局与形成方式均类似中国传统的民居街巷,因此将其称呼为"街巷式"的佛教建筑组团则更为适宜。

通过对比普济禅寺组团的平面布局与江南古民居的布局可以发现许多共同的特点(图5-28):

图5-27　普济寺组团空间分布图
(图片来源:作者自绘)

图5-28　普济寺组团平面布局与宁波宁海洋村镇力洋村局部平面对比图
（资料来源：作者自绘）

（一）选址注重格局

　　江南古民居聚落的选址通常会考察山水格局，进行推演，选择最适宜生存的自然环境空间，例如江南著名的古镇宏村、建德新叶村等均选择在极佳的藏风纳气的位置。普陀山中街巷式的佛教组团是以普济禅寺为核心发展起来的，占据的也是全山中位置最为优良、四周山体环绕的地域。同时，利用人工修建的多宝塔和海印池对格局中的缺陷进行弥补，与民居村落中经常会修建文峰塔来改善村落的山水格局是同样的原理。

（二）以重要的"公共建筑"作为核心

　　江南古民居聚落通常以宗祠为核心发展壮大起来。宗祠作为江南传统宗族制度管理实施的核心和宗族等级观念的文化载体，是民居聚落中最为重要的一种建筑，通常占据聚落中最重要的位置。宗祠建筑通常扩大门前空间的面积，为家族祭祀、婚丧嫁娶等重要活动提供场地，形成了聚落中开放的公共空间。其他民居建筑则环绕宗祠建筑修建，对其形成拱卫之势。

　　而普济禅寺无论从宗教地位还是在组团中所处的位置均与民居聚落中的宗祠有着异曲同工之妙。普济禅寺是全山等级最高、历史最为悠久的大寺，在佛教管理制度中管理着近乎一半的茅蓬。虽然庵院与大寺之间并无从属关系，但是庵院的创立者大部分有着在普济禅寺中修行的经历。因此，普济寺在前山地区对中小型寺庵的影响和统治地位就如同宗祠在民居聚落之中的地位一样。这也是佛教聚落围绕普济禅寺形成的原因之一。

（三）院墙相夹形成街巷空间

　　由于前山平坦宜建地区用地紧张，因此寺庵在普济禅寺周围紧密布局。建筑的山墙和院落的院墙互相错落，形成了狭窄的街巷空间。同时，在横街与直街两侧形成了临街的商业店铺。根据测量，普通的街巷空间道

商业街空间 　　　　　普通街巷街空间

图5-29　普济寺组团商业街及普通街巷空间

路宽度与建筑立面高度的D/H比达到了2以上，商业街的D/H比值在1左右（图5-29）。而宁波村落中商业空间的尺度通常为宽敞型，$D/H \geqslant 1$，而日常生活空间为狭窄型，D/H通常小于1。两种不同性质的建筑组团形成了类似的建筑布局和空间形态。

（四）与自然环境相融合

虽然民居聚落内部呈现出一种人工化的建筑与街巷空间，但是其与自然完美衔接，将自己融入了自然环境之中。同时自然的美景也通过一条条街巷空间和建筑上方的天际线纳入了聚落之中。普陀山的街巷式组团内部也呈现出人工化较高，较为密集的建筑空间，但是在向自然界过渡时，开始顺应地形，将建筑与自然融为一体。组团中的建筑高度不高，可以透过建筑屋顶看到远处的山体和山上的法华洞中的建筑。组团内的建筑、法华洞与远处山体形成富有层次的近景、中景和远景，丰富了天际线，使整座建筑组团融入自然环境之中。

产生街巷式寺庵组团是多方面因素综合叠加形成的结果：

首先，普陀山是一个封闭的海岛，山中有着严格而完善的组织结构，形成了一个由高等级寺院管理低等级寺庵的"佛教社会"。寺庵在选址时很大程度受到这种等级管理制度的影响，中小型的寺庵会向大寺附近聚集，以期待获得更好更便利的修行空间和生活条件。

其次，普济寺组团位于全山的中部山麓，是全山面积最大的一处平坦的滨海地带。同时格局优越，是一处较为优良的垣穴。由于空间较为充足，因此普济寺组团以普济寺为核心，成面状分布，分布形式也最为有序，形成了一种与南方传统村镇民居布局极为类似的"街巷式"佛教建筑组团布局形式。

最后，普济寺组团中与普济寺关系最为紧密的寺庵是由曾经大寺的东西寮独立演变而成。普济寺由于僧众众多，因此有德行的僧众便会在大寺的僧寮内享有自己相对独立的僧堂。而这些僧堂在不断发展传承的过程中，一部分渐渐演变形成了独立的庵院或茅蓬。因此，这些寺庵便保持着与大寺紧密的联系。通过对清代许琰《重修南海普陀山志》中的记载，可以发现普济寺的东西寮有9座庵堂是组成街巷式寺庵组团的组成部分（表5-3）。与之相比，同为大寺的法雨寺仅记载有东寮，且数量较少。除先觉楼发展为兴龙庵后无法考据之外，其他均未演化成为民国时期的庵院。这也促成了普济寺周围独一无二的街巷式寺庵组团空间。

表5-3　普济、法雨二寺清代东西僧寮情况表

大寺	附属僧寮	现存的独立庵院
普济寺	东寮：药师殿、大悲殿、法如堂、圆隐堂、洪筏堂、证觉堂、善庆堂、枕石居、妙玄堂、镜花院、现瑞堂、新安堂、供石斋、松雪斋、太古堂、澄心堂、三会堂、善法堂、水月堂、萝月堂、美胜堂、水天斋	药师殿、大悲殿、法如庵、洪筏堂、澄心堂
普济寺	西寮：恩荣堂、衣珠堂、积善堂、晏坐堂、报本堂、天机堂、见空堂、锡林堂、归元堂、佑启堂、宝林堂、斗室斋	积善堂、晏座堂、报本堂、锡麟堂
法雨寺	东寮：先觉楼（兴龙庵）、霞光堂、明德堂、文元堂、了凡堂、教诫楼	无

资料来源：根据清代许琰《重修南海普陀山志》绘制。

二、串联式

串联式空间类型的寺庵组团在普陀山中最为常见，主要有法雨寺组团、慧济寺组团、梵音洞组团、短姑道头组团和梵呐组团5处。这类寺庵组团空间上整体呈带状分布，被道路串联而成。这5处组团形成的原因各有不同，但是其呈现出串联式的空间形态则主要是受到了用地形态的限制和交通系统的影响。与"街巷式"的寺庵组团相比，"串联式"组团中的寺庵相互距离较远，更注重对于周围环境的营造，因此形成了清幽的山寺风格。这些寺庵通过道路与主要香道相连，保有一定的神秘性与独立性，更注重"藏"与"隐"的和谐处理。

法雨寺与慧济寺组团虽然与普济寺组团类似，均为因大寺影响力而形成的寺庵组团，却因地形条件受限，无法形成"街巷式"的建筑组团，而是顺应山势，或沿山岭，形成了串联式的组团空间形态。寺庵主要分布在较为宜居的避风凹坡内；或沿山坡，顺山坡走势布置在不同高度的山坡之上，并由香道串联而成。法雨寺组团位于东侧山坡，以法雨寺为核心，发展成了沿着几宝岭和玉堂街拱卫在法雨寺周围的分布形式。由于地形受限，各寺庵多位于较低山坡地带，互相有一定的水平距离或垂直距离，彼此之间既有一定的联系，但又相对独立（图5-30）。法雨寺所在的位置是大型山体的低海拔山坡之上，其自身建筑发展空间便十分有限，因此并没有发展出如普济寺一样庞大的东西寮，而是以散点的形式，在雪浪山低海拔山坡上分布了一些塔院。同时，被法雨寺吸引而聚集来的寺庵无法在其周围寻找到合适的建设用地，因此便沿着几宝岭，线性分布在了连接玉堂街的两侧慧济寺组团建筑数量最少，且之间的分布最为稀疏。虽都分布在慧济寺附近的山坡内，但彼此距离更远。

梵音洞组团形成时间较晚，清代山图中才在青鼓垒出现梵音洞这一自然形胜，且并没有出现其他的寺庵图样，因此可以推测，梵音洞组团的形成是在清末民国时期。这处寺庵组团的形成一方面是由于梵音洞作为清末民国

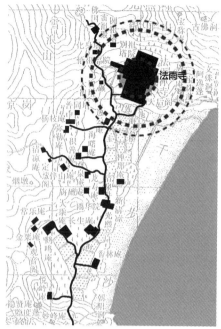

图5-30　法雨寺组团串联式布局
（图片来源：作者自绘）

时期较为重要的自然形胜（清代普陀山十二景"两洞潮音"之一）的影响力，另一方面是由于此处与潮音洞之间的视线十分通畅，可以远望到普陀山最初的神圣来源。此处寺庵组团可谓受到潮音洞与梵音洞两处重要自然形胜的共同影响而形成。也同样由于所处的自然地理环境的受限，寺庵分布仅能沿着道路单侧呈带状布置，从而形成了串联式的寺庵组团（图5-31）。

　　梵岙组团和短姑道头组团都是因为较强的功能性而产生的寺庵聚集，是在佛国净土时期由寺庵与僧人承担生产、旅游接待等世俗功能的特殊需求的产物。

　　短姑道头组团位于普陀山的最南端，分布在紧邻短姑道头的带状滨海平地上。寺庵建筑规模与等级相距不大，其中包含了三大寺的下院。这个寺庵建筑组团是登岛的香客和游客最先接触到的寺庵建筑组团，也承担了普陀山迎宾与旅游接待服务的功能（图5-32）。由于凸显交通与接待的功能性，因此寺庵主要沿着香道分布，比较便于接待游客。

　　梵岙组团位于一处与普济寺组团距离较近、面积较大的环抱式海湾，且拥有大面积海滩和农田，是山中较大的一处生产性用地。梵岙组团中寺庵建筑等级与规模都较小，以茅蓬为主，虽然组团内有一座较为重要的庵院——磐陀庵，但其并没有成为该组团的核心建筑，而是在基司湾的山麓里形成了带状的布局较为紧密的小型寺庵建筑组团（图5-33）。寺庵建筑均带状分布在农田与森林的交接处，并由具有运输功能的道路所串联，形成了U形的串联式寺庵组团。

　　这两处组团一处是因为旅游接待功能，一处是因为生产功能而聚集了寺庵。这两处组团内非但没有著名的显圣胜迹，也远离山中的组织中心，

图5-31　梵音洞组团寺庵分布图
（图片来源：作者自绘）

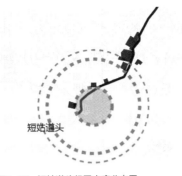

图5-32　短姑道头组团寺庵分布图
（图片来源：作者自绘）

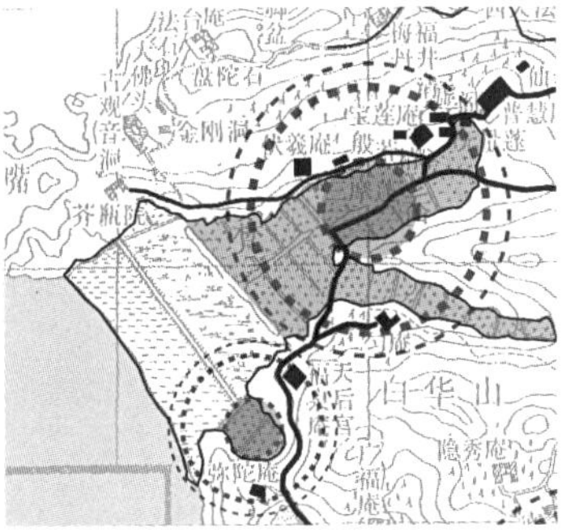

图5-33　梵岙组团寺庵分布图
（图片来源：作者自绘）

因此寺庵的规模都较小，并且缺少浓郁的宗教氛围。在日后的发展中，梵岙组团中的寺庵大部分被村民占据，演变成为居民点，而短姑道头组团被具有现代旅游接待功能的商业设施所占据，演变成了旅游接待中心。在山中均为僧人的佛国净土时期，旅游接待、生产这些较为世俗的功能也均由寺庵承担，因此才会形成这两处寺庵组团。然而到了僧俗共存的现代，这些世俗功能被世俗建筑更好地完成，寺庵建筑则逐渐消亡殆尽，寺庵组团也支离破碎，不复存在。

三、散布式

潮音洞是普陀山中形成最早的胜迹，甚至早于宝陀观音院的建立，因此，历史上一直都有僧人在其附近结茅修行，甚至在明代普陀山最为荒凉萧条的时候，潮音洞附近仍有结茅修行的僧侣。

潮音洞组团中的寺庵的规模均以中小型的庵院和茅蓬为主，组团中没有一处起到绝对统领作用的寺庵。潮音洞寺庵组团所在区域的自然条件并不好。毗邻海边，缺少防御海风的屏障；远离大寺，也就远离了山中的管理中心。选择这种恶劣生活空间的僧人其主要的目的是靠近曾经出现过观音显圣的胜迹，并希望能够得到胜迹的加持与庇佑，使得僧人获得更好地修行成果或是彰显其虔诚的修行之心。这种不计世俗功利、不顾生存环境的行为使得僧人修行生活艰苦，因此来到环境恶劣的"行煞"之地修建的大多是僧人较少的庵院与茅蓬。同时寺庵主人在此兴建建筑时便完全顺应自然地形，尽量规避此地的恶劣环境，因此形成了空间布局十分散漫的寺庵组团（图5-34）。

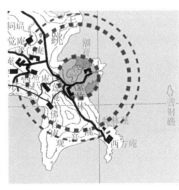

图5-34　潮音洞组团寺庵分布图
（图片来源：作者自绘）

另外由于潮音洞在历朝历代对寺庵的吸引力都是无穷的，因此，在其周围各个时期均不断有寺庵兴建，又不断有寺庵消亡。这种不断的演变更叠过程也导致了此组团无法形成有序的空间形态。

可见，寺庵组团形式的形成是其自身的发展特点与所在地理环境共同作用与影响的结果。

第六节　寺庵景观空间格局特点与形成机制

一、普陀山寺庵景观空间格局特点

（一）自发形成的空间分布

普陀山并没有统一的规划，因此寺庵的选址与建造均为寺庵主人的自发行为。而山中大量的自然形胜也均由历代僧人、香客以及游客自发发掘营建而成。山中的功能性景观小品，也均为各时期的香客捐建，并无总体的先期规划。各寺庵景观空间选址虽然因寺庵主人的需求差异而不尽相同，但是全山呈现出一定的规律，形成了既具有宗教神圣感又具有桃花源一般亲切感的普陀山寺庵整体园林环境。

（二）自然与人工和谐相融

陈从周先生认为"隐中有显，显中有隐，是佛寺建筑选址之特征也。"普陀山寺庵的分布充分体现了这一特点。大部分寺庵集中在普陀山东南侧的濒海平缓坡地上，寺庵建筑聚集形成了多个寺庵组团。这些组团包含了全山79%的寺庵，仅有21%的寺庵以孤立的形式存在于山中或海边。同时，通过视域分析，即便是三大寺，也没有均选择全部暴露在游人的视线之中，而是形成了大量的视觉死角空间，只有当游人步入视域范围内，才能一窥大寺的样貌。这与其他佛教名山的寺庵大多以散点式分布的方式有所区别。

（三）功能性与意义性并重

中国古代在选址上多会参考传统风景文化理论，普陀山的寺庵也不例外。但是，通过分析我们发现普陀山中有很大一部分寺庵并没有修建在"藏风纳气"的宜居环境中，而是刻意修建在了"行煞"的环境较为恶劣的地点。这与建造者对于佛道修行的追求和对观音圣迹的执着有着直接的关系。因此，宜居与否并不是普陀山的僧人们进行选址的最主要的考虑因素。

（四）严格的等级社会组织属性

普陀山寺庵景观呈现出很强的社会性与等级性。首先是山中寺庵"寺——庵——茅蓬"的等级制度分明，想要突破所在的等级是十分困难的，除非得到皇室的资助和认可，或寺庵主人是远近闻名的高僧。这种等级分明从寺庵分布中便可以发现，大寺占据最佳的地理位置，中小庵院茅蓬依附于大寺周围，形成拱卫之势。甚至在普济寺组团中形成了类似江南民居聚落一样的街巷空间。中小型的庵院紧密围绕在普济寺周围，就好似民居聚落中普通民居围绕祠堂成为聚落中心一样。显示出了强烈的社会等级属性。

（五）强烈的海洋崇拜

普陀山人文景观在分布上对于大海有很强的趋向性。分布在海边或海湾中的寺庵共有77座，占全部寺庵数量的56%，甚至有茅蓬修建在周期性与本岛分开的岛礁上。同时，海洋所造成的普陀山气候特征也直接决定了普陀山寺庵集中分布在东南部，西部几乎没有寺庵的现象。这些特点都说明了普陀山的人文景观呈现出较强的海洋性特点。

二、自发性形成机制

（一）自然与人工结合暗示神圣

宗教神圣感是佛教名山能够吸引僧人、信徒，持续稳定发展的重要因素。普陀山作为著名的观音道场，从唐代开山以来，在明代确立的"四大佛教名山"中"琉璃世界"的地位并在民国时期发展到顶峰，与山中僧人持续自发的经营密不可分。与其他佛教名山相对比，普陀山的自然条件较为逊色。没有险峻高耸的山峰，奇秀的环境；在佛经中也找寻不到支持普陀山神圣性的直接依据。然而，僧人们将普陀山天然的海岛优势发挥到极致，将普陀山岛及周围的洛迦山岛、岛礁、海域整合成为一个整体，形成了具有强烈神圣感的佛国仙山。其主要的手法便是叠加人们对自然奇景的崇敬和对人工建造不易的赞叹，形成了人化的自然奇迹，暗示如此奇迹只有佛祖的神力才能达成，进而凸显出普陀山的神圣。

从宏观岛域来看，普陀山十分满足我国理想景观范式的"蓬莱仙山"模式，与世隔绝的自然海岛中分布着人工兴建的寺庵。对于海岛美景的赞叹与对于岛内建设不易的叠加完成了普陀山神圣性形成的第一个步骤。在寺庵的选址上，无论是选择建筑在高耸的山巅、孤绝的海边和深山中这些条件艰苦的环境，还是毗邻或远望潮音洞、洛迦山这些具有神圣传说的自然奇景，都是将人们对自然的崇拜与对于人工建造的不易结合起来。这些看似奇险的选址都代表着寺庵主人对于宗教神圣性的追求。而这些个人自发性的选择，完成了对普陀山整体宗教神圣性的第二次提升。

（二）宜居性与社会性满足世俗需求

除去在选址中考虑神圣因素的寺庵，普陀山大部分寺庵的选址都考虑了宜居性与山中形成的僧众组织管理等级制度。甚至在因神圣性而聚集的潮音洞和梵音洞组团中，许多寺庵也会考虑朝向、地形等因素对寺庵宜居性的影响。这反映出寺庵主人希望更好地在山中生活和在山中形成的佛教社会交往中寻求便利的世俗需求。这种对于现世生活的世俗追求与佛教原始教义所提倡的苦修避世相悖，是佛教中国化后的产物。而在普陀山逐渐兴起并确定地位的明代也正是佛教禅宗思想与中国传统文化融合，进一步世俗化的时期。因此，大量的寺庵主人对生活舒适的追求和对在封闭海岛中形成的佛教社会组织的遵循，也成为普陀山寺庵景观空间分布的影响因素。因此，也形成了普陀山中十分生活化的寺庵景观特点。

（三）生产、接待需求影响寺庵景观分布

由于普陀山封闭的海岛属性，山中僧人除了居住、修行之外还需要承担游客接待、生产等大量的附属工作。而岛上没有长期定居的世俗人员，使得这些附属工作也需要由僧人和寺庵承担。因此在生产集中的区域和岛内、岛间的交通也很大程度影响了寺庵的分布。大寺在道头设立下院，大型庵院建设在道头、香道附近，都是考虑到了对这些附属功能的承担和它们为寺庵发展带来的便利条件。

（四）地域文化与佛教文化共同影响营建与审美

普陀山僧人大多来自江南诸省，因此其审美喜好、所接受的文化教育均带有深刻的江南地域文化烙印。这种固有的文化思想，对僧人的日常生活习惯、建筑建造及景观营建方面都有明显的影响。当地募集的工匠也大多来自浙江舟山本地，在建筑选址、建筑布局方面则通常依照工匠的建造习惯和传统。而从普济寺等佛教寺院的选址仍参考了中国学说这一世俗文化，可以看出地域传统文化对普陀山寺庵景观空间分布的深远影响。

佛教中对于天国世界环境的描述也促成了寺庵在供奉对象上的选择。位于南部的寺庵由于与潮音洞距离较近，且为了呼应观音道场的主题，大多以观音作为主要供奉对象，而山顶的慧济寺由于环境与佛祖所处的金顶十分相似，因此以释迦牟尼作为主要供奉对象，而将观音作为次要供奉对象。佛教文化反应在寺庵的空间分布上便形成了一系列有序的内容序列，组成了普陀山佛教文化的叙事序列。

综上所述，正是以上四条作用机制共同发挥作用，才使得普陀山在没有统一规划的前提下，历经数代，由僧人自发营建，形成了鼎盛时期普陀山寺庵整体的园林环境，将普陀山打造成为富有世俗与宗教特点的"观音道场"。

参考文献

[1] 万长生. 普陀山志[M]. 上海: 上海书店出版社, 1995.

[2] 王连胜. 普陀山大辞典[M]. 合肥: 黄山书社, 2012.

[3] 程建军. 营造意匠[M]. 广州: 华南理工大学出版社, 2014.

[4] 陈鸣. 宗教园林与旅游文化[J]. 东南文化, 1991, 06: 286-290.

[5] （明）朱国祯. 湧幢小品·普陀.

[6] 何跃青. 中华神秘文化——堪舆文化[M]. 北京: 外文出版社, 2011.

[7] （民国）祝德风. 普陀全胜·蕤凤堂藏板.

[8] （唐）玄奘. 大唐西域记.

[9] 赵振武, 丁承朴. 普陀山古建筑[M]. 北京: 中国建筑工业出版社, 1997.

[10] 薛依欣. 宁波传统村落空间形态研究[D]. 浙江农林大学, 2016.

[11] 陈从周. 僧寺无尘意自清——漫谈佛寺建筑文化的作用[J]. 法音, 1991, 02: 20-21.

第 六 章

普陀山寺庵建筑与
园林风景营造析要

上一章我们从宏观的角度分析了普陀山人文景观中最重要的寺庵在自然空间中的分布，整理出其分布特点和规律。本章我们将视线聚焦到寺庵建筑与园林风景的微观视角。分析普陀山中的寺庵建筑与园林风景呈现出怎样的特点，而在具体营建过程中，又遵循着怎样的准则和规律。由于普陀山中的寺庵建筑、园林风景形胜在近代曾经受到较大的破坏，也有较多的改建。因此我们本章采用旧照片和文字史料结合一定的现场勘测的方式，不对具体案例进行过度解读，而是以发现规律和内在逻辑为主要目的。为更好地理解，本章将从寺庵建筑空间、庭院空间、寺庵引导空间、寺庵环境空间四个大部分进行拆解分析，并通过法雨寺、洪筏禅院和大观蓬三个不同类型的案例佐证研究观点。最后对研究结果进行整理和总结，得出普陀山寺庵景观风景的艺术特征。

第一节　寺庵建筑空间

普陀山的寺庵建筑空间包括了寺庵建筑及其围合的空间。普陀山的寺庵根据等级规模不同所拥有的建筑数量相差很大。大寺如普济禅寺占地面积37000余平方米，殿宇多达586间，而小型茅蓬如娘娘庙仅有房屋3间。"间"是中国传统建筑的基本单元，它组成了以木构架为主的结构体系，并以砖、石、土材相配合，形成单体，再由单体围合组织成建筑群体。再以"群"为基础，通过互相之间的组织，形成街巷空间；或与自然山水结合，形成自然而宜居的生存环境。虽然中国的传统建筑有着一脉相承的理论及传统，又因为地域条件、文化特点及功能用途的不同，形成了各具特色的建筑形式。如中原地区的窑洞、西南地区的吊脚楼、福建客家的土楼等。但是这些具有地方特色的建筑都是统一在中国传统建筑营造的理法基础之上的，对它们的研究可谓是在普遍性之上探寻独特性的所在。对普陀山建筑空间的研究也是同样的策略，探求其在继承中国传统建筑理法的同时，如何根据普陀山的自然环境条件，形成既能够满足僧人的生活和宗教需求及游客的游赏需求，同时又具有艺术性和独特性的建筑空间。

一、建筑单体

中国传统建筑虽然自古一脉相承，全国各个地区却有着各自的特点，结构做法也不尽相同。建筑发展到清代时，由朝廷颁布了《工程做法则例》，成为官方营建工程的执行准则，代表了北方官式建筑的营建做法。民国著名江南营造世家姚承祖先生根据自己一生的营造实例和家藏秘籍图册总结了江南建筑通用做法的《营造法原》，里面记载了许多与清代官式做法不同的江南特有的吴制做法。通过对普陀山寺庵建筑的调研和对以往研究资料的整理可以发现，普陀山寺庵的建筑单体大多是遵循着江南建筑营建规律，但也带有许多地方不同的特色。虽然普陀山的寺庵建筑建成时间均早于以上两部著作成书时间，但这两部做法是基于对前人经验的总结形成，因此研究时将其作为参考。

由于普济禅寺与法雨禅寺无论从规模与等级都明显区别于普陀山中的其他寺庵，因此在分析组成建筑空间的单体建筑时，将二大寺的宗教建筑单列出来分析。慧济寺由于地形所限，建筑规模在三大寺中最小，与其他庵院更为接近，因此将其并入普通寺庵一同进行分析。

（一）建筑结构

普陀山寺庵初代住持来自全国各地，其偏好的建筑风格也均有所不同。各个朝代在改建扩建时也多会受到当任住持所偏好的建筑风格的影响。但由于建造工匠多来自浙江本地，因此普陀山寺庵建筑风格大多数结构做法均为江南建筑风格，只有法雨寺由于其皇家敕建的规制，部分建筑采用了清代北方官式建筑风格与南方建筑风格相结合的做法。

佛殿的主要结构做法分为大型的殿庭式和小型的厅堂式，而配殿或生活区的建筑则是以普通的民居建筑做法的小式建筑，充分表现了中国传统建筑等级分明制度森严的特点。

1. 殿庭式

采用殿庭式做法的建筑通常等级较高，规模较大，因此在普陀山中仅有三大寺中的重要佛殿采用此种做法。殿庭的建筑通常为庑殿或歇山顶，可单檐也可以是重檐。普济禅寺与法雨禅寺的佛殿均为重檐歇山顶，彰显了寺院尊贵的等级。慧济寺的规模与前二寺有所差距，只有大雄宝殿采用了殿庭式的做法，为单檐歇山顶，其轴线上的天王殿仅为硬山顶的厅堂做法。

普济禅寺的佛殿整体表现了江南建筑的结构特点。无论是斗栱的做法、屋檐翼角的做法还是歇山顶的处理手法都与清代官式做法不同，更接近《营造法原》中记载的江南做法。但是，建筑的做法还会根据实际情况有创新和改动，以便更加适应当地环境或与院落的尺度更加和谐。例如钟鼓楼的底层屋檐较宽，但上三层屋檐没有明显的收分，檐口滴水基本上在同一垂直线上，显得整体建筑的底层稳固，而上层十分挺拔耸直，在江南建筑中并不常见。这种做法，使得钟楼和鼓楼在进深较浅的天王殿院落空间中显得尺度和谐，端庄大气。

法雨寺的圆通殿在普陀山中是一个建筑特例。它的九龙藻井是从南京旧宫中拆下御赐给法雨寺，因此在建筑的结构上均与其相匹配。圆通殿的做法参考了清代北方官式建筑的做法，无论从翼角的做法还是构架的处理都与普济寺圆通殿有很大区别。又因为有藻井的缘故，殿内的上檐全部设天花，与之相称，使得圆通殿的规格成为全山最高。与普济寺主殿中质朴的气氛不同，显得异常华丽。同时，由于藻井的设置，法雨寺主殿佛像供奉的位置也与普济寺圆通殿位置不同。法雨寺主佛像供奉于圆通殿中心，藻井下方，而普济寺则供奉在建筑中部偏后的位置。而法雨寺其他佛殿则在建筑结构上仍采用江南通用的构架格局，与全山其他建筑风格做法统一，使得法雨寺圆通殿成为普陀山中的一个特例。

2．厅堂式

除三大寺的主要佛殿之外，普陀山中大多数中型庵院的佛殿采用的是厅堂式的建筑形制。相比于殿堂式，厅堂式的形制权威性稍弱，但结构形式活泼，除硬山、悬山顶外，还可以做成歇山屋顶，但多为单檐，少有重檐。普陀山中的厅堂建筑多为硬山顶。而据《营造法原》中记载，江南的厅堂建筑"厅堂较高而深，前必有轩"，即，厅堂多设有廊轩，且平面多进深较大。出挑的廊轩下形成了浓郁的阴影，使体量上不占优势的厅堂显得更加深邃而神秘，加深了佛堂建筑的神圣感。正殿通常瘦高向上，且均设有廊轩，显得向上高耸延伸，产生强烈的仰视效果，同时廊轩的设置可以保证雨季院落内正常的交通与活动不受到影响。

3．小式建筑

小式建筑通常用于民居、辅助用房等，多作单檐或楼房，屋顶常见硬山或悬山，可带前后廊，但不带围廊。且小式建筑的木架一般只有三檩至五檩，最多不超过七檩。普陀山中寺庵的配殿或僧房均采用小式建筑，平房、楼房均有，且多带廊或采用骑楼的形式，在院落内环绕一周，与江南民居建筑做法极为相似。

除此之外，山中的小型茅蓬，通常也采用小式建筑，明间为宗教空间，摆放佛像桌案；两侧的次间为僧人的生活空间，十分简单。建筑屋顶通常为硬山，且屋前后不设廊。

（二）建筑细部装饰

中国传统建筑单体一般可分为屋顶、屋身和台基三个部分。每一部分的颜色、材料、装饰内容都依照严格的等级规定，工匠们在此之上进行艺术创作。普陀山寺庵对于建筑单体的装饰十分用心，不同建筑的装饰策略也不尽相同。对于大寺的装饰主要以突出建筑宏伟、壮观的整体效果为主；中小型寺庵则以营造精致灵巧的装饰效果为主，同时利用建筑装饰来传递佛教文化及教义。

1．屋顶

梁思成认为中国古人对待建筑物的屋顶极为重视，将其作为最为堂皇和惹人注目的一部分存在。因此普陀山寺庵建筑都在建筑的屋顶进行了大量的装饰，包括屋顶的颜色、正脊上的吻兽、戗脊上的戗兽、勾头和滴水等。这些精巧的细部装饰给寺庵建筑增添了一份精致的美感。

殿庭式的大殿屋顶的用料等级较高，采用黄色或绿色琉璃瓦铺就，金碧辉煌、庄重大气，其他配殿和小型庵院则选择使用青瓦或灰瓦来铺就屋顶，颜色淡雅，与周围的森林互相掩映，十分的古朴自然。不同颜色的屋顶也是反映建筑等级的重要标志之一（图6-1）。

殿庭与厅堂式的建筑等级高，因此在正脊两侧的装饰有鸱吻。普陀山寺庵中的鸱吻造型美观飘逸，与北方官式建筑中厚重庄重的龙吻造型相比，普陀山佛殿上的龙吻造型幅度更大，且对于龙身的鳞片与鳍背的表现

慧济寺大雄宝殿歇山金顶 　　　　　普济寺圆通殿重檐歇山顶 　　　　　广福庵正殿硬山顶

法雨寺生活院落建筑屋顶 　　　　　伴山庵生活建筑屋顶 　　　　　大观蓬建筑屋顶

图6-1　普陀山寺庵屋顶
（图片来源：孙松林摄）

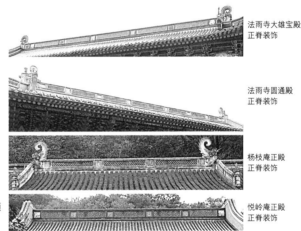

法雨寺大雄宝殿
正脊装饰

法雨寺圆通殿
正脊装饰

杨枝庵正殿
正脊装饰

悦岭庵正殿
正脊装饰

图6-2　普陀山寺庵屋顶
正脊装饰
（图片来源：作者自摄）

更加具体，形成镂空的效果，同时在颜色的选择上更加醒目鲜明，具有极强的装饰性。龙形鸱吻的大量使用也具有对海洋主题的呼应和对龙王的供奉之意。正脊的做法也采用了《营造法原》中所载的吴式常见"暗亮花筒脊"或"花砖脊"，在正脊上起一定的高度进行装饰，极具装饰性。即便是采用北方官式做法的法雨寺圆通殿也采用了这种江南普遍的屋顶装饰方法，体现出南北交融的建筑风格（图6-2）。另外，部分寺庵院门的装饰也会采用"暗亮花筒脊"和吻兽的组合搭配，装饰感极强。歇山顶的戗脊和翼角上还分别坐落着戗兽和小兽，小兽的数量代表着建筑的等级。勾头和滴水是组成屋檐的部分，是屋檐的收尾，通常会在勾头上装饰佛教纹样以传递出佛寺的内涵。

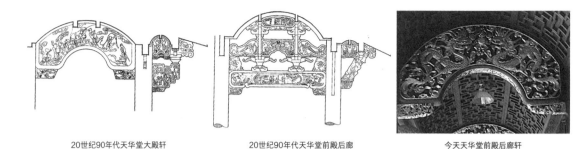

| 20世纪90年代天华堂大殿轩 | 20世纪90年代天华堂前殿后廊 | 今天天华堂前殿后廊轩 |

图6-3　天华堂廊轩装饰
（图片来源：1、2引自赵振武、丁承朴《普陀山古建筑》；3.作者自摄）

2．结构构件

建筑的结构之美也是十分值得欣赏的内容，普陀山寺庵中很多建筑构件是外露出来的，并对其进行了大量的装饰，呈现出精致的美感。通过精巧的木雕在斗栱、梁、轩、雀替等木质结构构件上雕刻大量的吉祥纹样，使其不但具有结构支撑作用，同时作为建筑装饰的一部分，成为人们欣赏的对象。木构件上所雕刻的纹样以植物花纹、鸟兽、龙纹为主，天华堂中的雕刻最为精致，在轩上雕刻了大量的人物故事图案，十分精美（图6-3）。

3．屋身及墙体

屋身作为建筑单体的中段。由于中国传统建筑的主要承重结构是木构架，因此屋身墙体只有围合防护的作用。这就给门窗、隔断等装饰性构件的布置和造型提供了更多自由度和灵活性。普陀山中寺庵建筑的单体的开门与开窗数量、位置和样式均不尽相同。

墙体一方面起到分隔空间的作用，同时墙上的门窗却使得空间产生了连通和流动性。普陀山寺庵中主要出现的有长窗、半窗和牖窗。长窗与半窗上的槅扇花纹十分丰富，通过花纹的缝隙可以连通室内与室外的空间。花纹主要有清代《工程做法》中的"三交六椀菱花纹""拐子锦纹"、《营造法原》中出现的整纹等丰富多样的纹样。牖窗的形状以圆形和扇形为主，布置在建筑墙体或院墙之上。建筑墙体上的牖窗，通常结合华丽的砖雕进行装饰，而院墙上的牖窗将墙内墙外的空间沟通起来，起到框景的作用（图6-4）。

由于普陀山建筑多设廊轩或骑楼，因此在建筑两侧均会出现廊门筒子的做法的廊心墙。在墙上开门洞，成为"吉门"，并在其上砌筑"落堂心"砖框，框中或留白或做图案题字，表现院落中所体现的意境或提示廊子所通向的所在。

4．台基和台阶

普陀山的寺庵建筑为追求山林中质朴的质感，没有出现须弥座台基，均为普通的石质台基。也有为了减少建筑立面上层次的划分，将台基与台地合二为一，建筑直接坐落在石质的台层之上。台基的侧面并没有花纹石雕，整体感觉古朴自然。中小型寺庵的正殿台基不设栏杆，仅普济禅寺圆通殿与藏经殿、法雨寺圆通殿三座大型佛殿台基设栏杆。栏杆上雕刻吉祥纹样和劝人向善的故事性雕刻纹样。

图6-4　八角水亭牖窗框景
（图片来源：作者自摄）

法雨寺柱础

普济寺柱础

普济寺柱础

图6-5　民国时期普陀山普济寺、法雨寺柱础纹样老照片
（图片来源：［德］Ernst Boerschmann《Die Baukunst Und Religiöse Kultur Der Chinesen》）

　　柱础（吴地称为鼓磴）均为石质，大多处寺庵的柱础采用基本的圆鼓磴样式，普济寺和法雨寺的柱础雕刻有花纹进行装饰（图6-5）。遗憾的是，今天的普陀山寺庵景观经过改建后，柱础一切从简，很少再出现花纹雕刻。

　　普陀山中寺庵的台阶均为石质台阶。建筑前连接台基与地面的台阶多设垂带，均不设栏杆礓磋和御路石。连接不同台地之间的台阶，由于高差较大，因此设置栏杆起到防护作用。样式为常见的栏板形式栏杆，柱头多为狮子柱头和幞方柱头。

　　5. 山门、院门

　　普陀山的寺庵在山门或院门的设计上并没有统一的规制，大小各异，造型多样。主要分为两种，一种是屋宇式的山门，一种是随墙式的山门（图6-6）。屋宇式的山门多建于大寺或大型庵院，如普济禅寺的山门为放

屋宇式山门

屏门式山门

门楼式山门

墙门式山门

图6-6　普陀山寺庵的山门
（图片来源：作者自摄）

置康熙御碑的御碑殿，因此平常不开启，进寺需走偏门。法雨寺将天后阁作为山寺的山门，并且不坐落在中轴线之上。这两种都是屋宇式的山门。慧济寺由于规制较小，因此与普通庵院茅蓬建筑类似，没有独立的山门建筑，都是随墙式的山门。随墙式的山门或院门总体可分为三大类：门楼式、墙门式、屏门式（图6-6）。门楼式和墙门式都是在门洞上做砖枋或斗栱，并在其上覆盖屋顶进行装饰的门。两者的区别在于，门楼式屋檐高出两侧围墙，而墙门式的围墙高于门上的屋檐顶。这两种门造型华丽，大量采用精美的砖雕和造型精致的吻兽进行装饰，使之成为视觉的焦点，进而关注到门楣上的庵名雕刻，如杨枝庵和百子堂的山门。而屏门则是更为简单地在门楣上用砖石进行雕刻匾额，上书寺庵名讳，墙上覆瓦为檐，不做牌楼的随墙门。整体简洁质朴，与山林协调统一，如慧济寺的山门。

二、建筑平面组合形式

普陀山寺庵建筑通常为多座建筑组合成建筑群。这些建筑群在空间中按照一定规律组合时，其平面布局也会呈现出一定的规律性。主要体现在建筑群的轴线与朝向、组合形式及功能分区、空间的串联与分隔方式。同时普陀山中的寺庵建筑还形成了类似江南园林中常见的"边角空间"。

（一）轴线及朝向

普陀山寺庵主轴的朝向具有一定的分布规律。经过统计，其中46%的寺庵主轴线朝向正南方向，21%轴线朝向东南，5%朝向东北，19%朝向东（图6-7、图6-8）。出现这一规律的原因首先是因为建筑的布局需要与周围的自然环境相适应，建筑的方位大多顺应山地等高线的延伸方向，以达到减少土方施工的目的。其次，受到海洋文化的影响，寺庵会选择将主轴线朝向大海的方向，呼应观音菩萨"慈航普度"的功德。而普陀山寺庵多位于山体的东侧，面向大海即面向东，也取"紫气东来"之意。第三，寺庵会选择朝向风景优美或具有风景形胜的方向，如西方庵朝向观音跳。第四，中国传统建筑厅堂的朝向通常为坐南朝北，以获得更多的光照，同时躲避寒冷的北风。因此在地形平缓的地方，寺庵建筑通常选择朝向南方。

普陀山的寺庵轴线还具有一个特点，即寺庵的山门与主轴线成一定角度布置：山门并不正对主轴线，或与之成一定角度（如慈云庵、西方庵等），或虽方向与轴线一致但位置偏离主轴线（如梅福庵、白华庵等），或在正山门之前再设一道偏位的院门（如紫竹林、悦岭庵等）（图6-8）。这种"偏门"的布局为寺庵的山门与天王殿之间形成了一定的过渡空间，增加了视线的转折及院落空间的层次。香客进入山门之后无法一眼将寺庵内部情况看透，丰富了游览体验。这种处理手法一方面是避免中小型寺庵中心院落过于单调，另一方面也是寺庵建筑园林化，追求"藏"的意境的一种表现。

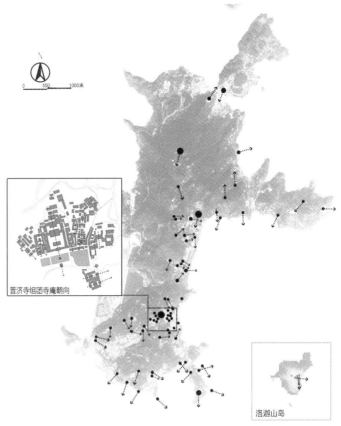

图6-7 普陀山现存寺庵朝向统计图
（图片来源：作者自绘）

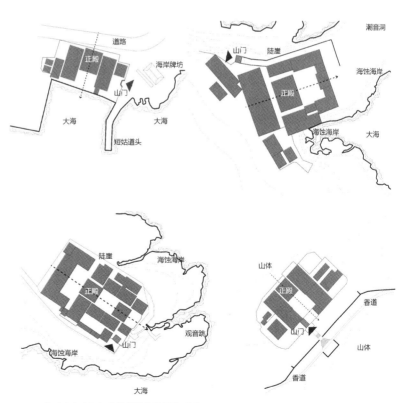

图6-8 普陀山中山门与轴线错位的位置关系图
（图片来源：作者自绘）

（二）建筑院落的形成

普陀山寺庵建筑群体遵循因地制宜的原则，呈现出院落式的组合方式和天井式的组合方式。因普陀山地形特点与寺庵建筑规模等因素，普陀山中寺庵建筑院落均为内向封闭式的组合空间，四周被建筑或围墙围合。三大寺中普济禅寺与法雨禅寺由于占地空间充足，因此采用了院落式的组合方式。而慧济禅寺由于位于山巅，受地形的限制，与其他庵院、茅蓬相似，均采用了天井式的布局方法，形成了三合院或四合院，具有南方民居风格。

普陀山的建筑空间由建筑单体与墙体围合形成的院落组合而成。即便是仅有一座三开间建筑的小型茅蓬，也会通过围墙来围合形成院落。而四周全部由单层或多层建筑围合而成的四合院和其中一个方向为墙体形成的三合院是普陀山中最为常见的单体院落形式，是形成复杂的建筑空间的基础（图6-9）。这些院落边界通常较高，视线封闭性较好。院落外的活动在视线上不会对内部产生影响，使得香客产生一种进入另一番天地的感觉。

而每个院落根据围合的建筑所承担的功能殊异形成了不同的功能院落。包括用于宗教祈祷、香客朝拜的宗教院落，通常包含山门、佛殿、法堂、藏经阁等建筑；服务于僧人们生活的生活院落，通常包括僧房、厨房、浴室、厕所等。由于普陀山的部分寺庵需要为香客游客提供住宿服务，因此在僧人们的生活空间中通常会划分出供香客们使用的客房。

其中宗教院落是整个建筑群的核心，宗教性建筑的围合形成中心院落。宗教建筑体量大，因此为了追求空间上的和谐，宗教院落通常十分开敞，形态也相对整齐。等级越高的寺庵宗教院落所占的比重越大。

生活院落通常以宗教院落为中心，顺应宗教院落的轴线，向两翼或后方发展，形成一种向心式的布局。与宗教空间相比，生活性建筑单体体量通常较小，建筑布局组合更为紧凑灵活，通常需要考虑周围地形及环境，在布局上与之相契合。建筑围合形成的院落面积也较小，属于典型的天井式布局，与江南民居的布局方式极为相似。

寺规模较大，宗教建筑较多，因此中心院落是以最重要的佛殿为中心，以其建筑轴线为中心轴线，沿轴线总向分布其他佛殿、法堂，并与其两侧的佛堂僧堂组成多进的院落。由于中轴通常较长，若遇到地形受限的特殊情况，轴线可能出现偏折的情况。由于大寺僧众香客较多，生活院落便由多座小型的院落组合而成。因此大寺在平面上呈现中心院落布局规整疏朗，两侧生活院落灵活密集的区别。由于建筑体量相差较多，因此生活区建筑的布局多不会延续中心院落的横轴，而是顺应主要宗教院落的轴线。整座寺院的布局呈现出统一的方位秩序（图6-10）。

一般庵院或茅蓬建筑数量较小，所处的空间没有大寺那样充足，因此院落组织较大寺也更为简单灵活。中心院落仍是以宗教建筑形成的核心，通常以正殿为主体，与廊屋或楼房形成三合院或四合院。再以此为核心，根据不同的需要横向或纵向发展，形成多院落组合（图6-11）。寺庵扩张发展时也会根据地形的特点来选择是否遵循中心院落的轴线。大多数寺庵

三合院（大乘庵圆通殿院落）　　四合院（白莲台庵）

图6-9　寺庵建筑单体空间形式
（图片来源：作者自绘）

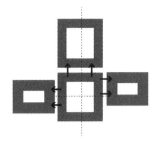

图6-10　寺庵建筑院落组合模式图
（图片来源：作者自绘）

的生活空间建筑轴线与中心院落轴线互相平行，但也有例外，如观音古洞由于地形受限，其生活空间的轴线与宗教空间的主轴线便没有平行，而是呈现出锐角的关系（图6-11）。受到不同的地形条件和周围环境情况的影响，根据不同的院落布局策略，普陀山的寺庵平面上呈现出纵轴发展、横轴发展、横纵轴共同发展三种形状。其中大乘禅院、息耒院、隐秀庵、天华堂等属于向纵深发展，寺庵长度大于宽度。慧济寺、白华庵、磐陀庵、梅福禅院属于沿水平发展。洪筏禅院由于横向纵向均匀分布，因此平面近似正方形。

（三）空间的串联与分隔

建筑空间的分隔主要依靠建筑物本身、墙体、台地等对视线或游线有阻碍的构筑物进行分隔。将建筑空间分成室外、室内、公共、私密等不同性质的空间。然而，这些空间的分隔通常并不完全。开窗、门洞、庸窗、廊轩等多种空间串联方式又将被分隔开的空间通过视线或交通的组织互相联系起来。

其中，廊轩、庑廊、骑楼是串联空间最常用的方式。普陀山建筑面积有限，因此寺庵会选择单层、多层建筑相结合的组合方式，同时吸收江南建筑的处理手法，在建筑单侧或两侧设置了庑廊与骑楼，并利用其组织交通，串联建筑院落。这种利用建筑下层空间串联的方式不但使寺庵的布局更加灵活，同时也使得空间的布局更加紧凑，对多雨的普陀山十分实用。同时，结合墙门和门洞，使得两个独立的院落空间得以联系起来（图6-12）。

台阶与平台也是普陀山建筑空间分隔串联常用的方式，且常用于开敞的宗教空间。台阶通常会出现在建筑的轴线上或建筑两侧，有时也会与建筑台基结合，设置在庑廊之下，形成了丰富的交通流线选择。

除了利用交通来分隔连通空间，视线的组织也是一种十分有效的空间划分方式。围墙和建筑阻挡住了人的视线，起到了对空间的分隔。但是窗子所带来的通透效果，又使得两个空间之间相互联系。另外，公共空间与私密空间之间连通的庑廊通常会投射下幽暗的阴影，有别于宗教空间中开敞明亮的氛围。这种明暗的对比也在一定程度上起到了暗示空间变化、提示空间使用性质的作用。

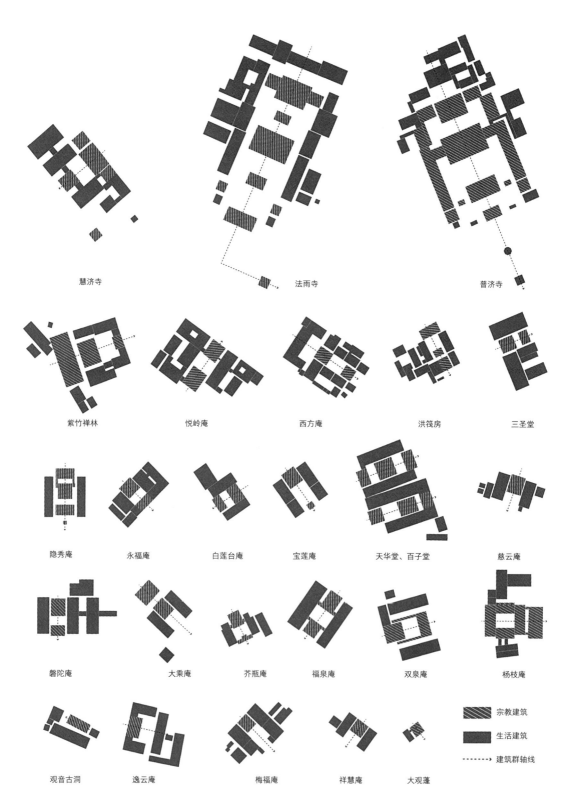

慧济寺　　　　　　　　　　　法雨寺　　　　　　　　　　　普济寺

紫竹禅林　　　　　悦岭庵　　　　　西方庵　　　　　洪筏房　　　　　三圣堂

隐秀庵　　　永福庵　　　白莲台庵　　　宝莲庵　　　天华堂、百子堂　　　慈云庵

磐陀庵　　　　大乘庵　　　芥瓶庵　　　福泉庵　　　双泉庵　　　杨枝庵

观音古洞　　　逸云庵　　　　梅福庵　　　祥慧庵　　　大观蓬

宗教建筑

生活建筑

建筑群轴线

图6-11　普陀山主要寺庵院落结构及功能分区图
（图片来源：作者自绘）

庑廊

骑楼

墙门

图6-12 普陀山寺庵建筑空间串联分隔方式
（图片来源：作者自摄）

三、建筑空间竖向组织

通过前文对于普陀山寺庵分布情况的研究，我们发现普陀山寺庵大多位于地势较为平缓的地区，也有寺庵位于山坡之上或陡崖边。为了解决地形高差带来的建筑不便，普陀山的寺庵通常采用修建台地的方式来处理地形高差。

（一）台地的组织方式

为了营建建筑，寺庵一般利用台地来解决高差，通常使用以下两种台地组织方法（图6-13）：

第一种较为简单的台地处理手法可一次性解决高差的台地。这种手法利用挡土墙将山体修整成一块平坦的台地布置寺庵全部建筑，在建筑前后修建巨大的挡土墙来一次性解决高差问题。这种方法大多适用于基地高差变化不大或建筑规模较小，例如白子堂、悦岭庵、伴山庵等中小型寺庵就采用这种处理手法。这种高差的处理手法使人在寺庵内部如履平地，感受不到高差的存在，可以使建筑布局时不受地形的影响，布局十分规整，但是这种做法工程量较大，对山体的影响也最大。同时，挡土墙会与相邻的

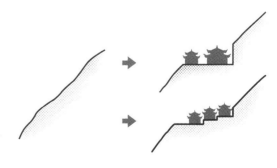

图6-13 坡地高差的台地处理方式
（图片来源：衡浩天绘）

图6-14　天华堂后挡土墙
（图片来源：作者自摄）

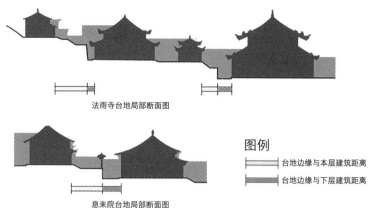

法雨寺台地局部断面图

图例

■ 台地边缘与本层建筑距离

■ 台地边缘与下层建筑距离

息来院台地局部断面图

图6-15　台地与建筑相对位置示意图
（图片来源：作者自绘）

建筑之间留有一定距离，方便尽快排走山地汇水（图6-14）。若高差过大或建筑规模过大，一方面工程量庞大，另一方面建筑会受到山地汇水径流的冲刷而产生隐患，因此只有中小型寺庵选择了这种简单粗暴的高差处理手法。

第二种方法是利用多层台地逐渐消化掉建筑基底的高差变化。这种处理手法也被广泛使用。通过院落中设置不同台层来解决高差问题，并通过台阶来进行交通的组织。建筑坐落于平整的台地之上，形成层层向上的感觉。台地出现的位置有以下两种情况：

1. 院落之中

当院落空间充足时，会选择在院落之中布置台地变化来解决高差。这种手法可以增加空间的层次感，通常用在主轴线空间之中。但是为了保证宗教空间的完整和佛殿前空间的充足，台层通常会集中在佛殿后，保证下一进院落的空间充足与完整（图6-15），但是若遇见高差较大，建筑空间较局促的寺庵，则建筑直接坐落在台层之上，而台层直接充当了建筑的台基与月台的功能。这种处理手法减少了建筑立面不必要的竖向上的层次，既简化了空间，又保证了院落空间在视觉上的完整性，而不会被竖向上的分隔所打破。

2. 院落之间

院落与院落之间的转换处是处理高差的理想位置。两个相邻的院落坐落在不同高差的台层之上，通过台阶解决院落之间的连接问题。这种手法经常被用来处理大寺之中宗教空间与生活空间之间或中小型寺庵中变化过大的高差，既保证了两个独立院落的完整性，产生了空间上的分隔，又可以通过门洞、台阶等连接手段使两个坐落于不同高程上的空间互相联系，营造出富有层次感的布局空间。

无论哪种情况，普陀山寺庵的高差处理手法都有一个重要的原则，就是保证宗教院落的完整性。尽量将高差在寺庵周围解决；若无法解决，则退而求其次将高差集中在生活院落解决；若仍无法做到，则尽量使台地的分隔不会对整个宗教空间造成空间上的割裂影响。同时确保佛殿前空间的充足，凸显佛殿所在的宗教空间的重要地位。

（二）台地立面的处理方式

用来解决高差和地形的台地形成了大量暴露的挡土墙立面。普陀山寺庵对挡土墙的立面通常采用石材进行砌筑，形成具有肌理感的墙面。在院落中的石材通常为规整的条石砌筑，不进行勾缝处理，形成一面干净完整的墙面。也有寺庵为了凸显山寺的山野气氛，采用毛石干砌的形式，自然留缝，形成一种比较自然质朴的纹理（图6-16）。最为自然的处理方式是采用粗糙表面的自然大块石料进行砌筑，石料缝隙通过长时间的风吹雨淋，布满青苔，使整座墙体与自然融为一体（图6-16）。

（三）台阶的组织方式

连接不同台层交通的方式是不同样式的台阶。台阶的位置有台地中央设置，有台地两侧设置，也有根据地形起伏需要特殊设置的台阶（图6-17）。

1. 沿中轴线布置的台阶

在建筑中轴线上布置的台阶数量通常为一组。空间充足且高差较小时，采用一段式处理；若高差过大或空间狭小，则会选择转折台阶，以缩

法雨寺平整的条石挡土墙

法雨寺平整的不规则块石挡土墙

古佛洞粗糙的块石挡土墙

图6-16　普陀山寺庵内不同的台地立面处理方式
（图片来源：作者自摄）

中轴线台阶

中轴线两侧台阶

特殊位置台阶

特殊位置台阶

图6-17　不同的台阶位置
（图片来源：作者自摄）

小台阶的进深。台阶与平台的关系分为相接式和镶嵌式两种，形成了不同的空间效果。为保证交通的需要，中间设置的台阶宽度均较宽，宽度等于所对应建筑明间的柱间距。这种中间布置的台阶由于与主轴线相契合，因此给人一种庄重、正式的感觉。多用在较大规模寺庵的宗教空间之中。

2．台地两侧台阶

肖遥博士在其论文中认为，在台地两侧设置两座台阶体现了一种对古代礼制的遵守。普陀山的寺庵在台地两侧设置台阶除了礼制上的考虑之外，更多是对于空间与游线的组织考虑，例如普济禅寺将台阶设置在廊庑之下，保持了中心宗教建筑空间的完整，将游线向两侧分散。法雨寺中轴线上的建筑布局十分紧凑，建筑之间的空间局促。为了减轻这种局促之感，将游人分散到月台的两侧绕行，增大观赏视距，使视觉感受时松时紧，避免产生局促之感。台地两侧设置的台阶，通常宽度较窄，减少了正式庄严的氛围，平添一种野趣。

3．特殊位置台阶

除了地形规整充裕的寺庵，一些布局受到地形限制的寺庵在台阶的设计上均因地制宜，形成了多种不同的台阶设置方式，其核心原理是通过改变台阶的方向尽量减少台阶所占的空间，使整个建筑空间显得和谐匀称，又充满山寺的意境。

四、建筑空间尺度分析

建筑群的尺度与比例关系往往可以影响使用者的心理感受。位于空旷的广场，我们会觉得自己很渺小，与周围的环境有一种疏离感，但也会产生一种敬畏之情；而位于狭小的房间，我们则会感到亲切、被保护，但同时也会感到压抑。同样大小的物体，将其放置于大空间时我们会感觉比放在小空间时要小。空间的规模与空间的比例使得寺庵建筑在营造空间时遵循一定的尺度关系，使朝拜者感受到设计师预想的感受。

（一）建筑空间的规模

建筑空间的规模大小除了受到使用功能的影响，也受到文化感受的影响。普陀山中的大寺的宗教院落除了要为更多僧人提供修行、集会、生活、游憩的空间，还需要通过建筑空间的营造使得信众产生一种对于神佛的敬畏之情。而中型寺庵与小型的茅蓬公共的功能减弱，更多的是僧侣私人性质的修行与生活，则对于宗教院落空间神圣感与威严感的需求大大减弱。通过对普陀山单体寺庵建筑规模与院落空间规模的统计，我们发现普济、法雨两大寺的建筑规模远远超出其他寺庵，且是一种超尺度的空间规模，使游人在空间中产生一种渺小感与对神佛的敬畏之感。而其他寺庵的建筑规模普遍较小，体现山寺藏匿于山林中的幽深的特点。灵巧的建筑形体十分适应山地多变的地形和局促的宜建空间。

通过对比普陀山中寺庵与中国其他山寺中最主要的佛殿建筑及院落规模（表6-1），可以发现普陀山中三大寺的建筑规模在全国范围内也毫不逊色。其宏大的规模与全山各中小型寺庵产生了明显的差异，突出了其重要的地位。同时，这种宏伟的尺度使香客感受到的不是"人的尺度"而是"神的尺度"。这既是中国传统建筑之中等级规制的表现，同时也是中国建筑空间利用建筑规模来表达人文内涵的方式。

表6-1 普陀山三大寺主要佛殿与其他山寺规模对比表

编号	寺名	殿名	屋顶	面阔（米）	进深（米）	高度（米）
1	普济禅寺	圆通大殿	重檐歇山顶	39.2	24.6	17.9
2	法雨禅寺	圆通殿	重檐歇山顶	39.5	24.5	17.8
3	慧济禅寺	大雄宝殿	歇山顶	23.3	14.8	9
4	峨眉山伏虎寺	大雄宝殿	重檐歇山顶	43	18.5	14.4
5	五台山菩萨顶	文殊殿	庑殿顶	19	14	13.7
6	九华山化城寺	大雄宝殿	硬山顶	25	20.5	10
7	杭州灵隐寺	大雄宝殿	三重檐歇山顶	24	13.7	33.4
8	宁波天童寺	大雄宝殿	重檐歇山顶	39	29.25	21.5

资料来源：作者整理。

而其他寺庵的主殿建筑规模与三大寺相比则相形见绌，尺度选择也较为怡人。笔者对山中几座主要庵院正殿与江南传统园林之中的大型厅堂及民居大宅正房的建筑规模进行对比（图6-18），发现建筑体量规模十分相近，但是在高度上寺庵厅堂的高度会比民居的厅堂要高。这种考虑一方面在视觉上给人一定的压迫感，凸显庄重的氛围，同时也在空间上满足了高

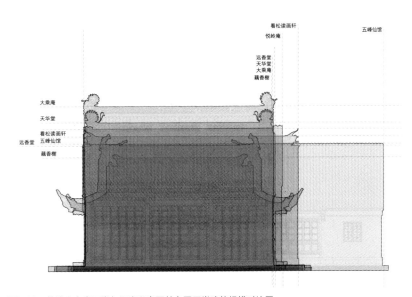

图6-18 普陀山寺庵厅堂与江南私家园林主要厅堂建筑规模对比图
（图片来源：作者自绘）

大佛像的摆放要求。庵院正殿与民居厅堂规模的相近体现了普陀山中低等级的寺庵建筑以江南民居为蓝本，对建筑宜居性的考虑，而不再追求过分宏伟壮观的佛殿。

普陀山中寺庵的生活空间尺度也与浙江东部民居的尺度十分接近。通过对比，发现大寺的生活院落与中型寺庵的生活院落无论是建筑的规制与尺度，还是天井院落的尺度均比宁波、绍兴一带的大型民居略大（图6-19），寺庵建筑的平面布局明显要比民居建筑更为自由，空间更为疏朗。同时，等级越高、开放性越强的寺庵，正殿前空间面积越大，而私人性质越强的寺庵，正殿前院落的尺度也越接近民居院落的尺度，且院落的形态更为灵活，比民居更具有园林化的特点。寺庵建筑由于不会受到经济因素和基地面积的影响，因此院落空间尺度舒适宜人，也便于建筑的采光与通风，而布局也更加灵活，以适应山地多变的地形。根据《人性场所——城市开放空间设计导则》中对于人交往尺度的分析，12米（40英尺）的距离易于发生人与人之间的交流与互动，是一种较为亲切的生活尺度。而寺庵生活院落的空间尺度恰好与此相近，可以认为普陀山中庵院相当于规模适度放大的江南民居建筑空间。这体现了庵院建筑在宜居与神圣两种需求上互相妥协的结果。

而随着寺庵等级的提高，生活院落并不会过分扩大单体院落或单体建

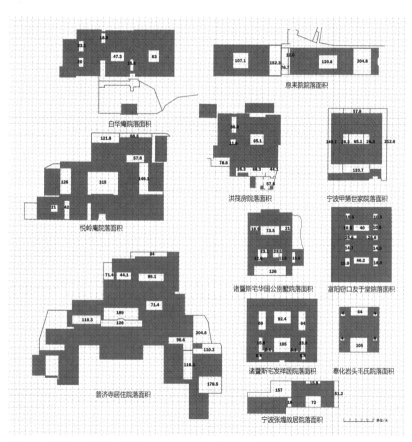

图6-19　普陀山寺庵与浙江民居院落空间面积对比（单位：平方米）
（图片来源：根据赵振武、丁承朴《普陀山古建筑》与丁俊清、杨新平《浙江民居》改绘）

筑的大小，而是通过横向纵向增加院落数量的方式来增加建筑面积和容纳人数的多少。因此，我们可以发现，虽然普济寺的生活院落的总体面积要比江南民居大得多，但是抽出院落单体进行对比，尺度却十分相近。

通过对普陀山寺庵尺度的分析，可以发现除普济、法雨两寺的宗教院落采用了超尺度的建筑规模与院落大小来烘托皇室敕建寺院的壮观与宏伟之外，普陀山中其他中小型的寺庵无论是宗教院落还是生活院落均与江南民居建筑群的规模十分类似。普济、法雨两寺的生活空间也一反宗教空间宏伟的规模，依旧采用了小巧紧凑的民居布局和规模。这反映出普陀山寺庵在建筑空间中对于生活与宜居性的考虑，也反映出江南民居建筑对普陀山寺庵建筑的重要影响。

（二）建筑空间的比例

郭永久在其博士论文《园林尺度研究》中详细研究了在中国园林中各种尺度对游览者所产生的影响。通过分析观察者与建筑之间的距离和建筑高度的D/H比值，可以推导出人在观察建筑时的视角，从而根据人眼最佳视角的范围来推断出被观察的建筑给人造成的心理感受。当D/H值小于1时，建筑与人眼之间的夹角大于45°。此时观察者会抬头观察，视线被引导向上延伸，建筑给人以一种压迫感。H继续增大，建筑给人的压迫感增强，人越难以在同一视角观察到建筑的全貌，则对于建筑的整体性感知减弱，但是对细节的把握会更好。当$1<D/H<2$时，建筑给人以一种较为均衡的感受，既不疏远也没有压迫感。但是人仍会将注意力集中于细节多过整体。当$2<D/H<3$的时候，人可以既关注建筑的整体感受，又可以留意到较为突出的细节，同时建筑给人的感觉略有疏远。当$D/H>3$时，观察者感受到建筑与自己的疏离，无法自己观察到建筑的细节，而是从整体来认知建筑。

通过对普陀山中大寺和重要庵院的空间比例进行分析（表6-2），发现大多数寺庵宗教建筑及其前序院落的D/H比值处于1左右。普济寺与法

表6-2 普陀山主要寺庵庭院与佛殿D/H比值

寺庵	佛殿	D/H	寺庵	佛殿	D/H
普济寺	天王殿	0.46	洪筏禅院	正殿	0.41
	圆通殿	1.07		后堂	0.6
	藏经殿	0.5	梅福禅院	山门	0.84
法雨寺	天王殿	2.72		大雄宝殿	2.17
	圆通殿	0.56	盘陀庵	正殿	0.8
	万寿御碑殿	0.47	双泉禅院	前殿	1.16
	玉佛殿	1.42		正殿	1.2
	大雄宝殿	0.31	天华堂	正殿	1.59
慧济寺	天王殿	0.82		后堂	0.42
	大雄宝殿	0.96	息来小院	前殿	1.28
大乘庵	圆通殿	1.09		正殿	0.84
	卧佛殿	0.29	隐秀庵	前殿	0.56
福泉庵	大雄宝殿	1.21		正殿	0.41
白华庵	正殿	0.71		大悲阁	0.31
观音洞	圆通宝殿	0.78	悦岭庵	正殿	1.27
	法堂	0.34			

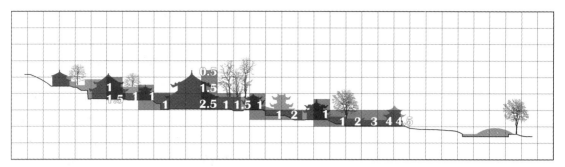

法雨寺建筑高度与庭院尺度分析图

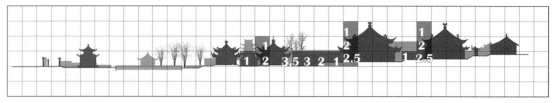

普济寺建筑高度与庭院尺度分析图

图6-20　法雨寺与普济寺建筑与庭院尺度断面图
（图片来源：熊闻迪绘）

雨寺中宗教建筑的D/H比值大都远远小于1（图6-20）。

普济法雨院落D/H比例远小于1的主要原因是由于地形所限。山地高差及宜建空间的狭小，而普济法雨两寺中轴线上又布置多进院落和建筑，因此只能控制压缩建筑前院落的空间。这种不利因素反而使人在两寺中感受到一种庄严的压迫感，保持仰视的状态，容易使信徒产生一种对寺庵顶礼膜拜之感。同时，向上引导的视线也十分符合山寺层层递进向上的布局，使得中轴线的寺庵建筑形成一个整体，绵延向上。同时，较小的D/H比值也使得游人将更多的注意力放在了建筑细节而非整体上，因此，两寺在建筑装饰上也都具有各自的特点，利用建筑装饰来烘托佛教的氛围。

慧济寺与其他中型庵院的宗教建筑的D/H比值则会根据环境情况的不同而产生差异，但是大多数都集中在2以下（图6-21）。可见庵堂大多希望能够在宗教空间营造一种较为均衡宜人的空间比例，既能够使朝圣者产生对神佛的崇敬，同时也能够为每日在庵堂中修行的僧人营造一种较为舒适的感受。但是由于山地空间的限制，许多寺庵的建设用地并不充裕，寺庵主人利用多种手段来营造适宜的空间感受。例如观音洞庵，建筑用地狭长，且高差较大，因此在院落的布局上，观音洞庵改变建筑朝向，使得高差没有在轴线上解决，而是将主要的宗教建筑顺着等高线布置在狭长的平地之上。为了营造适宜的比例关系，采用勾连搭顶的方式来扩大圆通殿的进深，同时控制建筑的高度，使得整个建筑拥有较为和谐的比例关系。若不采用勾连搭顶处理圆通殿，则整座建筑单体会显得十分笨重，体量过大，使得庭院中的游人感受到过于压迫之感（图6-22）。因此，这种巧妙的处理方式既保证了使用空间的大小，又使得整座建筑单体轻盈得体，完美地融合进了山体之中。而僧寮采用楼房外侧围合院落，既解决了高差，又形成了一座封闭的院落。

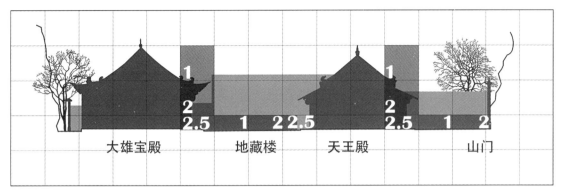

慧济寺建筑高度与庭院尺度关系分析图

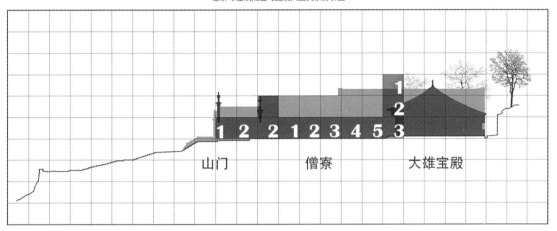

梅福庵建筑高度与庭院尺度关系分析图

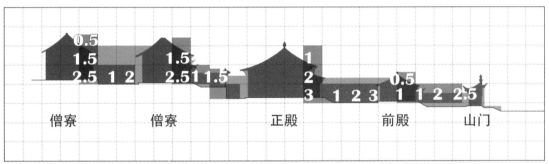

息耒院建筑高度与庭院尺度关系分析图

图6-21 息耒院、梅福庵、慧济寺建筑与庭院尺度断面图
（图片来源：熊阔进绘）

图6-22 观音古洞圆通殿采用勾连搭顶
与否的体量对比
（图片来源：作者自绘）

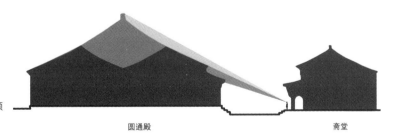

圆通殿　　　　　　　　斋堂

普陀山中寺庵的宗教院落空间比例不一，但是生活院落的空间D/H比值则均小于1。许多寺庵空间院落面积已经十分狭小，建筑采用楼房，使得院落之中的感受更为局促与压抑。生活空间的地位低于宗教空间，在有限的空间内需要满足僧人们的日常生活，只能部分牺牲掉居住者的使用感受。此时江南建筑之中经常存在的廊庑和骑楼，除了具有连接的功能之外，也能够在上方形成限定性的空间，减小使用者在空间中实际感受到的D/H比值，从而使得院落空间变得亲切宜人。

（三）寺庵建筑空间形成的构图

在处理院落内的尺度与比例的设计时，寺庵建筑在视线构图时会考虑利用透视原理借自然或其他寺庵建筑入景，来构成入画式的视觉体验。竖向视觉不同的构图背景能够营造出不同的空间感受，但其构图的主要目的是营造出自然与人工结合的神圣、脱俗的山寺氛围。普陀山的透视构图主要有以下三类（图6-23）：

1. 以山作为背景

普陀山岛内多山，且许多寺庵依山而建，由山坡构成寺庵的背景，完善构图。此时寺庵的规模与山体通常较为和谐。经过透视关系，近景的寺庵通常不超过山体高度的三分之二，将三分之一留给高出的山体和天空，因此空间显得悠远，画面构图十分和谐。

2. 以天空作为背景

这类以天空作为竖向视线构图背景的寺庵在普陀山中数量最多。由于普陀山本身山体较矮，且寺庵宗教院落中佛殿的规模较大，院落的D/H比通常在2以下。因此，进入宗教空间之后游人的视线通常会被建筑挡住而看不见远处的山体，只看见佛殿后面大片的天空。这就营造出一种超然物外、与世隔绝的空间，让香客们从寺外的纷扰自然来到了寺内独立安静的宗教空间，

以山为背景——法雨寺

以自然形胜为背景——观音古洞

以天空为背景——灵石庵

以天空为背景——慧济寺

图6-23　普陀山寺庵竖向视觉构图背景
（图片来源：作者自绘）

图6-24 观音古洞后巨石
上刻字"大士重现"
（图片来源：作者自摄）

形成了遗世独立之感。表现出佛教徒远离尘世，摆脱世俗的清幽环境。

3．以自然形胜为背景

寺庵附近若有突出的自然形胜，则通常会将其纳入到宗教院落的视线范围内。同时在自然形胜上赋予特定的人文含义，给人以视觉冲击力，凸显宗教神圣之力威力无穷，如观音古洞的一块巨石，十分壮观。僧人在巨石上刻字"大士重现"，对应了观音古洞的内容，又使人认为巨石是观音显圣的神迹，充满了宗教神圣感（图6-24）。

五、建筑空间艺术特征

（一）因地制宜，融入自然环境

因地制宜一向是中国传统建筑所遵循的基本准则。普陀山的寺庵在建造时也根据现状的不同情况采用不同的策略，将建筑与自然环境有机地结合起来。对于自然环境的研究和理解，既能够使建筑与环境和谐美观，还能屏蔽自然的不良影响，使建筑更加安全稳固。

（二）丰富的地域风格

普陀山寺庵建筑风格总体上是江南传统建筑的风格。无论是结构做法还是装饰纹样都与《营造法原》中的记载十分相近。建筑单体虽不及北方建筑厚重庄严，但是灵动优雅，与山中的幽静氛围十分契合。在院落的组织和功能的体现上也表现出极强的地域性特点，例如适应多雨气候的廊轩、通风采光用的院落空间等等。建筑装饰中对于佛教纹样的体现和对海洋文化的体现也极具普陀山当地特色。

在整体江南传统建筑风格的背景下，普陀山寺庵的建筑还表现出一些来自全国各地的建筑特征，例如法雨寺的圆通殿采用了北方官式建筑做法，虽然在装饰上仍采用吴越地区常用的样式，但是建筑整体给人以庄重沉稳之感，又例如双泉禅院宗教院落中正殿两侧使用庑廊围合，不设配殿，与岭南广府民居的"三间两廊"的特点相似，同时在装饰上，木雕、石雕也都有来自各地的雕刻技法，甚至融入了西方建筑装饰的元素，呈现出在江南传统建筑风格的大格局下，荟萃各地建筑风格元素的特点。

（三）严格的等级制度

中国的传统建筑在形制、大小、用料等方面都有着严格的等级制度，普陀山寺庵也是如此。等级制度与观念在寺庵建筑上体现在宗教院落所占据的主导地位。宗教院落无论是建筑形制还是空间大小都在整座寺庵中居于首位，是建筑群中最重要的部分，其他各功能院落严格遵守等级制度，分布在宗教院落两侧。作为一寺之主的住持可以居住在独立院落的方丈院内，位置可以位于地位尊贵的中轴线之上。而普通僧人的居所则只能位于中轴线两侧的小型院落之内。

等级观念在寺庵之间表现寺庵的规模、形制是与寺庵在山中的地位相匹配的。只有皇家敕建的三大寺才有资格使用殿庭式佛殿和琉璃金顶。而普通的庵院无论大小，均只能使用厅堂式结构的建筑作为主要佛殿。

这种严格的等级观念源于佛教在不断汉化的过程中吸收了许多儒家思想，开始强调师承与辈分，同时在僧人的管理过程中住持这一角色渐渐演化成为类似民间宗族"家长"一样的身份，在寺庵中拥有绝对的权利。而寺庵之间的"寺""庵"及"茅蓬"的等级也是十分严格。要想逾越所在的等级十分困难，需要寺庵住持提升到一定的地位，享有一定声望，同时能够吸引到重要的外界旃檀资助。从普陀山开山到盛期，只有法雨寺、慧济寺两寺成功获得了皇室资助从庵院晋升为寺。而大多数普通寺庵则一直遵守着山中固有的等级制度。

（四）受江南民居建筑风格影响

通过前文的分析可以发现，普陀山寺庵建筑无论是在平面布局还是在结构做法上都与江南民居有着相似性。虽然普陀山中僧人来自全国各地，但是山中的工匠多来自江南，尤其是吴越之地，因此，他们对于居住环境的审美偏好更倾向于江南的民居建筑。

同时，大寺中的宗教院落具有象征和祭祀的功能，需要大面积开放给香客朝拜和僧众们聚会的空间，因此修建得恢宏大气，但其尺度并不适宜人的日常生活。因此大寺中的生活院落借鉴民居，营造出适宜当地气候的生活尺度空间。而普通寺庵的功能主要为僧人的日常修行兼顾接待香客，功能日常化、私密化。又因为寺庵等级所限，无法建造更高等级的建筑。因此直接借鉴江南大户宅院的布局方法，将民居中的厅堂改为佛堂，承担对外接待和僧众修行的功能；民居中的居住空间恰好可以被借鉴来作为僧房、厨房、仓库等使用，既满足了宗教修行的要求，又满足了日常生活的舒适宜人。而更低等级的茅蓬和深山中的小型庵院在功能上则更加私密，几乎没有对外开放的功能，只需要满足日常修行和生活的功能即可，也从侧面表现出普陀山佛教僧人逐渐"世俗化"的特点。

由此可以总结，首先是因为普陀山寺庵与江南民居所处的共同自然环境和近似的功能需求，导致了寺庵建筑空间受到民居深刻的影响；其次是由于大多来自江南地区的建造工匠及僧人们所具备的审美观念和居住喜好更倾向于江南民居建筑，才进一步造成了普陀山寺庵建筑空间今天的风貌。

（五）园林化空间处理

普陀山寺庵在建造时对于周围环境构图的追求，设置廊轩以方便在庭院中活动以及对于边角空间的利用都体现出普陀山寺庵的园林化特点。通过人工的营造，选择良好的自然景观视野，通过门和窗透入院内；注重对院落空间的营造并设置廊轩以方便游览和活动，都体现出僧人对于居住环境园林化的追求。

第二节　庭院环境空间

普陀山寺庵的内部环境空间由建筑与围墙围合而成。据其四周的建筑不同的功能分成不同的类型，主要有宗教性质、生活性质、过渡性质的院落空间。每一种类型的院落都有其侧重的功能和常见的布局形式。值得注意的是，普陀山寺庵的建筑布局为封闭合院式，建筑布局很少采用散点式的布局，没有形成如同杭州灵隐寺一般的风景式环境；也没有在封闭的院落内形成如江南许多名寺中常见的附园，而是形成简单明了、实用性强、又体现出寺庵特点与主人意趣的小型庭院。这些庭院在设计上通常较少着笔，更多是营造功能空间，而设计着墨的重点则是放在寺庵建筑与自然景物、自然山水环境的互相利用之上。

一、宗教性庭院

（一）空间特点

宗教院落由宗教建筑围合而成，其主要功能为接待香客礼拜、僧俗交际等功能，是寺庵内部环境中最为重要的部分，其位置随宗教建筑的位置而定，多数位于建筑群的中轴线上，也会出现在寺庵的左右两翼。为了烘托起宗教建筑严肃庄重的气氛，同时也能够满足香客的集散，宗教性质的院落都会尽可能保持庭院空间的完整。为了营造充满宗教仪式感氛围的空间，满足宗教仪式朝拜的需求，宗教性质的院落中通常采用布置具有宗教意义功能的部品和对称式的植物空间两种方法（图6-25）。

将庭院与建筑联系起来最有效的方法是在以建筑的主要轴线、边线为原点生成的网格上设计庭院，使庭院空间与建筑空间自然发生联系，相互呼应。通常由宗教建筑、围墙围合而成的宗教院落，形状方正，延续四周建筑的轴线。在庭院铺装、绿地分隔、台层设计、部品摆放等均会顺应这一网格，形成规则对称的形态。院落面积较大的大型寺庵在正殿轴线两侧设置种植池栽植花木，布局严整；小型寺庵的宗教院落空间局促，则尽量保证空间的使用功能，仅通过对称摆放宗教部品、盆栽的方式点缀空间，不对空间做过多的分隔，营造对称式的布局，使宗教空间显得庄严肃穆，秩序感强烈（图6-26）。

但若庭院内部有可以利用的奇巧自然形胜要素，庭院的设计往往会突破规则式布局的限制，充分利用自然要素，以增加庭院的神秘感和宗教氛围，例如古佛洞庵凭借一处自然形胜——古佛洞的入口位于其宗教建筑之内。洞口周围被栏杆环绕，引领游人向下参观石洞。洞口右侧为一处卧石。由于洞口与卧石的高度均在1米以下，不对视线形成遮挡，因此古佛洞庵利用宗教空间环绕古佛洞口，既保持了佛殿的庄严，同时又利用古佛洞营造一种神圣而幽深的氛围（图6-27），而这一处自然形胜同时也强化了整座寺庵庭院的神圣感。

除了空间的划分，宗教部品是宗教空间中必不可少的内容，主要包括香炉、经幢、布施箱、拜垫、水缸等。

由于寺庵主要的宗教建筑中通常需要进行大规模的宗教仪式活动，

图6-25　香林庵内轴对称布置的部品、铺装及绿地
（图片来源：作者拍摄改绘）

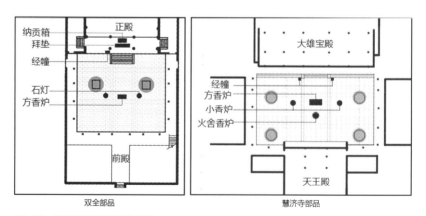

图6-26　宗教院落部品平面布置图
（图片来源：作者自绘）

图6-27　古佛洞中的古佛洞口
（图片来源：星重苏娇摄）

因此宗教空间通常会保持大面积开阔的硬质铺装。德国摄影师Ernst Boerschmann在其游记中详细记录了几场普陀山中的公开法事活动。见闻中无论是船员祭拜以求航海平安还是妇女祈求赎罪平安的仪式，主要的活动虽然发生在佛殿内，但佛殿外的宗教空间仍然承担着重要的功能，例如摆放祭品、焚烧纸钱元宝等。

　　另外，在一些祭祀活动并不频繁的寺庵中，会出现生活性活动临时占用宗教院落的现象（图6-28），如民国时期德国摄影师拍摄的慧济寺宗教院落中就出现了晾晒衣物的场景。可以发现，即便在普陀山的鼎盛时期，山中寺庵的开放性也不高，这使得严肃庄重的宗教氛围中呈现出质朴、亲切之感。

（二）植物景观

　　庭院中除了设置宗教部品之外，还会种植庭院花木，塑造植物景观。由于普陀山大部分寺庵经历过毁坏重建的过程，因此其建筑空间内的植物景观多为近代重建，然而古籍山志中主要以记载建筑的兴建为主，对于植

民国法雨寺天王殿前植物景观

民国法雨寺天王殿前植物景观

民国慧济寺大雄宝殿前植物景观

图6-28　民国时期大寺宗教院落植物景观照片
（图片来源：［德］Ernst Boerschmann《Die Baukunst Und Religiöse Kultur Der Chinesen》）

物景观的内容只能用只言片语来形容。因此我们只有通过山志记载内容结合僧人的禅诗和民国时期拍摄的照片来推测了解当时植物景观的情况，并结合今天普陀山寺庵内植物景观的情况来总结普陀山寺庵建筑空间内植物景观的特点。

宗教性质院落主要功能是对外接待香客朝拜，对内容纳僧众修行活动。植物景观的设计也通常与其功能相呼应。大寺在宗教院落中利用植物营造庄严肃穆的氛围，在黄应熊的《重修普陀两寺记》中对法雨寺的建筑空间中的宗教院落内植物景观的塑造进行了简要的描写。"……初上第一层（台地），旧皆古木合抱，地反苦隘。剔而壁之，廓如也，建天王殿五间……"从中我们可以看出，大寺的庭院植物景观首先要保证疏朗开阔的空间效果。虽然庭院中有许多大规格古树名木，但若植物过于茂盛而显得庭院"苦隘"，则会剔除部分植物，即大寺的宗教院落庭院植物景观以古树乔木形成疏朗的植物景观上层结构。民国时期德国人拍摄的法雨寺照片中显示，法雨寺第一进院落中古树参天，种植空间呈方形分布在中央香道的两侧。整个植物景观以上层乔木为主体，缺少下层灌木。整体氛围庄严肃穆，又带有山林的幽静质朴。植物材料主要以松柏类、银杏和香樟为主（图6-28）。慧济寺在三大寺中地位最低，且宗教院落面积远不如前后二寺，植物景观也十分简单。从照片中可以看出，原本对称布局的方形绿地让位于功能的使用，仅保留了一株长势良好的桂花（图6-28）。

结合对三大寺现状的调研，可以推测，普陀山中宗教院落的植物景观主要以能够起到空间限定的乔木为主，下层灌木应用较少。植物品种主要选择庄严肃穆的松柏类和具有一定佛教寓意的乔木。今天，普济禅寺、法雨禅寺等大寺庭院内依旧保留着列植在中轴线两侧的高大古树，并在下层搭配耐阴的花灌木或整形修剪的绿篱。大树枝叶繁茂，庭院中对称整形的植物可以烘托庄严秩序的气氛，同时通过植物繁茂的树枝限定了院落上部空间，减少了宽阔庭院的开放性，使庭院内部尺度协调宜人。乔木与花灌木遮挡住部分建筑，增加了空间的层次感，减少了建筑的生硬之感，使其融入自然之中，体现出一种山林中的自然意趣。空间有限的宗教庭院则通过盆栽来装饰庭院，以减少院落中人工雕琢的氛围。

除三大寺之外的中小庵院由于资料的缺乏，无法判明其宗教院落内部植物景观的布置情况。结合等级与中小庵院相仿的慧济寺的情况，可以推断其宗教院落内的植物景观应普遍较为简单，是与今天普陀山中小型庵院的宗教院落中类似，采用对植小型观赏乔木或摆放盆栽、盆景的手法（图6-29）。据此推测的原因，一是由于中小寺庵的对外开放属性较小，且寺庵的规模有限，因此宗教院落主要以满足功能为主；二是由于中小型庵院仿照江南民居建设，庭院大小有限，若仿照大寺栽种乔木则会使得院落更加局促，也会阻碍院落采光通风；三是普陀山自然本底风景优美、植物繁茂。《园冶》中便有"园地惟山林最胜"的说法。因此寺庵营建者无需在庭院内费力营建复杂的植物景观，而是通过盆栽、盆景的形式来美化装点庭院。有些规模小的庵院仅有一进院落，因此，其宗教院落的营造也或多或少带有一定生活氛围的亲切随意。

悦岭禅院中的桂花　　　　　　　普济寺中的香樟　　　　　　　双泉禅院的小叶榕等盆栽

图6-29　普陀山寺庵宗教院落中的植物
（图片来源：作者自摄）

在植物的选择上，普陀山寺庵的宗教空间中通常选用具有宗教意义、景观价值高的植物材料。大寺由于地势开阔，因此对植的乔木通常选择银杏、香樟、松柏类、罗汉松等大型乔木，而中小型的庵院则根据自己院落的规模选择桂花、槭树等小型乔木；摆放在庭院中的盆栽通常选择苏铁、栀子、扶桑、茉莉、三角梅、茶花、榔榆、菊花等既具有强烈观赏效果又具有一定宗教寓意的花卉。除此之外，今天的普陀山寺庵宗教性院落中，还增加了中层的花灌木和绿篱，植物材料通常选择南天竹、山茶、玉兰、石榴、桂花等观赏植物，绿篱的选材通常为易修剪的龙柏、黄杨等。

宗教性质院落内的植物在普陀山寺庵中并不是主角，无论是描写大寺的文章和诗词均以建筑的精巧和与自然环境的和谐为主要描写对象，对院落内部的植物景观则鲜有描写。然而，这并不等于建筑院落内的植物景观便不重要。可以想象，若空旷的庭院中没有植物来限定空间，那么整座寺庵的氛围将显得十分空旷和单调。正是由于植物景观的存在，使得宏大的建筑空间得到了限定和分隔，既具有苍茫庄严的氛围，又不会过于冷漠疏远，给人一种亲切舒适之感。正呼应了观音作为普度众生的菩萨带给人心中的亲切慈悲的形象。因此植物景观成为塑造寺庵景观形象中隐形的功臣。

二、生活性庭院

（一）空间特点

生活院落重要性不及宗教院落，是僧众日常居住的空间，同时也承担着一定接待挂单僧人或香客的功能。由于今天普陀山的寺庵生活空间大多经过数轮改建，无论是体量还是建筑样式均发生了变化，因此很难还原曾经的生活院落情况。但从普济寺与法雨寺的历史平面图和旧照片中可以发现，生活院落的空间紧密程度远远高于宗教院落。在山图上也通常会被省略或弱化表达。因此较难得出其真实布置情况。但也正因如此，可以推测出生活院落的体量和应远远小于宗教院落（普济寺和法雨寺除外）。若寺庵规模较大，则方丈院通常较为宽敞，若寺庵较小，则不加以区分。例如

悦岭庵生活院落用于晾晒衣物

图6-30　今天普陀山寺庵
生活院落空间
（图片来源：作者自摄）

慧济寺生活院落水池曲桥

隐秀庵生活院落空间

慧济寺便将其建筑群东侧的生活空间扩建改建，因此保留了原有较为开阔的院落，并在院中开辟水池、种植花木，并保留了原有温室养殖的各色盆栽花卉，营造了一处十分幽静的花园，为僧人及住宿的香客提供了优美的园林环境（图6-30）。而一些由寺庵改建而成的宾馆也纷纷增植花木，改建曾经的寺庵环境，形成了如洪筏山庄、碧海山庄（原文昌阁，民国时期便已陆续改建）等庭院植物景观丰富的宾馆。但这些酒店宾馆在改造之前作为寺庵之时生活院落的真实样貌今天已不能得见。

（二）植物景观

普陀山中寺庵的生活院落通常面积有限，可以栽植植物的空间也较少。生活院落反映寺庵住僧生活情趣与意志，与宗教空间相比，多了生活气息，少了庄重严肃之感。因此植物景观同样是不可或缺的造景元素。

大寺院落复杂、生活院落繁多。然而其中最为特殊的便是通常位于轴线末端的方丈院。方丈院是一寺之主生活的空间，因此无论是在规模和等级上都不同于普通生活院落，在植物景观的布置上也有相当大的自由。明代《重修普陀山志》中的山图中所着重描绘了普济寺方丈园内的竹林景观（图6-31），而今天法雨寺方丈院内的大量古树名木也说明了住持对于居住空间内植物景观的重视。清代僧人释铁莲在《锦屏丈室（法雨寺方丈室）落成志喜诗》中写道："光熙峰麓旧茅堂，松菊虽存径就荒。"中表现堂中曾栽有松和菊等植物。从方丈室园内植物材料选择上看，设计者不再选择仪式感或规则感很强的植物材料，而是选用了竹、松、菊这些江南寻常园林经常会使用的材料。虽然法雨寺方丈室门前仍然有侧柏、罗汉松这类带有肃穆和仪式感的植物，但也搭配了广玉兰、含笑这些香花植物增添生活情趣。虽然目前已无法得见明清时期方丈室院落内植物景观的原

图6-31 明代山图中普济寺方丈院植物景观
（图片来源：［明］周应宾《重修普陀山志》）

貌，但是通过植物材料的选择和中国传统民居中院落植物种植形式来推测，方丈室内植物景观依旧是以对称式的乔木栽植为主，下层搭配灌木、香花植物。植物选材虽带有寺院环境中的肃穆和威严，但是已经出现了较为接近江南园林中所使用的植物材料，更加注重观赏价值和生活意趣。

除了大寺的方丈室，普通的生活院落空间就没有那么充裕了，通常为众多僧人共用的院落，需要承担的功能远远大于方丈室内的空间，因此植物栽植的空间极为有限。明清山志中均没有对生活院落中植物景观的相关描写，但是我们通过对大寺普通僧寮建筑的名字（如梅曙堂、翠竹轩、挹翠轩）和中小型庵院的相关诗词描写可以对院落内的植物景观进行推测。江南寺院通常会仿照园林对生活建筑进行命名，如普济寺的梅曙堂、法雨寺的挹翠轩、宁波天童寺回光阁、杭州灵隐寺择木堂、青莲阁。而在园林的营造中，通常用匾额书写建筑的名称。与植物相关的匾额内容或升华植物景观之美，或抒发园主心中之情，或表达平安吉祥之愿，既生动地表达出植物景观所蕴含的文化意境，又借这种形式使植物景观的文化内涵更加丰富，两者相互补充，将园林意境推向了高峰。反之建筑的名称通常能够反映庭院中主要植物景观的内容。因此可以推测，生活建筑中较大的厅堂周围的院落栽植有梅、竹等意境雅致的园林植物。而栽植形式推测更为接近江南园林院落或民居院落中的栽植方式。留出中央开敞的使用空间，保证建筑的通风与采光，利用墙边、墙角采用孤植、靠墙丛植、边角丛植等小范围的栽植手法来栽植园林植物，如《鄞李文斗宿隐秀庵曾既贤师诗》中"海若闻钟涛不怒，庭前留树月偏疏。"一句便描写了所居住的院落中树影婆娑的景象。民国26年宜称斋的《游普陀山记》中描写长生庵"禅房花木，清雅绝尘"。潮音通旭的《老少年》"谁栽蜀锦掷庭中，霜雨频经愈不同。瘦影尚欺篱下菊，朱颜还傲零头枫。"一诗中所出现的植物意象已经与描写江南园林之美的诗词十分贴近，可见当时寺庵生活院落植物景观的设计手法对私家园林的借鉴。另外，在植物景观的设计上，僧人也借鉴了江南园林中对于石的应用，将石作为庭院内的观赏元素，与植物景观组合出现，营造雅致的环境氛围。如清朱谨的《大悲阁记》中描写"耆公，洁一寮舍于堂之阴。饮泉而甘，坐石而安。"露地栽植的植物之外，盆栽同样是经常被采用的种植手法，尤其在今天为大部分寺庵的普通生活院落空间所使用。

生活院落中的植物材料选择通常较为宽泛，以观赏性高的植物材料为主，体现了生活情趣。露地栽植的通常有桂花、竹、棕榈、南天竹、月季、栀子等观赏价值高的园林常用植物。由于栽植空间狭小，攀援植物也是常用的植物材料。盆栽植物种类极为繁多，主要与寺庵主人的喜好有关。常见的盆栽植物包括月季、罗汉松、苏铁、菊花、栀子、茉莉等。

三、过渡性院落

（一）空间特点

普陀山的寺庵中存在许多仅有通行功能或无用的边角空间。这些空间位于山门与天王殿之间、建筑与围墙之间、院落与院落相夹的空间等，面积很小，但却起到了串联与起承转合的作用，丰富了香客们的游览体验，同时也成为寺庵环境园林化的一个方面。由于这些空间形状十分灵活，因此处理方法也十分灵活。在功能上此类过渡空间可分为寺内引导空间与边角空间两类。

第一类是寺内引导空间。寺内的引导空间所处位置通常位于山门与第一座佛殿之间，将游人引入寺庵中最重要的宗教院落。与寺前引导有所不同的是，寺内引导空间并不是每一座寺庵都会具备。许多寺庵山门直通宗教院落，因此也无需具备寺内引导空间。而普陀山中许多寺庵山门与宗教院落形成一定夹角和错落，因此便需要寺内引导空间对游客进行引导，使得寺庵空间给游人的感受更加幽深、自然。

寺内引导空间的处理手法通常为开放式的引导和封闭式的引导两种类型（图6-32）。开放空间的引导是通过山门，将游客引入一处较为开放的院落之内，游客可以观察到重要院落的所在，并通过精心营造的园林环境直接步入宗教院落之中。封闭空间引导则类似江南私家园林，利用围墙形成连续转折的小型院落，游人在院落之间穿行，从而到达宗教院落之中。前一种做法需要寺内引导空间面积充足，院落与宗教建筑之间的比例协调，起到对宗教建筑的衬托作用；而后一种做法通常用于环境局促的寺庵之中，利用游线与视线的转折，从而丰富游人的游览体验，起到小中见大的作用。

第二类是边角空间。在江南古典园林中存在着一种十分特殊的空间，它存在于建筑与墙之间，面积极小或极为狭窄，通常不具有实用性功能，但是却在园林景观的层次和审美上具有十分重要的作用。很多学者对这类空间有不同的称谓，如"小院""哑巴院""狭小空间"等。实际上，这些都是建筑在组成院落时由于轴线的错位或模数的差异而形成的边角空间。普陀山寺庵中也因山地不规则的用地条件而形成有许多类似的边角空间，这些有意为之或不得已形成的边角空间的出现和设计者对其园林化的处理手法，都使得整座寺庵整体建筑院落更加自然也更具意境，使整座寺庵的建筑空间充满园林化的诗情画意（图6-33）。

对于边角空间的处理，僧人们借鉴了传统中国园林的造景手法，在角落里孤植一棵观赏花木或摆放一个造型美观的盆景为常见的做法。也有利用墙面空间进行装饰，设置一处小型神龛、开辟一处漏窗等处理手法，增添寺庵的雅致氛围和园林意趣。

图6-32 磐陀庵寺层次丰富的内
引导空间
（图片来源：鸟瑞苏婧摄）

香林庵 　　　　　　　　　　双泉庵

图6-33 香林庵和双泉庵中的边角空间
（图片来源：作者自摄）

有些寺庵还会利用边角空间进行少量的菜蔬生产，以满足寺内僧人的
饮食需求。

（二）植物景观

过渡性院落的植物景观在诗文中通常会与引导空间的植物景观一同描
写。在植物景观的营造上，开放式引导的院落也会适当保留生长于此的现
状树，营造山中古寺清雅的氛围，同时，在平面布局上并不追求对称，而
是追求均衡的自然之美。而封闭式的引导空间通常面积较小，因此会选择
利用小型种植池、盆栽或利用墙外植物来营造院落的雅致氛围。

第三节　寺庵引导空间

引导空间是普陀山寺庵景观重要的组成部分。普陀山中大部分寺庵自
然幽深的景观氛围的营造都离不开引导空间。引导空间像一条穿梭在自然
环境中的锁链，牵引着游客，从自然的环境慢慢走向人工与自然交融的寺
庵建筑空间，为寺庵建筑空间体现宗教氛围，奠定了坚实的基础。

一、引导空间的作用

引导空间最主要的功能便是指引交通，使游人可以顺利安全地到达目
的地，不至于迷失在自然山林之中。有效的引导可以突出积极的景观，引
导游人前往公共的对外开放的寺庵；同时也可以有意识地引导游人避开令
人不适的景观和那些不对外开放、清修性质的小型寺庵茅蓬。

引导空间通常是香道与寺庵的前序空间的结合，是一系列入寺前活动或仪式的发生地。通过对前序引导空间的营造，可以提醒游客即将进入寺庵空间，使其在心理上和情感上有所铺垫，也起到了一种蓄势的作用。同时也是对自然环境与人工建筑环境这两种不同类型空间转化的一种过渡，例如进入普济寺前的下马桩就预示着要步行进入敕建寺院。

另外，引导空间的营造也是寺庵环境氛围向自然环境之中的渗透，将寺庵附近的佛国净土的氛围融入自然环境之中，是人工环境向自然环境的过渡，增添了自然空间的宗教氛围，使香客有种置身佛国世界的感觉。

二、引导空间的组成

建筑中的引导空间是使游人到达一个有意义的空间之前所经历的一段"入口空间"，无论是建筑内部还是建筑外部。然而对于普陀山中院落式的寺庵建筑而言，从进入山门或踏入院落的一刹那便与门外的自然环境具有不同的宗教意义。但是普陀山中也存在许多寺庵从山门到真正宗教序列开始的天王殿仍有一段引导前序空间。普陀山的引导空间分为内部引导空间及外部引导空间。内部引导空间是指从寺庵的山门到寺庵的主体宗教建筑之间的前序引导空间；外部引导空间是指从自然环境到寺庵山门的前序引导空间。有些寺庵为追求深远、幽静的意趣，往往在进入建筑院落后仍要通过一系列空间组织引导香客，即内部引导空间，这也就形成了上一节中提到的"过渡性院落"，这也同样具有引导功能，但本节便不再赘述。

外部引导空间的组成在普陀山的游记中得到了充分体现。无论是游记还是诗词，都能找到许多关于"径"与"寺前"的描写。"径"便是道路，也是引导香客游览、进入寺庵的香道引导空间；而"寺前"便是引导香客入寺之前的寺前引导空间，如清高鹤年的《普陀山》中，描写了法雨寺的寺前引导空间："寺前松竹幽深，溪声乱鸣。"民国天风的《普陀游记》中描写了磐陀庵的寺前引导："门前老树数株，池水一泓，颇足引人入胜。"这两首诗均描写了寺前引导空间中的植物景观，以古树、松竹这些具有标志性的植物材料，起到提示的作用，同时也营造出幽深的氛围。民国张汝钊的"吾侪游兴最奇异，细寻竹径叩山寺。"已经将"竹径"与"山寺"两者紧密联系，探访山寺便要寻找竹径，体现了香道引导空间。这便是普陀山寺庵的外部引导空间的寺前引导和香道引导两个部分。

（一）香道引导

香道引导是将游客引导至寺庵所在区域的引导方式。道路的引导性强弱受到其人工性强弱的影响（图6-34）。支路的人工性越强（可以体现在道路的等级、人工化的铺装、人工修葺的台阶石蹬、路口或沿路隐约能看到人工建筑或景观小品等），支路的引导性越强；相反，若道路的人工性越弱（道路狭窄、为自然路面、野草丛生、没有明显的视觉焦点等），则道路的引导性越弱。强人工化的痕迹容易让香客感觉这条路是建造者特意铺就的，路的尽头必定会有重要的景点；而人工化弱的道路，会给香客

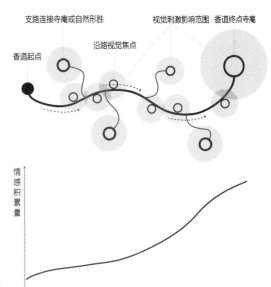

支路连接寺庵或自然形胜　视觉刺激影响范围　香道终点寺庵

沿路视觉焦点

香道起点

情感积累量

行走路程

图6-34　香道引导模式及情绪积
累分析图
（图片来源：作者自绘）

们人烟稀少的感觉，因此也不会期待道路尽头是否有什么重要的景点或寺庵。这也与从前生产力较低，能够大规模铺就硬质路面的道路十分稀少有关。

香道与寺庵之间的关系有尽端连接、两侧分布和跨越三种关系。位于香道尽端的寺庵为香道引导的主要受益对象，位于香道两侧的寺庵和被贯穿的寺庵为间接受益对象，同时也为尽端寺庵起到了引导作用。

"短姑道头—普济寺—法雨寺—慧济寺"为引导效果最强的香道。三条主要香道均为全山等级最高、铺装材质最高级的香道。路面为石材铺砌，香云路在民国时期修葺了栏杆，妙庄严路在地面"隔数米凿莲花图案，形状各异，雕工精细"，与其他香道相比，人工痕迹十分浓厚。

但是这种人工化并不意味着普陀山的香道笔直呆板。香道凭依山势修建，巧妙地与地形结合，形成曲折的道路。使游人的视线不断发生变化，同时利用香道两侧不同的视觉焦点产生不同的视觉体验。香道在沿路设置了连续的视觉焦点对游人进行提示和刺激，例如妙庄严路起始的海天牌坊、沿路大大小小的寺庵、路中供游客停歇的亭、香道两侧间或出现的寺田与茶田、香云路上段的浮云石等。这些连续的视觉焦点从非自然的背景之中跳脱出来，充当了引导性的标识，在香道两侧起到了引导的作用，也将佛国的氛围从普通的自然环境之中烘托出来（图6-35）。

这些浓重的人工痕迹使游客能够直观地感受到建设者们营建香道的艰辛，必然会期待前方存在着重要的寺庵或著名的景点。同时路上的连续视觉焦点刺激，也使其保持好奇心，逐渐累积对目的地的期待。而那些等级较低、人工程度很弱的次要香道，如果没有可以令香客们期待的预兆，则鲜有人问津。因此，很多寺庵将寺庵建筑适当地显露出来，半隐半现在香客的视线范围内。有了人工化的刺激，才会有人循着小路探幽前来。

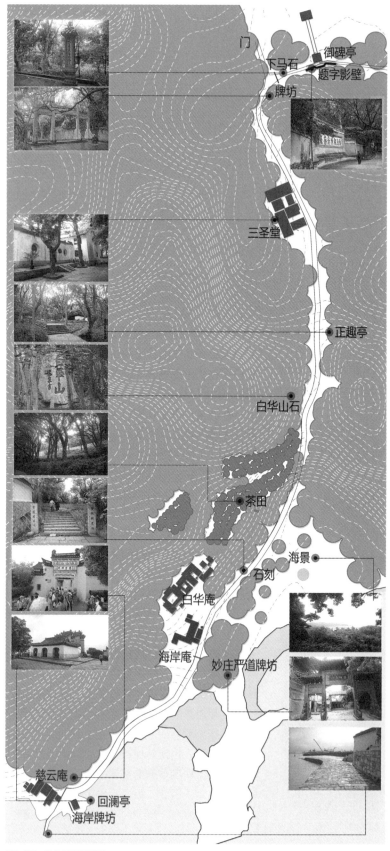

图6-35 妙庄严香道引导

（图片来源：作者自绘）

（二）寺前引导

寺前引导连接香道，将香客由香道引入寺庵。因此引导的起点是香道，终点是寺庵的山门。由于普陀山"藏显结合"的布局特点，哪怕是地处核心地位的三大寺，也追求"隐"与"藏"的效果，更不要说山上的中型寺院和深山茅蓬。除了普济禅寺之外，法雨寺与慧济寺均隐藏在茂密的植物之中，除非走进寺内，否则不能一览山寺的样貌。因此，寺前的引导空间显得尤为重要，不但是引导游人进入寺庵内部的交通空间，同样也是烘托山寺气氛，结合"藏"与"显"的重要表现途径。

寺前引导空间连接香道与寺庵山门，根据寺庵与香道之间的位置关系，连接方式通常有顺接和平交两种。顺接是香道的尽头直接连接寺前引导空间。

1. 三大寺寺前引导空间处理手法

由于三大寺建筑等级高、建筑体量大，因此寺前引导空间十分复杂，主要使用的引导手段为空间欲扬先抑、象征性景观的运用、植物环境的营造。通过一系列的开合变化的空间，最终通过一处狭小的空间，将香客引导进壮观的寺院，使其慨叹大寺的无限壮丽。

恽寿平认为"景贵乎曲，不曲不深。"欲扬先抑的处理手法主要是利用空间与地形的组织与变化，来控制游客的视线范围和感受，使其在未进入寺庵之前，先经过一段较为封闭压抑的空间，以达到放大寺庵壮观效果的作用（图6-36）。同时也可以达到对香客心理感受的引导和控制作用。而台阶与平台是寺前引导空间最为常用的空间组织手段。

三大寺中，以慧济寺的寺前引导空间处理得最为精彩，综合利用对视线、空间、地形的组织，使游人感受到了逐渐进入佛祖金殿的神圣和庄严（图6-37）。登上佛顶山之后，从佛顶山一片开阔的空间通过一座石坊（近代修建）延伸出一条由石墙引导的下山小路，两侧植物茂密，不见天日。石墙的尽头出现了第一处转折点，石墙变为了黄色的引导墙。右转下台阶至另一平台，隐约可见院内的钟楼。左转后便又是长长的黄色引导墙所形成的甬道。尽头又为两个连续向下的转折台阶。经过五次转弯两次台阶，游人的情绪已经酝酿充足。此时出现在香客面前的是小型的山门。此山门由于位于低位，因此香客视线被山门挡住，无法看见院内情形，只能依稀看见跪拜在地的信徒。此时游客内心已充满了对慧济寺的向往与期待，走下台阶，步入一处小院，再次右转过天王殿，大殿的金顶突然出现在眼前，金灿灿明晃晃的，游客心中被多次转折与失落压抑的情感，在此一股脑地释放出来，化作了对佛祖的无限崇拜之情。慧济寺通过连续的折墙形成复杂的转折空间，又利用地形的起伏营造视觉盲区，在引导游客进入寺院的同时，充分调动起了游客的情感，完成了对游客心灵的震撼。

在寺庵前设置具有象征意义的景观或小品也可以起到引导作用，例如普济禅寺前的海印池、照壁，法雨寺前的牌坊、黄色的引导景墙等，这些景观符号的出现便象征着寺庵空间的前序（图6-38）。

最后一种方法是通过对植物环境的营造来引导空间。阵列式具有仪式感的植物栽植营造狭长的指向性空间，对植的巨大的千年古树或具有季相变化的植物都带有着一种明确的引导性，将神圣的佛寺与自然环境相脱离开来。

图6-36　法雨寺寺前引导
（图片来源：作者自绘）

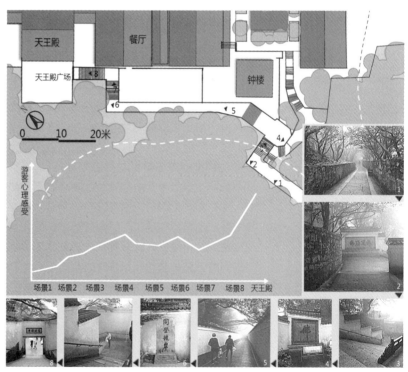

图6-37　慧济寺寺前引导空间平台及节点示意图
（图片来源：作者自绘、自摄）

图6-38　普济寺寺前引导
（图片来源：作者自绘）

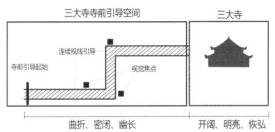

图6-39　三大寺寺前引导空间模式图
（图片来源：作者自绘）

综上，由于三大寺规模大、等级高，为了凸显其神圣庄严的环境特点，也为了能够使香客更加感受到佛教的氛围，三大寺均采用了距离较长、引导性较强的引导方式（图6-39）。将香道与复杂的寺前引导相结合，充分渲染和营造佛教庄严的气氛，使得游客在进入寺庵内部的时候，情感已经被足够充分地调动，更容易对菩萨及佛祖产生顶礼膜拜的感受。

2．中小型寺庵寺前引导空间处理手法

中小型寺庵等级较低，建筑规模较小，且对香客的吸引程度远远不及三大寺，因此便更加重视对于引导空间的营造。普陀山的中小型寺庵的寺前引导空间有长、短两种引导模式。

长寺前引导主要利用台阶、墙体、视觉焦点等一系列的引导手段，将游人从香道或第一道山门引导进入寺庵院落之内（图6-40）。其做法与引导原理均与三大寺的寺前引导空间相类似。但是由于中小型寺庵规模所限，引导距离与三大寺相比略短，且引导过程中的视觉刺激相对较少，较为简单，同时长寺前引导与地形起伏相结合，在进入寺庵之前解决竖向上的高差。

使用短寺前引导的中小型寺庵占地面积通常较为局促，位置也并不优越。这类寺庵通常具有较短的寺前引导空间，引导的方式也直白明确。最为常见的是通过台阶和放大的平台来形成引导空间（图6-41）。同时，短

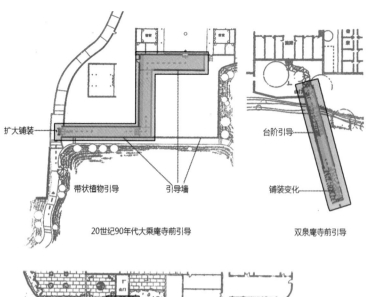

扩大铺装
带状植物引导
引导墙
20世纪90年代大乘庵寺前引导

台阶引导
铺装变化
双泉庵寺前引导

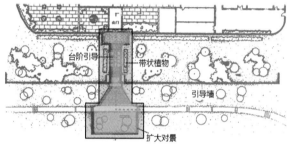

台阶引导
带状植物
引导墙
扩大对景

20世纪90年代梅福禅院寺前引导

图6-40　长寺前引导空间分析图
（图片来源：郭楠根据赵振武、丁承朴《普陀山古建筑》改绘）

寺前引导通常会在山门的装饰上做文章，或在寺庵前设置人工视觉焦点或将其建筑本身变成重要的引导要素，通过给予游人第一眼的视觉感受，吸引其进入其中，因此这类寺庵通常通过高程的变化形成与香道或大寺不同的位置关系，使游人可以看到一部分寺庵建筑或装饰华丽的寺庵山门，形成一种"犹抱琵琶半遮面"的视觉效果，曲折幽深，增加了香客们探寻的欲望。也正因为需要配合不同的地形条件来追求这种幽深的意境，这类寺庵也通常同时具有内部引导空间和外部引导空间，并经常与香道引导组合出现。

然而那些隐于林中不希望被世俗所打扰的小型寺庵则选择彻底将寺庵建筑隐藏起来，只有当游客无意中通过长长的山路来到近前时才能发现这座寺庵及它的引导空间。因此这类山寺的寺前引导空间也处理得十分简单，仅满足基本的通行功能即可。

除了可以修建的引导空间，普陀山的寺庵通过对周围自然环境的改造来形成引导效果。通过栽植景观树种、开辟寺田、改造地形等方式来形成一定的寺庵环境氛围，产生一定的引导效果，例如伴山庵利用山寺所在位置的落差，形成了极为丰富的台地，成为标志性的、具有丰富体验的引导空间（图6-42）。

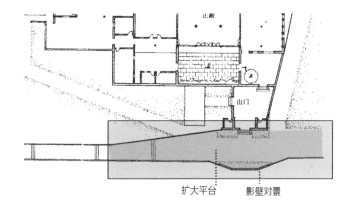

20世纪90年代洪筏房短引导空间

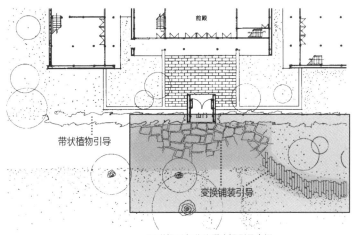

20世纪90年代隐秀庵短引导空间

图6-41　短寺前引导空间分析图
（图片来源：郭楠根据赵娣武、丁承朴《普陀山古建筑》改绘）

图6-42　伴山庵寺前丰富的寺前引导空间
（图片来源：作者自绘）

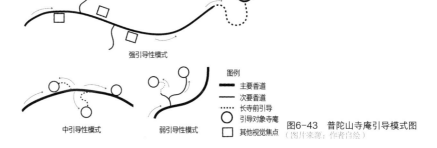

强引导性模式

图例
—— 主要香道
—— 次要香道
······ 长寺前引导
○ 引导对象寺庵
□ 其他视觉焦点

中引导性模式   弱引导性模式

图6-43　普陀山寺庵引导模式图
（图片来源：作者自绘）

（三）引导空间模式的组合

通过这两种引导空间的组合，形成了强、中、弱三种不同强度的引导模式（图6-43）。强引导性模式为：重要的香道引导空间与复杂的寺前引导空间的组合，仅出现在三大寺的引导空间营造之中。这种引导模式可以对游客进行较长时间的铺垫和刺激，对游人有着强烈的指引倾向。中等强度的引导空间应用于位于具有强引导性的香道或寺庵周围的中型庵院。这些庵院借助香道或这些强引导性的寺庵来作为其主要引导途径，通过自身建筑的显露作为引导要素，主要通过寺前引导，将游人引入庵中。第三类最弱的引导模式适用于隐藏在山林中静修的中小型寺庵，由几乎没有引导作用的低级香道和简单的寺前引导组成。这些寺庵多隐藏在山林之中，不为外人所知，他们并不追求被香客们发现，因此这类寺庵所营造的空间引导作用较为薄弱。

需要特别说明的是，普陀山中三大寺之所以可以采用强引导手法，是因为普陀山以三大寺为核心的景观结构下，游人的强烈期待。正是由于三大寺本身对游人强烈的吸引力才可以选择使用这种漫长的强引导模式。用香道来进行引导通常距离长，而香道沿途利用其他人文景观及自然形胜对游客进行连续刺激，使其对目的地的期望值与好奇心越来越高。当目的地本身的景观质量能够使游人满意时，这种强引导模式可以加强游客们的情感；相反，当目的地与游客的期望值不匹配的时候，这种强引导模式反而会使游客们产生失望和厌倦的心理情绪。因此，普陀山全山也只有三大寺选择了这种强引导模式。

三、引导空间的作用机制

普陀山中的寺庵虽然繁多，引导空间的组织方式也各有不同，但其引导的作用机制大体一致，其中主要包括：视觉焦点连续刺激、空间的连续与变化和整体佛教文化氛围的营造。

（一）视觉焦点连续刺激

视觉焦点对于引导空间而言是对游人进行的一种刺激手段。通过在引

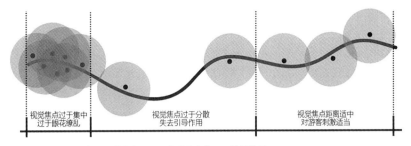

视觉焦点过于集中　　　　　视觉焦点过于分散　　　　　视觉焦点距离适中
过于眼花缭乱　　　　　　　失去引导作用　　　　　　　对游客刺激适当

图6-44　寺庵引导空间视觉焦点不同距离所产生的不同引导效果
（图片来源：作者自绘）

导空间之中设置具有提示引导作用的元素，使得香客在看到这些元素时产
生反应。通过引导空间的延续，这种刺激会不断地积累或减弱。若视觉焦
点密集而引导空间短，则会产生应接不暇的感觉；若引导空间过长，而视
觉焦点过少，香客心中情绪积累会逐渐减弱，感觉无趣（图6-44）。因
此，香道引导空间中的视觉焦点会连续多次出现，随时维持着游客心中刺
激的正向积累；中小型寺庵前短小的寺前引导空间则仅需要一两类视觉焦
点刺激，避免出现累赘或繁杂的情况。三大寺特殊的地位和规模导致其需
要游客在进入寺庵之前的情绪积累达到最高，因此，三大寺均在寺前引导
空间中密集地使用了视觉焦点元素，使游人的情绪被极度调动起来。

　　用于形成连续刺激的元素通常包括重要的人文景观，如寺庵建筑、人
工构筑物、自然形胜以及独特的植物。

　　寺庵建筑与人工构筑物从造型、色彩、质地上与自然环境差异性较
强，容易成为视觉焦点，因此提示性与刺激性较强，例如在香道引导中经
常出现的牌坊、亭、碑等构筑物，不断暗示着香客继续前行，同时也逐渐
加深了香客对于目的地的期待（图6-45）。但这些作为刺激元素的人工构
筑物体量不宜过大，数量不宜过多，不宜过于密集，否则会降低山寺的自
然属性，同时也降低了探索的神秘感。另外，若被引导的寺庵体量、神圣
感不强，过多的人工刺激元素会将香客的期望拔高，造成被引导的寺庵无
法承担香客过高的期待的现象，反而产生失望心理。与之相应，具有人工
雕琢过的自然形胜也具有相同的作用。但其具有更强的自然属性，与自然
环境氛围融合较好，因此更适宜较多地出现。

　　另外，特殊营造的植物景观也是重要的提示元素。植被不但可以起到
对空间限定的作用，同时也可以营造出充满禅意的意境空间，因此也被广
泛应用于引导空间的组织之中。不同形态的植物可以在引导空间的组织过
程中充当不同的角色，如列植的灌木或乔木可以起到与引导墙一样的作
用；而孤植的彩叶树则成为视觉焦点。通过植物语言的组织可以达到与人
工引导墙体或人工视觉焦点同样的效果（图6-46）。

　　另外，佛教特有的植物材料也能够成为重要的提示性元素。《大唐西
域记》中记载了长者迦兰陀将自己的大竹林施予外道。但是听到佛祖的妙
音法之后后悔万分，最终将竹林让予佛祖，并在其中建立许多精舍，成为

图6-45 秒庄严香道中的正趣亭
（图片来源：孙松林摄）

图6-46 紫竹禅林前植物引导空间
（图片来源：作者自绘）

图6-47 明清山图中植物作为引导空间指示性语言
（图片来源：根据明屠应宾《重修普陀山志》、清裘琏《普陀山志》改绘）

最早的僧团。因此竹林成为佛教寺庵环境的代名词。而明清时期的山图中在寺庵附近也着重描绘了植物景观，以暗示寺庵的存在（图6-47）。

（二）空间的连续与变化

引导空间中最为重要的部分是连续的差异性空间的营造。刘滨谊将空间的关系归纳为不变、渐变和突变三类。若串联性质相同的空间，则空间没有发生变化，人的感受也不会发生变化，因此若同类空间长度过长，又没有视觉焦点进行刺激的话，游客很容易会产生审美疲劳而感到无趣。若串联的空间差异性逐渐增大，则对比关系为渐变，游人的情绪也会渐渐被调动，情感也会逐渐累加。若串联两个差异性巨大的空间，就会产生空间的突变，使游人从一种空间感受突然跳到另一种差异明显的感受，使游客有一种震撼的冲击效果。空间的差异性越大，产生的震撼效果越明显。利

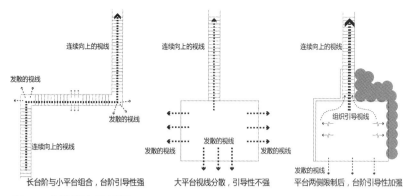

图6-48　台阶引导与平台引导
（图片来源：作者自绘）

用好这三种空间的对比关系，就能够营造丰富的体验感受，同时达到对游人行为和情绪的引导。

香道引导是连续的不变的同质空间，中小型寺庵短促的寺前引导空间为突变空间。但由于没有铺垫，且差异性较小，因此，游人虽然会产生情绪波动，但并不明显。同类效果还有香道中间或出现的平台。平台作为一段香道的起点和终点，既有暗示开始和终止的作用，也可以为攀登台阶的人提供短暂的休息。因此，香道的空间特性是运动和行走，而平台的空间性质是驻足与停留，二者形成了空间的变化。但由于休息平台通常较小，且没有吸引人的元素，因此差异并不强烈，仍保持香道的连续性。同时，香道在引导游客沿着台阶延续的方向行走和观察，是一条线性流动的、狭窄的视觉引导线；而平台使游人驻足休息，是一处发散开放的空间，视线可以向平台四周延展。因此台阶使视线聚焦，平台使视线发散（图6-48）。二者的区别又使得连续中产生变化，增加了香道的丰富程度。

中小型寺庵由于规模受限，无论是长引导还是短引导，都在规模上无法与大寺相比。因此，会通过加强连续与突变反差强度来强化引导效果，例如一些寺庵借由台阶的引导性来限制游人的视线与行为，用短小的平台衔接台阶，减弱平台对于游线和视线的发散作用，保持空间的连续和延续性。强行收束视线，加强线性之感，使进入寺庵后的开阔形成突变，加强突变效果。台阶引导视线聚焦，使寺庵对游人产生一种压迫感，形成一种登临胜迹的神圣之感；而平台引导衬托了寺庵的独特气质，形成一种鹤立鸡群的独特感觉。仅仅通过简单的台阶与平台的组合就能够起到较好的引导作用（图6-49）。

等级最高的三大寺则追求对游客产生最大的震撼效果，以突显自身的神圣与崇高，因此三大寺在自己复杂的寺前引导空间中极尽所能地创造空间的差异变化，使用引导墙、植物、曲折的道路等多种方法尽量使引导空间漫长、压抑，并结合前文提到的视觉焦点，不断予以刺激。最终在迎来空间转换的时候，产生巨大的空间对比，对游客们完成了一次心灵上的震撼。

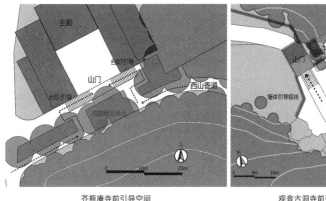

芥瓶庵寺前引导空间　　　　　　　　　观音古洞寺前引导空间

图6-49　台阶与平台在引导空间中的应用
（图片来源：作者自绘）

　　从这一角度上看，法雨寺与慧济寺因售票管理的原因，对寺前空间的改造均不成功。前者为了集散购票旅客，在整个寺前引导空间的中段——天后阁前开辟了一处开阔的集散空间，破坏了前序使用引导墙进行的空间限制，使游客心中的情感积蓄在此散掉了。后者也是同样在寺前引导空间中段设置了一处较大的建筑进行售票，也使得游客通过多次转向和下台阶而产生的兴奋情绪到此被终止，只能在购票后重新积累。与之产生对比的是紫竹禅林的引导空间改造。紫竹禅林的售票亭位于寺前引导空间的起点，保持了由引导墙与围墙所形成的狭长的甬道。在通过甬道进入紫竹禅林前的平台时，海天视线极为辽阔，与前序甬道的逼仄产生了鲜明的对比。由此可以发现，若需要对寺庵进行封闭管理，则最好选在寺前引导空间的起点处，这样才能保持原有的引导效果不会被破坏。

（三）整体佛教文化氛围的营造

　　前两条因素为点因素与线性因素，而环境氛围的营造可以被看作是通过对整体空间氛围的把握来进行空间的引导。寺庵在对其周围自然环境进行园林化改造的同时，也营造了有别于纯粹自然山林的佛教文化环境氛围。通过选择具有象征意义的植物、规则的栽植方式等环境营造手段，可以产生佛国净土的意境，使游人自然而然地心生向往之情。同时，游人可以通过连续感受佛教文化，不断正向积累加深对佛教的认识和情绪，在最终到达寺庵时得以释放。

　　这种整体氛围的营造使得香客时刻沉浸在佛教文化的感受之中，即便景物是断续的，但情感仍是连续的，甚至是叠加累积的。这也需要营造出在选择引导空间中的刺激元素与线性空间的界面上均时刻呼应统一的内容。因此，普陀山中引导空间除了刺激元素外，地面铺装与挡墙界面也呼应佛教文化，呈现出质朴佛山的整体氛围。如香云路具有佛教元素的扶手、妙庄严路地面的莲花雕刻以及穿梭在道路两侧的黄色引导墙和毛石挡墙等（图6-50），均烘托出了普陀山浓郁的整体佛教氛围。

香云路栏杆　　　　　　　妙庄严香道地雕　　　　　洛迦山香道连续黄色引导墙

图6-50　香云路栏杆、妙庄严香道地雕与洛迦山香道连续黄色的引导墙都具有浓郁的佛教文化氛围
（图片来源：作者自摄）

第四节　寺庵环境空间

一、寺庵外园林化的空间

佛教名山除了具有宗教功能，还是古时候普通百姓郊游、娱乐的重要场所。普通百姓无法享受皇家园林、私家园林所带来的精神愉悦，寺庵景观及宗教名山就成为普通百姓欣赏自然、游览休闲的重要选择。因此城市中的寺观会精心设计营造其内部的环境空间甚至另立附园以吸引普通游人，山林寺观则主要通过对寺观所在自然环境的园林化打造，将整座佛山营建成为一座风景优美、充满佛教意境的人间圣境。普陀山寺庵也精心营造其寺外自然环境，在自然本底的基础上，通过人工干预与改造，形成具有特色的半自然环境，使其具有生产功能、景观功能和休闲功能。寺庵外部的园林空间包括附属于寺庵的生产空间、景观空间及自然形胜。

（一）生产空间

普陀山中的寺庵所信奉均为佛教禅宗。禅宗的《百丈清规》之中对于僧人日常的劳作生产作出严格的规定。同时禅宗的修行方式讲究在平日普通的生活劳作过程中修行，从平凡中体味佛法的本源，进而顿悟。因此寺庵中的僧人多会在山中从事劳动。元代名僧一山一宁的"苗稼自然混不犯，牧来放去却由人"表现了山中劳作放牛的情形。在寺庵附近开辟生产田地成为较多的选择。通过文献的研究和现场调研，普陀山的生产空间主要分为依傍寺庵的小块菜地和临近寺庵的山中或滩涂之中的大片农田。

寺庵周围所形成的菜地多为种植蔬菜以满足僧人和香客们的日常生活，"胡麻遍地供客饭"。这类菜地通常规模小，种植作物种类丰富。今天在香林庵、西方庵等庵院的旁边仍存在着这类小型的菜地（图6-51）。

而山中或滩涂中的大片农田则以大面积种植茶叶和谷物为主（图6-52）。

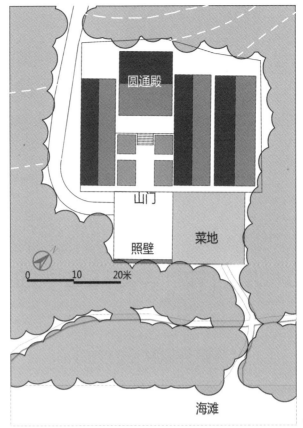

图6-51 香林庵与生产空
间关系
(图片来源：作者自绘)

图6-52 普陀山寺庵园林中的生产空间

普陀山十二景中的"茶山雾霭"就是反映普陀山茶叶种植的情景。从民国时期的测绘图可以看到，普陀山的大片农田主要集中于海湾内的平坦地带，山寺周围也分布小块田地。整体自然植被已经比较稀少，自然林地大量被农田所侵蚀（图6-52）。可见数百年里，僧人、佃户不断的农田开垦活动对普陀山的自然环境造成了一定的影响。1949年后普陀山大量山地、滩涂被开辟成为农田和养殖场，更对环境造成了严重的影响。改革开放后，政府实施退耕还林政策，对山体进行了育林造林，才使普陀山恢复到今天的自然状态。因此今天山中大面积的农田已经不复存在，仅剩下山中云雾茶的栽植和生产区域。

（二）景观空间

除了开辟生产空间，对寺庵周围的自然环境进行景观化的改造则更为重要。环境清幽自然、风景怡人的景观，不仅能够渲染出寺庵佛教文化意境，同时也能够为香客和游人提供休闲娱乐的场所。历代普陀山的游记中大多都对普陀山自然景观环境进行了描写和赞颂。僧人们主要采用的改造自然的方法包括对自然空间的重塑和自然植物群落的改造。

1. 自然空间的重塑

中国人对于自然风景的传统审美被冯纪忠先生用柳宗元的诗句"旷如也，奥如也，如斯而已。"概括为"旷"与"奥"二字。"旷"代表空间开放的景观，追求整体美；而"奥"代表封闭性的幽深景观，着眼于细节。因而坐落于山林中的寺庵希望可以通过周围空间环境的营造，使寺庵周围的自然景观更加幽深，也就是突出"奥"的特点；而坐落于海边孤绝之处的寺庵则希望通过对周围环境的组织突出广阔的海景空间，形成"旷"的景观感受。

坐落于山林中的寺庵通过对寺庵周围地形的重塑，使寺庵与周围环境产生一定的高差变化，并利用植物进行空间的组织和屏蔽，形成寺庵掩映在山林中的效果，增加了寺庵周围环境的层次感。有些寺庵会在建筑外开辟出一处林下空间，放置一些石桌石凳，形成一个小型的休闲空间，可以作为游客歇脚休闲、与僧人交谈对话的空间。寺庵还会开发周围具有观赏价值的观景点，设置观景平台，方便游人欣赏附近的美景。这些有意识进行的园林营建活动都增加了寺庵周围环境的可游性，使得香客或游客进入寺庵的路径变得曲折，丰富了游线，为寺庵营造了"奥而不邃"的外部环境（图6-53）。

而建在海边的寺庵则尽可能保持建筑外部环境干净、开阔。周围不设置遮挡视线的人工或自然景物，使游人可以尽可能感受大海的广阔，欣赏洛迦山岛的奇特形状，同时也会在寺庵周围选择不同高度、不同角度的位

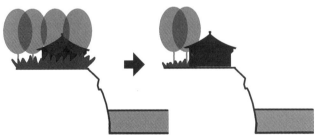

海边寺庵会通过减少寺庵附近的植物来营造开阔疏朗的空间效果

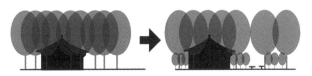

图6-53 自然空间的重塑模式图
（图片来源：作者自绘）

山中的庵院整理建筑附近植物群落的层次，并留出适当的林下活动或集散空间，营造幽深又不密闭的空间感受

置设置观景点或停留点，使游客可以从不同的角度欣赏寺庵与广阔天地融为一个整体，利用寺庵建筑优美的形体、丰富的装饰与纯净、开阔的天空和大海形成对比，在"旷"景之中蕴含一种细节之美，使整个环境"旷而不敞"（图6-53）。而广阔空间中孤立的佛寺可以使人心中产生一种强烈的对比，生出一种悲壮、孤独的情感，象征着僧人追求佛法之路上的艰辛与痛苦，也代表着与伟大的佛相比人的浅薄与渺小。

而在普陀山特有的街巷式寺庵组团中，组团中心的小型寺庵由于位置受限，没有充足的外部环境可以营造，但是他们凭借普济禅寺寺前所营造的公共空间，将其当作自己的外部环境。而位于组团边缘的寺庵，一面凭借着整个组团所形成的幽深街巷空间，另一面通过改造山林环境来打造自身良好的外部环境。

2. 自然植物群落的改造

普陀山自古以来就有对自然植物群落进行改造的记录，如元代盛熙明就曾记载山中各色花卉"碧玉镜开金菡萏，珊瑚树宿白频迦"和普陀山十二景中诗中的"梅湾春晓""梅老丹成几百秋，湾头仙种为谁留。"其中所提到的"菡萏""珊瑚树"和"老梅"都是极具景观价值的植物。可见从普陀山开山之初，人们便注重栽植具有景观欣赏价值的树种来对自然群落进行改造。

"民生事陇亩，老我赋归来。爱此一片石，多种几树梅。石可和云坐，梅能傲雪开。地宽宜补竹，径僻易成苔。竖劲孰可拟，一日几徘徊。"僧人释通旭的这首诗生动描绘了对自然环境改造的过程。在石边栽种梅花，紧接着搭配竹子，小径由于地偏长满苔藓，通过人工与自然的两重作用，形成了一处可以坐观云，一日数次来徘徊欣赏的园林化环境。民国张汝钊的"石上何所有？苍松翠柏云烟厚；林中何所有？古寺宝刹映垂柳。匝地灵芝细草香，漫天飞絮藤萝长。胡麻满地供客饭，千树贝叶多琼浆。"诗句十分直观地表现了寺庵在苍松翠柏的自然山林之中修建寺院，并在本地自然植被之中栽植了柳树这类观赏价值高的植物材料。在满地荒草的山中，栽种灵芝、胡麻这类功能性植物以满足生活所需。世俗化的禅宗与儒家在互相影响互相融合的过程中，使僧人们对自然的审美与普通文人士大夫们无异。因此他们更能欣赏具有文化意境、观赏价值高的园林化的自然环境。因此，僧人们逐渐对寺庵周围的植物群落进行改造，以契合他们对待自然的日常审美需求。

自然形成的植物群落虽然茂盛，但是略显杂乱无章，不可近观，且无诗意。因此，僧人"斩荆诛棘"去掉杂乱无章的林木，补植或替换为景观性、宗教性、文化性的植物材料，使其与寺庵的整体氛围相契合，达到"殿宇靓雅，林木扶疏"的景致，如在隐秀庵周围的树林中散布了许多象征往生、轮回的石蒜，开花时既具有观赏性，又具有佛教的寓意。

除此之外，僧人会在山中培育林木，保护寺庙的同时，也是一种保护山中自然环境的行为，如清时普济寺规中规定："凡本寺前后左右山场，不但不可侵渔，且风水攸关，竹木务悠久培荫。斫石取泥，俱所当慎。违者罚摈。"

二、赋予人文意蕴的自然与形胜

（一）普陀山自然形胜的内容

从普陀山开山之初，人们便被普陀山中优美奇异的自然景观所吸引，并认为这样繁花似锦、嘉树成荫的宝地定然是观音大士的道场胜迹。人们不断开辟出众多风景形胜供后人欣赏，并利用人工技术对其进行加工改造，使其成为烘托整座岛屿佛教人文环境的重要组成部分。普陀山中的自然形胜主要分为以下内容：奇峰异石、泉水溪流、气象景观、海洋、植物景观（表6-3）。对其欣赏的内容主要分为两类，一类是欣赏奇特或优美的自然景观本身，如磐陀石、海上日出等；另一类是因为出现了神迹而作为一种显灵物被欣赏，其本身是否具有自然美感则是其次，如观音跳、观音泉、潮音洞等，但不论第一类还是第二类都被人为赋予了文化内涵（表6-4）。

第一类自然形胜无论是造型奇特的山石还是壮观的海上日出，本身就具有极高的景观欣赏价值。普陀山历代的营建者、僧人、香客在欣赏这一类自然形胜时，通过自己的联想，将其比拟成事物或与佛教经文、教义相附会，使其具有一定的文化上的意义。同时通过摩崖石刻和创作文学作品的方式来赞颂大自然的美景，抒发自己对于佛教内涵的理解或是自己的处事感想。

表6-3　普陀山风景形胜内容分类表

大类型	小类型	形胜
地质类	山峰	双峰山、佛顶山、雪浪山、锦屏山、莲台山、茶山、伏龙山、天竺山、梵山、南山、观音跳山、毛跳山、六峤山、长短山、喇叭嘴山、光熙峰、踞狮峰、圆应峰、翔凤峰、象王峰、烟墩峰、炼丹峰、妙应峰、观音峰、灵鹫峰、达摩峰、塔子峰、弥陀峰、梅岑峰、正趣峰、雨华峰、会仙峰、金刚峰、几宝岭、白华岭、旃檀岭、圆通岭、欢喜岭、葡萄岭、青鼓岭、啸天狮子岭、朝阳岭、东屏岭、孝顺岭、香云岭
	奇石	八仙岩、东方岩、西方岩、玲珑岩、石浪岩、圆通岩、狮子岩、虎岩、象岩、兔岩、龙岩、鹰岩、狮象岩、佛手岩、文殊岩、磐陀石、说法台石、五十三参石、二龟听法石、柱空石、八卦石、云浮石、巫山石、不二石、一叶扁舟石、仙掌石、佛牙石、鹦哥石、水墨石、马鞍石、天篦石、点头石、无畏石、蛤蟆石、香炉石、真歇石、灵芝石、慈云石、叠字石、鼓石、紫竹石、紫云屏石、白马石、蟠桃石、狮子石、东天门、南天门、西天门
	洞穴	潮音洞、善财龙女洞、法华洞、朝阳洞、摩尼洞、白云洞、金刚洞、宝塔洞、观音洞、莲台洞、梵音洞、洛迦洞、平天洞、弥勒洞、小山洞、水晶宫
海洋岛屿类	沙滩	金沙、千步沙、塔前沙、龙沙
	海上岛礁	善财礁、新罗礁、洛迦灯火、短姑圣迹、塘头山、采花山、金盂山、香炉花瓶山、朱家尖山、顺母涂山、桃花山、豁沙山、葫芦山、石牛山、箭港山、小山
	海洋	莲洋午渡、东大洋、王大洋、杨屿门、沈家门
	海上奇观	海火、古洞潮音、钵盂鸿灏、两洞潮音、佛选名山
天气气象		海市蜃楼、茶山雾霭、磐陀晓日、香炉翠霭、静室茶烟、朝阳涌日、华顶云涛、光照雪霁、磐陀夕照
植物景观		梅湾春晓
泉水溪流	溪流	东涧、青玉涧、澄灵涧、雪浪涧
	泉水	龙泉、菩萨泉、真歇泉、三昧泉、活眼泉、八功德泉、涤心泉、灵一泉、功德泉、梅岭倦井、莲池夜月
	潭水	龟潭寒碧、龙潭

资料来源：作者根据历代山志整理。

表6-4　普陀山风景形胜主题人文内涵

主题		风景形胜
拟态	现实事物	鹰石、象石、水牛石、磐陀石、灵芝石、兔岩、香炉石、蛤蟆石
	佛教故事	二龟听法石、五十三参石、佛牙石、紫竹石、说法台石、观音跳、洛迦山卧佛、洗脚盆石、文殊岩
佛法及显圣		两洞潮音、莲洋午渡、善财礁、善财龙女洞、海火、观音洞、法华洞、莲台洞、水晶宫、锦屏山、欢喜岭、八功德泉
神异传说		刀劈石、东天门、南天门、西天门、蟠桃石、八仙岩、朝阙玉柱石
历史文化典故		洛迦灯火、仙人井、葛洪井、真歇泉、真歇泉、新罗礁
神奇功效		光明池、活眼泉
喻人品行		师石、涤心泉
赞颂风景		海天佛国石、云扶石、听潮石

资料来源：作者根据历代山志整理。

　　而第二类自然形胜被人们传颂的并不是其景观价值，而是其曾经出现过显圣的记载，被当作显圣物来进行朝拜。这类自然形胜若本身的景观价值高，如潮音洞、梵音洞壮观的海浪景象，则无形中会增加人们对神迹的认同。若其景观较为普通，如古佛洞、仙人井等，则需要人工营建增加其可观赏的价值，并对其显圣内容进行烘托。

（二）营建方法

　　对于第一类的风景形胜，人工干预相对较少，主要是对观景点的选择营造和对人文内涵的营造，例如磐陀石是普陀山最早出现的自然形胜之一，其巨大的体量和与地面狭窄的衔接所形成的巨大反差使游人感到神奇。而磐陀石因所在地势较高，自古以来也是一处观赏日出日落的圣地。磐陀石附近的灵石禅院开辟出一块十分宽阔的空间来方便游人从多个角度观赏磐陀石，使游人可以发现磐陀石不对称的造型和其下方巨石狭窄的接触支撑所形成的"奇险"的效果。古时磐陀石是观赏日出的圣地，并形成了普陀十二景之一的"磐陀晓日"，然而清代由于朝阳洞的发现，将普陀十二景中有关磐陀石的内容更名为"磐陀夕照"，使其成为观赏落日的场所。而这种转换仅需要将磐陀石周围的视线方向重新组织，将原有东向的视线用植物遮挡住，而留出西向的视廊就可以由观赏朝阳改变为观赏夕阳。由此可以看出，此类自然形胜由于并没有十分浓重的佛教灵异色彩，因此经常会因为欣赏者的变化而产生内容变化，或甚至因为路远难至，游人稀少后便找寻不到踪迹，在后世不再被人所提起。

　　对于第二类风景形胜，主要是通过人工手段来创造游赏的路径和加强显圣物的神圣之感，例如在潮音洞上修建观音桥，成为观赏潮音洞壮观海浪翻滚的最佳观景点；在仙人井外修建一处幽静的小院，并通过旋转曲折的台阶将游人引入仙人井所在的洞中。都是通过对观赏路径的设置来创造最佳的观赏效果。其次是通过碑文题刻等人工装饰和观赏位置的选择来增强其神圣之感；例如在前往朝阳洞的路边岩石上雕刻佛教词语，并洞侧供奉观音塑像。洞口开向广阔的海面，游人背对东方观赏朝阳洞。当朝阳升起之时，阳光射入黑暗的洞中，形成极具迷幻感受的光影，暗示了佛光普照大地的神圣效果（图6-54）。人工手段与自力力量共同作用，营造出了具有神圣效果的自然形胜，更有甚者将自然形胜纳入寺庵建筑空间之中，通过自然形胜来彰显寺庵的神圣，而寺庵的存在又进而验证了自然形胜的神迹。人工对自然形胜干预的程度与形胜的自身本底条件相关（图6-55）。

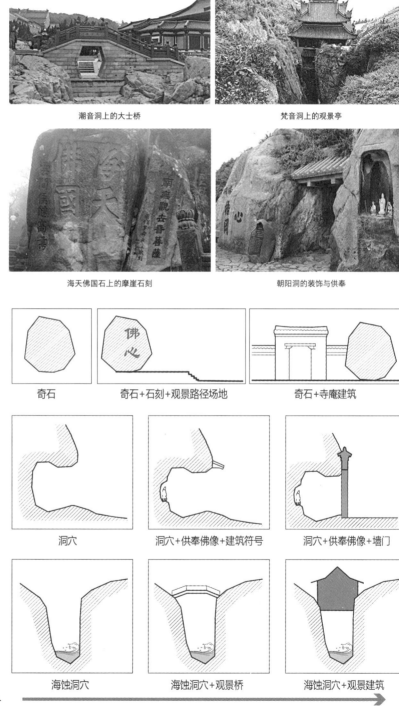

潮音洞上的大士桥　　　　　　　　梵音洞上的观景亭

图6-54　人工对自然形胜的改造
（图片来源：作者自摄）

海天佛国石上的摩崖石刻　　　　　朝阳洞的装饰与供奉

奇石　　　　奇石+石刻+观景路径场地　　　　奇石+寺庵建筑

洞穴　　　　洞穴+供奉佛像+建筑符号　　　　洞穴+供奉佛像+墙门

海蚀洞穴　　　　海蚀洞穴+观景桥　　　　海蚀洞穴+观景建筑

图6-55　自然形胜人工营造方法
（图片来源：作者自绘）

自然　　　　　　　　　　　　　　　　　　　　　　人工

景致较差、神圣度较差或缺乏观赏角度的自然形胜需要更多的人工营造对其进行改造；而景致壮丽、本底便具有一定的神圣性、具有较好的观赏角度的形胜则仅需要较少的人工营造介入便可以形成兼具景色与文化的风景形胜。

第五节　典型寺庵景观类型析要

一、大寺——法雨禅寺

法雨禅寺为全山第二大寺院，建筑也多次毁坏重建。今天所见的法雨寺主体建筑是在清代康熙年间重建、光绪年间修缮后形成的。民国及1949年后在两侧扩建了生活空间，进而形成今天的格局（图6-56）。

法雨禅寺整体平面布局也采用院落式的布局方式，中间形成一条主要的轴线，布置有全寺最重要的宗教建筑。轴线的左右两侧分布着生活功能性建筑。与普济寺不同的是，法雨寺的入口山门并没有坐落在中轴线上，而是作为天后阁位于建筑群的东南角。游人进入法雨禅寺时需要先通过天后阁再转向进入天王殿前的院落。入口处理十分特别。同时，天后阁是东南沿海地区人民供奉海神妈祖的庙宇，建于佛寺之内，并作为山门出现，唯法雨寺一例。由此可见海洋文化对法雨禅寺所造成的影响。天后阁为重檐歇山，建筑厚重，穿过海会桥与长长的引导墙便来到天后阁前。天后阁与周围的引导墙形成了一处相对闭合的空间，与种植一起挡住了看向大寺内部的视线，既起到了很好的提示引导作用，同时也给香客留下悬念。

进入天后阁后向西便进入了前庭。由于法雨寺依山而建，地形高差较大，因此中轴线在不同高程上分隔出了六层院落。中轴线的最南端为一处九龙照壁。民国时期此照壁为二龙戏珠与六字大明咒。二龙戏珠雕刻中外环装饰将寓意"福"的蝙蝠替换成代表海洋文化的海鸟，但造型中仍可以看出蝙蝠的样子。可见法雨寺受到海洋文化影响。但此照壁被毁，而如今重建的九龙照壁则气势有余，而内秀不足。照壁连同院墙形成了一处开敞的前庭，为第一层院落。前庭中原有石坊起到空间的分隔，然而今日石坊不存，使得整个前庭空间略显空旷。好在院中数棵古树枝繁叶茂，为平衡前庭的空间尺度，起到了重要的作用。

前庭过后为天王殿—玉佛殿—圆通殿—御碑殿—大雄宝殿—方丈院一系列宗教建筑序列。由于受到地形限制，建筑布局十分紧凑，在全长220米的中轴线上，布置了6座主要的单体建筑，合理分布建筑与院落空间，使整条中轴线形成层层递进、挺拔向上的层次感。

中轴线上最宏伟的建筑依然是供奉观音菩萨的圆通殿，位于轴线中心的第四层院落之上，这呼应了普陀山观音道场的主题。圆通殿为重檐歇山

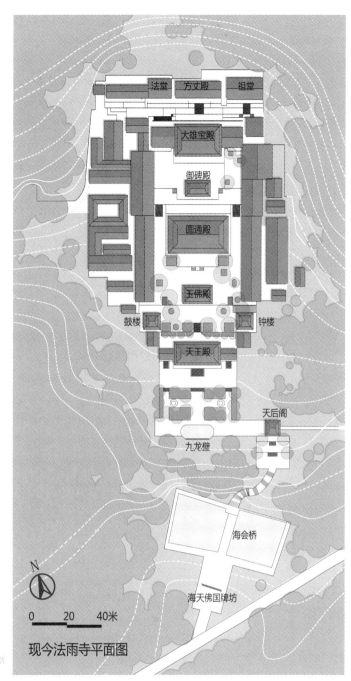

图6-56 现今法雨寺平面图
（图片来源：根据赵振武、丁承朴《普陀山古建筑》改绘）

现今法雨寺平面图

顶，建筑将北方清代官式建筑的做法与南方建筑装饰结合在一起，体现了皇室敕建的痕迹，形成了一座庄严、稳固的中心建筑。圆通殿中的九龙藻井也呼应着它作为全寺最重要佛殿的地位（图6-57）。

供奉释迦牟尼佛的大雄宝殿位于圆通殿之后，建筑体量较圆通殿稍小，为全寺第二大体量建筑。圆通殿前后设置玉佛殿和御碑殿两座小型的佛殿建筑，建筑大小穿插，使整条轴线十分丰富。与圆通殿不同，这些佛

图6-57 具有北方官式风格的法雨寺圆通殿
（图片来源：作者自摄）

图6-58 江南风格的大雄宝殿
（图片来源：孙松林摄）

殿的建筑风格均为江南传统建筑风格，并没有使用清代官式的建筑风格与建造方法（图6-58）。

　　为了缓解山地建筑群中轴线上的院落进深局促的问题，法雨寺在布局建筑与台地时，以保证建筑的前方空间为主，后方空间通常留的较为局促。并通过向建筑两侧分流来组织交通，避免游人直接穿越中轴线。法雨禅寺宗教空间的游线多从佛殿的两侧解决，除天王殿之外，其他殿宇均不开后门。香客进殿朝拜后需从正门出殿，从佛殿两侧绕行（图6-59）。这种做法延长了游人感受空间的时间，避免从局促的建筑后方仰视中轴线空间，而使感受更为局促。同时，从佛殿两侧绕行，拉长了观看佛殿的视距，使得佛殿宏伟而不逼仄（图6-60）。而佛殿正面的充足空间使得游人

图6-59　从圆通殿后狭窄的空间
仰望御碑殿
（图片来源：作者自摄）

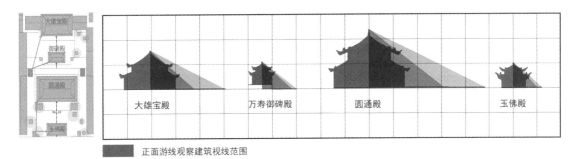

大雄宝殿　　　万寿御碑殿　　　圆通殿　　　玉佛殿

正面游线观察建筑视线范围

两侧游线观察建筑视线范围

图6-60　设置两侧游线后观察建筑的视线与中央游线的对比图
（图片来源：作者自绘）

也可以观赏到大殿气势宏伟的全貌。同时合理的 D/H 比使香客既能够感受
到大寺所展现的雄伟与磅礴，又不会感受到空旷，体现了皇室气度和神佛
的神圣力量，同时建筑与山林融为一体，形成一座质朴亲切的山寺。

　　中轴线的末端是方丈院，建造于高台之上。20世纪90年代时方丈院
并没有依例出现在中轴线的近端，而是位于中轴末端藏经阁左侧的朵殿。
但今天法雨寺许多佛殿均调整了功能，御碑殿后成为方丈院。方丈院台阶
陡峭，建筑无论体量与规制都无法与宗教建筑相比，但空间仍比两侧的
宗教院落宽裕。虽然法雨寺宗教院落的尺度较大，但是生活院落却采用典
型的江南地区的天井式院落布局，单层与楼房相结合，院内侧设庑廊，上
建骑楼，为江南民居中常见的一种建筑形式。同时，在空间布局上，生活
院落为保证宗教院落的完整，在东西向顺应山势，院落布局较为灵活。并
将一半以上的高差设置在方丈院与大雄宝殿之间的空间中解决，一方面分
割了公共空间与僧人休息的私密空间，另一方面尽量减少宗教院落的高差
起伏，保证整个宗教院落的和谐完整。虽然从法雨寺内部感觉十分宏伟庄

图6-61　掩映在参天古树之中的法雨寺
（图片来源：作者自摄）

严，但是从其外部观看却依旧与山中环境相融合。一座庞大的寺院隐藏在了山林的苍翠之中（图6-61）。

法雨寺院落内的园林景观较为简洁，主要满足香客的朝拜。20世纪90年代时绿地为集中式规则布置，但由于参观香客日益增多，今天绿地缩减，主要保留宗教院中的古树，并结合古树设置座椅，方便香客休息。生活院落布置更为简单，以摆放盆栽为主。方丈院内新栽有玉兰等观赏花木，环境较为优雅。

整座法雨寺在江南建筑风格的基础上结合了北方官式建筑风格，并合理利用台地解决高差，通过合理的建筑空间布局，形成了一组富于节奏韵律感的宏伟佛教建筑群，处处彰显着皇室的宏伟和神佛庄严肃穆的氛围，使香客产生顶礼膜拜之感。同时，通过入口空间偏折的交通，又在壮观与庄严之上增加了山寺建筑特有的幽深与质朴，与环境融为一体，是一组十分优秀的寺院建筑群。

二、庵院——洪筏禅院

洪筏禅院（也作"洪筏房""洪筏堂"）位于灵鹫峰山麓，法华洞下，横街西侧，是普济禅寺组团中的一座供僧人修行的中型庵院，其位于组团与山体交接的部分，是街巷空间与自然山地之间的过渡地带。洪筏禅院建于明万历年间，最初为普济寺中东寮的一部分，后独立出来形成庵院。民国后几经发展变迁，今天虽然建筑格局被保留下来，但是建筑群已不再作为宗教建筑使用，而是改建成为一座宾馆。改建后，原有洪筏禅院的建筑及部分墙体被保留，但通过加建等方式改变了原有的格局。通过研究，仍能感受到原有寺庵的空间营造与艺术魅力。

改造为宾馆前的洪筏禅院建筑以佛殿为中心天井式布局，向着中轴线的纵深方向和两翼方向发展（图6-62）。建筑群位于山脚下，具有一定的高差起伏变化，因此建筑群顺应山地的形态，轴线朝向并没有顺应普济禅寺组团中其他建筑的偏南朝向，而是朝向东南方向，面朝广阔的大海。低调的山门上精美的雕刻与文字仍展示着寺庵曾经的风貌（图6-63）。山门

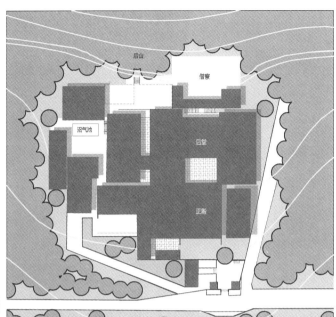

图6-62 20世纪90年代洪筏禅院平面图
（图片来源：根据赵振武、丁承朴《普陀山古建筑》改绘）

图6-63 洪筏禅院低调古朴的山门
（图片来源：作者自摄）

并不在中轴线上，而是向东转折，经由小型过两个渡院落后才能到达中轴线院落。中轴线上是两进的宗教院落，为"前殿后堂"的格局，不设天王殿。这些过渡性院落虽然目前被占用作杂院，但依然呈现出原有的幽深婉转的空间意趣。从山门经历两层小型院落之后进入正殿与围墙围合成第一进院落。第一进院落左侧又延伸出一个小型边角院落，通向两侧的生活建筑院落（图6-64）。正殿后设廊，与二层的法堂和两侧的香技厨、客寮围合形成了第二进院落，组成了洪筏禅院的宗教院落部分（图6-65）。由于洪筏禅院的规模较小，因此仅有一座主要的佛殿，中轴线上的第二座宗教建筑已经与两侧的功能性建筑融合，体现了普陀山中小型寺庵建筑布局的灵活性。后人通过改建，又在中轴线后依山势加建了一座五间的吊脚楼，具体建造时间不详。中轴线右侧为生活院落，楼房依山势围合成了数个小型三合院或四合院，布局既灵活又统一在整个建筑群的轴线之内（图6-66）。院落后门与普济禅寺组团中形成的狭窄街巷相连接。由于地形所限，建筑与周围环境围合成了多个小型的院落和许多边角空间，营造了许多园林化的院落空间。这个建筑布局顺应地形，紧凑合理，不显逼仄。建筑群与院外的自然环境融为一体，形成了一座雅致、幽静的山林寺庵。

图6-64　被占用的洪筏禅院过渡院落与第一进院落
（图片来源：孙松林摄）

图6-65　洪筏禅院中仍保留下来的宗教院落空间
（图片来源：孙松林摄）

图6-66 洪筏禅院紧凑的生活空间
（图片来源：作者自摄）

图6-67 从法雨路和直街通往洪筏禅院的引导空间
（图片来源：作者自摄）

成为普陀山中以禅修为主要目的的清雅禅院的代表。庭院布置简单，在西侧生活院落中有一处沼气池，在其周围种植花木，营造了一处小型花园。

洪筏禅院没有位于主要香道旁，而是位于相对幽静的山林中，通过一条长长的巷道与直街横街相连，通过道路铺装的变化和门洞的设置将游人引导进入寺庵之中。长长的引导空间使得整座寺庵犹如藏匿于深山，颇具幽深寂静之感（图6-67）。寺庵虽属于人工程度很高的普济禅寺组团，但是通过狭长引导空间的处理，结合山林中丰富的植被，减弱了寺庵的人工化感觉，成功将自身建筑融入进山林自然之中，使游人很难将其与人工程度很高的普济禅寺建筑组团联系到一起。这样既拥有了组团内便利的地理优势，又营造出了山林古寺的幽静之感。

今天的洪筏禅院虽然被其他功能利用，但仍然展现着普陀山中小型寺庵建筑布局、景观空间营造与自然融合方面的诸多特点，是古朴自然的中型庵院代表。但其原有精彩的空间布局被改建加建、弃之他用，仍让人感到十分痛惜。山中多座中小型寺庵已逐步开始了复建工作，希望洪筏禅院有朝一日也能恢复其原有的风貌。

三、茅蓬——大观蓬

大观蓬是普陀山中复建的小型茅蓬之一，位于南天门，一座与主岛分离的岛礁之上。通过环龙桥与主岛相连。始建于清康熙年间，民国时倒塌。于1985年复建。寺庵建筑主体位于濒海的岩石之上，造型朴素。但通过其周围墙、桥、摩崖石刻等景观的塑造，将其与大海紧密结合在一起，使得前来探访的香客感受到大海的苍茫与宗教的神圣感。

整座茅蓬主体建筑仍为院落式布局，与山门和后方山体形成院落。建筑为一层，共12间，一座正殿一座西厢房。建筑依山势朝向东南方向，面朝大海。山门与正殿轴线错位，避免海风直冲佛殿（图6-68）。院落利用

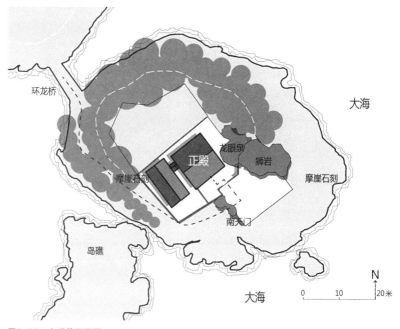

图6-68 大观蓬平面图
（图片来源：作者自绘）

大观蓬西侧墙体　　　　　　　　大观蓬西侧入口

大观蓬正入口　　　　　　　　大观蓬庭院

图6-69 大观蓬人工建筑与周围自然环境的融合
（图片来源：孙松林与作者摄）

狮子岩和龙眼泉两处自然形胜围合空间，使墙体与自然山石自然衔接。同时利用南天门充当了进入寺庵前院的院门，将自然形胜与寺庵的建筑结合在一起，好似建筑是从自然之中生长出来的一样（图6-69）。大观蓬的院落人工设计的空间十分简洁、不着笔墨，而是采用人工建筑与自然形胜的融

图6-70　曲折的引导香道两侧是无垠的大海
（图片来源：作者自摄）

合体现宗教氛围。在宏大的海洋面前，人工修建的园林无论多么精巧都会黯然失色。因此大观蓬选择弱化人为设计，而突出其所在的自然景色。通过位于礁石上的大观蓬黄色的墙体也为苍茫的海岸增添了一处视觉焦点，丰富了沿海景观的风景内容。

幽静的引导香道从建筑侧面经过，穿过南天门，面向广阔的大海（图6-70），进而再看到寺庵的山门。将广阔的天空与大海和渺小的寺庵建筑形成对比，凸显了自然的广阔，暗示着人类的渺小和对无边佛法的追求。艰苦的修行环境也表现了僧人为求佛法而苦修磨砺的精神至上的信念。

第六节　寺庵景观的艺术特征

一、建筑空间与引导空间的结合

通过前文的分析，我们可以发现，普陀山寺庵十分注重利用建筑内外的空间对游客进行引导。大多寺庵具有或简单或复杂的引导空间，同时在建筑空间内许多寺庵会利用地形有意设置寺内的引导路径，而刻意丰富游人到达主要建筑前的游览时间和距离，以增强对其的心理引导作用。

为了使游客能够产生这种被引导进入净土的氛围，许多寺庵刻意模糊了寺庵的建筑空间与引导空间的界限。将偏斜的山门与主要佛殿之间的距离拉远，并保持寺内引导路径周围的自然属性，使得游客没有产生由山门外到山门内的心理突变。同时寺内引导路径通常会掠过寺庵建筑的一侧，使得游人可以从外部观赏到寺庵建筑的形态，例如双泉庵、观音古洞和紫竹林都是使用这种手法的经典之作。

普陀山中的寺庵由于主要功能为僧众的居住禅修，且建筑布局小巧朴素、大多借鉴了江南民居的布局方式，因此并不像其他佛教名山中的山寺那样，具有丰富多变的平面布局或复杂的院落空间。除普济寺组团外，寺庵之间的距离较远。若都采用十分直白的引导方式或不加以引导，则难免会有一种简陋单调之感，使得游客难以体会到寺庵所希望营造的佛国清境的环境氛围。而这种复杂的引导方式则大大增加了游客的游览体验，使得原本内容十分单一、规模较小的普陀山庵院，通过曲折多变的引导空间变得丰富起来，同时也创造了一种"深山藏古寺"的隐逸之感，与全山的整体氛围十分契合。

二、模糊的建筑空间

普陀山寺庵景观中建筑单体的内部空间不发达，它产生的美主要存在于室内外空间的变化之中。建筑围合的院落空间，就单体建筑而言，它是外部空间，但就围墙所封闭的整个建筑群而言，它又是内部空间，因而呈现出一种亦外亦内的模糊感。而且，即使在水平方向，它也随时可以通过空廊、门窗渗透到其他内外空间中去。而这种模糊感在普陀山寺庵建筑园林化的过程中被利用加强，形成了人工与自然融合的体验感受。

首先，由于普陀山中地形复杂，可以利用的空间有限。各个寺庵都充分利用建筑围合形成的院落空间，因此这些院落空间大多没有进行过多的设计，主要以保持院落的开敞和承担功能为主。而利用四周较高的建筑将外界的视觉要素几乎全部屏蔽，使得游客在院落中大多只能看见空寂的蓝天。这种做法将建筑空间独立于自然之外，形成了内向的独立的禅修空间，犹如与世隔绝的清净之地。游客从纷扰的自然中进入寺庵，便脱离红尘，步入了净土。

然而寺庵的建筑空间并没有真的完全屏蔽外界的一切感官，而是采用了一种模糊的手法，将利于展现宗教神圣和佛教修行有利的自然因素从环境空间中纳入了建筑空间之中，模糊了两者之间的边界和界线。

模糊边界所采用最为常用的方法便是听觉的渗透，如很多寺庵选址建造在大海周围。虽然高高的院墙屏蔽了大海的视觉形象，但是海浪发出的阵阵涛声却能够源源不断地传进建筑院落之中。阵阵涛声在空寂的院子中更能够产生一种静谧的氛围，适于僧侣潜心修行，同时也预示着慈航普度的观音的形象。除了涛声之外，鸟鸣、风声、雨声这些自然界产生的听觉要素也都是普陀山寺庵景观着力渲染的内容。

其次便是视觉的渗透方法。寺庵建筑在修建的时候十分注意对周围自然景物的利用，会选择依靠自然形胜或将具有一定视觉冲击力的自然景物纳入建筑空间所能看到的范围，如慧济寺天王殿庭院中能看到具有压迫感的山体和岩壁、观音古洞的主殿庭院正对着凸起的巨大岩石，并人工篆刻"大士重现"。利用环境空间中具有视觉冲击力的元素，提升寺庵建筑院落的神圣性，使人工修建的建筑与自然的景致浑然一体，宛若天成。除此之外，虽然高高的围墙将建筑空间与自然分割开来，但是寺庵的墙上通常会采用漏窗、洞门等刻意为之的元素，将建筑空间与环境空间联系起来。这种做法不但将外界美妙的自然景色纳入园中，也增添了建筑空间的层次性和丰富性。

三、自然空间的看与被看的转换

　　中国传统的风景营造善于转换看与被看的位置关系。在山中的人工营建，一方面是成为功能性的、观赏周围景致的场所；另一方面也能够成为被欣赏的点景，成为融合在自然中的景致。普陀山中正是通过这种看与被看的关系转换，营造出宛若天成、亦仙亦凡的佛国境界。

　　山顶或海边开阔地带的寺庵十分注重建筑的选址与海边峭壁、礁石之间的位置关系，使得寺庵犹如生长在礁石之上，与自然环境协调共生，例如位于山顶的灵石庵，从后山远眺，耸立于山巅，寺下便是悬崖陡壁。而与寺外观看的奇险不同，进入寺庵内部，建筑平整、院落整齐，又完全感受不到外界的危险。这种化神奇为寻常的变化，和游人感受的对比，给信徒以"非神力不能建也"的错觉，进而产生宗教神圣之感。

　　位于山林中的寺庵则利用植物的遮挡与透景线的预留，使得建筑在山林中若隐若现。与在建筑空间内的感觉相反，由于普陀山寺庵建筑空间的体量宜人，且十分注重对于寺庵外环境空间处理，因此使得寺庵建筑能够与周围的环境十分巧妙地融为一体。同时，尽量弱化人工营造对周围山体所产生的影响，减少台地所带来的生硬之感，使游人身处建筑院落之中仍有身处自然山林之感，而在自然山林中又希望进入寺庵院落之中一探究竟。清幽脱俗的氛围也使得寺庵带有了一种天然的神秘感。

　　各种空间穿插与渗透所产生的看与被看的转化，辅助产生了寺庵的宗教神圣感。在创造了美丽风景的同时，也达到了展现佛教信仰、教化信众的目的。

四、海洋文化与传统文化、宗教文化的相互成就

　　普陀山有着与中国其他佛教名山不同的独特地域条件，因此也呈现出了海洋文化与中国传统文化、宗教文化互相融合、相得益彰的完美效果。这一点除了在寺庵建筑的分布上有所体现之外，在建筑个体、寺庵景观和风景形胜的营造方面也十分突出。在寺庵营造传统宗教氛围时，会注重海洋元素的使用。这样既与周围的自然环境互相呼应，同时也加强了观音说法地本身的岛屿属性，加强信徒们的宗教认同感。这些海洋元素的融合并不生硬，例如建筑群朝向上与大海呼应，面向海洋；建筑功能上增加与海洋崇拜相关的内容；在调整装饰纹样中的元素时，用海洋相关元素替换等。普陀山寺庵虽均采用的是院落式的内向封闭布局，但大量寺庵紧邻大海或轴线朝向大海，因此能够感受到海风、海潮、海浪声等海洋自然之力的影响。这些自然的元素也成为普陀山寺庵景观的重要组成部分，共同构建出具有海洋特色的佛教名山。

参考文献

[1] 张十庆. 中国江南禅宗寺院建筑[M]. 武汉：湖北教育出版社，2002.

[2] 赵振武，丁承朴. 普陀山古建筑[M]. 北京：中国建筑工业出版社，1997.

[3] 田永复. 中国古建筑知识手册[M]. 北京：中国建筑工业出版社，2013.

[4] （民国）姚承祖.《营造法原》.

[5] 梁思成，刘敦平. 中国建筑艺术图集[M]. 天津：百花文艺出版社，2007.

[6] 肖遥. 峨眉山风景名胜区寺庵园林理法研究[D]. 北京林业大学，2016.

[7] 克莱尔·库珀·马库斯[美]，卡罗林·弗朗西斯[美]. 人性场所——城市开放空间设计导则[M]. 北京：中国建筑工业出版社，2001.

[8] 郭永久. 园林尺度研究[D]. 北京林业大学，2012.

[9] ［英］罗斯玛丽·亚历山大. 庭院景观设计[M]. 沈阳：辽宁科学技术出版社，2012.

[10] （清）黄应熊. 重修普陀两寺记 [A]（民国）释印光. 普陀洛迦新志·卷五·梵刹门，214-216.

[11] （明）计成. 园冶注释[M]. 北京：中国建筑工业出版社，2009.

[12] （民国）释印光.《普陀洛迦新志·卷五·梵刹门》.

[13] （清）德介、闻嵩泉.《天童寺志 卷二》.

[14] （清）孙治、徐增、戒显.《武林灵隐寺志 卷二》.

[15] 黄琳惠，张建林. 园林植物景观与匾额楹联[J]. 农业科技与信息（现代园林），2010，（02）：15-18.

[16] （民国）二十六宜称斋. 游普陀山记[A] 方长生. 普陀山志[M]上海：上海书店出版社，1995，185-188.

[17] 王连胜. 普陀山大辞典[M]. 合肥：黄山书社，2012.

[18] （清）朱谨. 大悲阁记[A]（民国）释印光. 普陀洛迦山新志 卷五，257-258.

[19] 张玲. 基于知觉现象学的现代公共建筑入口引导空间设计研究[D]. 苏州大学，2016.

[20] 肖瑶. 开启的塞门——照壁[D]. 南京师范大学，2015.

[21] 刘致平. 中国建筑类型及结构[M]. 北京：中国建筑工业出版社，2000.

[22] 金其桢. 论牌坊的源流及社会功能. [C]中华文化论坛，2003，（1）：71-75.

[23] 李雄. 园林植物景观的空间意象与结构解析研究[D]. 北京林业大学，2006.

[24] 诺布旺典. 佛教动植物图文大百科[M]. 北京：紫禁城出版社，2010.

[25] （清）高鹤年. 普陀山[A] 方长生. 普陀山志[M]上海：上海书店出版社，1995，182-185.

[26] （民国）天风. 普陀游记[A] 方长生. 普陀山志[M]上海：上海书店出版社，1995，190-192.

[27] 刘滨谊，张亭. 基于视觉感受的景观空间序列组织[J]. 中国园林，2010，26（11）：31-35.

[28] 冯纪忠. 组景刍议[J]. 中国园林，2010，11：20-24.

[29] （元）盛熙明.《补陀洛迦山传》

[30] （民国）释印光.《普陀洛迦新志·卷八·规制门》

[31] 杜爽. 中国传统建筑装饰[M]. 北京：化学工业出版社，2013.

[32] ［德］恩斯特·柏石曼. 史良，张希旺（译）[M]. 北京：商务印书局，2017.

第 七 章

普陀山人文景观意境
生成与表达

文化与风景营造融合、风景的营造与社会文化功能结合是中国传统造景的重要目的和方法，例如皇家园林的主人希望通过造园展示坐拥天下的无上权力与各民族团结的怀柔政策；私家园林的主人希望通过造园展示自己的艺术修养与高尚情操；书院希望通过营造环境来起到教化民众的作用；而宗教名山则希望通过风景的营造宣传佛教思想、教化信徒。这与西方对自然风景的审美完全不同，是具有独特东方文化特点的自然审美方法。因此，中国的风景营造者们便通过不同的手段去干预与改造自然，使之能够融入其所期待展示的文化内涵，进而形成了具有中国特色的文化"意境"。因此刘家骥先生认为，中国造园理论大成之作《园冶》中讲究"景"都离不开"情"，"情中之景，景中之情"是中国造园艺术哲学的传统思想。

普陀山作为观音道场，主要展示的文化便是以观音文化为主体的佛教文化。普陀山的人文景观便是通过人为改造自然来形成具有传统审美与佛教文化并存的人文意境体系。

第一节　意境的生成

一、意境

近代西方哲学领域兴起了一种"现象学"的思潮，以胡塞尔为代表的哲学家将现象赋予意义与精神意识，并将这股风潮影响到了西方近代的建筑学领域。然而对于一个中国人来说，将日常生活中所接触的现象赋予某一种精神或思想是再平常不过的，无论是先秦《诗经》中的"比兴"，到唐宋诗词中的"托物言志"，再到文人画中的"神似"，都表达了一种类似的概念。与西方传统中对理性思维、物质世界的强烈追求不同，中国的传统思想则更倾向于追求现实世界中的"韵外之致，味外之旨"，并通常认为可以在微小的事物中，通过人为思想的参与，引申推及整个宇宙的道理。而这种将人的精神和意识与现实世界中的实体融合而生成的便是我们经常会提及的意境。

意境是中国传统文化所独有的审美价值观念，它的生成深受儒、释、道三家经典以及其他中国传统哲学观念的影响，反映了中国人对于人与理想宇宙之间互相交融的关系。这种审美机制是以有形表现无形，以有限表现无限，以实境表现虚境，使有限的实体形象和想象中无限的虚构形象、实景与虚景交融，从而为艺术接受者提供一个可以生生不息的想象世界。这种审美方式深刻地影响了中国的绘画、文学、建筑以及园林的发展。作为中国传统园林的一部分，寺观园林的营建自然也遵循着以上审美原则。

中国人对于园林意境审美的产生源自诗歌、书画意境的影响。魏晋南北朝时期的人文精神的觉醒，让人们开始认识并欣赏自然之美，园林的主体也从建筑发展为以自然为主体。

唐宋时期诗歌文学的巨大成就使得诗歌意境理论得到了空前发展。最著名的是王昌龄在《诗格》中所提到的"物境""情境"和"意境"，提出了"意境"这一概念。这一时期的诗歌追求通过对实体与诗人情感之间的互相交融，而产生余韵悠长、言外之意之感。王维的辋川别业也使得诗、画、园三者的意境互相交融，互相升华。除此之外，居住在城市中的知识分子由于没有足够的土地来兴建庄园，则开始使用以小见大的手法，在庭院中做"盆池"来观赏。唐杜牧的一首《盆池》描绘了极富生活情趣与哲学情思的画面："凿破苍苔地，偷他一片天。白云生镜里，明月落阶前。"此时已经产生了在明代大行其道的文人园中所使用的"以小见大"和"见微知著"的方法。通过对小小一盆池水中云影月光的欣赏，凭借作者的想象力，便可以天高海阔在整个宇宙中驰骋，反映出了古人的一种心境。只是这一种"借景抒情"的模式仍较为初期，并没有形成有意识地去创造能够产生意境的园林环境，而仍仅是简单地通过景观的一种移情。

到了明朝，园林艺术与其他艺术的发展均走向了一个高潮。以董其昌为代表所提倡的文人画兴起。造园家们参照绘画的理论，真正提出了以营造如画一般使人能够在游览的过程中感受到意蕴之外、情理之中的情感，使得环境给人带来的情感内涵诉说不尽。而游览者又反而将这种情感转嫁到所游览的园林景观之上，形成了物境—情境的互相交融，最终生成了园林意境。

普陀山寺庵景观是一种融合了建筑、园林景观和自然景观的复杂的景观体系。普陀山寺庵景观所产生的意境也就同时包含了建筑意境、园林意境以及自然意境。通过前文两章对普陀山寺庵景观的分析，我们可以发现普陀山在逐渐发展成观音道场的过程中，其在营造景观处理手法上既遵循了传统中国造园的方法，但是也具有其自身的特点，因此其在全山意境的营造过程中也与传统园林有着一定的不同。

二、意境形成的机制

关于意境的生成，不同的学者也从不同的角度来阐述过这一抽象的概念。王昌龄在其诗《诗格》中认为诗歌有三境："物境""情境""意境"，分别代表了现实中的景物、观赏者产生的情感和最终情感交融。宗白华先生也将艺术境界看作是一个境界层深的创构而不是一个单层的平面的自然再现。从直观感想的摹写，活跃生命的传达，到最高灵境的启示，可以有三个层次。

因此不难发现，意境的生成主要有三方面的因素：现实中的景物，即实景；人的情感与想象形成的虚景；将二者融合在一起虚实相生，达到"最高灵境"。普陀山中丰富的风景资源便是生成意境的实景，通过历史中僧俗的欣赏与不断加工，形成了丰富的文化意境。

第二节　意境的情境内容

　　普陀山意境的塑造是服务于整体佛教景观的塑造和整体的叙事逻辑。意境之中传递的情感或生成的虚景与全山风景所传递的佛教"天国世界"相互契合。通过对普陀山中的楹联、牌匾、摩崖石刻中内容的研究，总结出以下四种主要的情境内容。

一、佛教文化

　　佛教文化是最为常见的情境内容。寺庵采用多种手段来营造出具有禅意或能够引人思考佛教内涵的环境，一方面是希望僧人可以在这种雅致清幽的环境之中更好地修行，另一方面是希望游客都能在游览的过程中产生对佛教教义的思考或对佛教净土的美好遐想，以达到传播佛教文化的目的。例如"观音跳""二龟听法石"就暗涵了佛教传说故事；"即心即佛，但从彼岸问迷津，渡头宝筏升时慈航有路；是色是空，诚向兹山瞻法相，洞口祥云护处变化无方。"的楹联体现了僧人对佛教文化的理解。

二、修行生活情趣

　　山中所反映的第二类情境是表现僧人们日常修行生活情趣的内容，来赞颂山中僧侣清心寡欲与恬淡优雅的日常生活。禅宗在日常修行中并不讲究严苛的清规，因此僧人们都能在日常的禅修生活中保有世俗的生活情趣。除了每日的功课、修行之外，僧人们还需要进行田间劳作。修行的空闲时间还会进行禅茶、书画诗文创作等活动。到了佛诞日、盂兰盆节等佛教节日或春节、元宵节等世俗节庆，寺庵还会举行特殊的庆祝活动或大型法会。一年中僧人们在山中的生活虽然平淡，但是也充满乐趣。因此便出现了许多借景抒情来表达山中修行生活的情境内容。

　　这类意境一方面表现出僧人在枯燥的修行生活中自娱自乐和生活中的思考。民国以前山中与大陆互相隔绝，普通的信众与香客无法切身体会到山中修行的生活，但却充满了好奇。因此寺庵在意境的营造过程中有意识地融入生活元素与日常活动，使香客能够通过想象描绘出心中僧人每日高尚而充满情趣的山中生活状态，加深其对山中僧人的崇敬之情。另一方面，许多僧人本身也具有极高的艺术修养，经常会在寺庵中接待各方慕名而来的文人墨客，与其讨论佛教文化与文学艺术。著名高僧一山一宁在普陀山中以日常生活为题，创作了许多禅意十足、韵味悠长的诗词小品，如《和十牛图》中的《骑牛还家》"寻牛以纯却回家，树下柴门启暮霞。放教觳觫栏里卧，静看新月挂檐牙。"描绘的便是高僧在寻牛回家后悠然的心境。这种超然物外、悠然自得的生活状态好似与世相隔的桃花源，是中国文人千古追寻的梦想。在禅宗思想逐渐与传统文化融合之后，文人墨客十分向往山中自然清净、没有世俗烦忧的生活状态。并希望能够在普陀山摆脱尘世中充满了官场名利、虚情假意的生活状态。山中所营造的单纯诗意的山野生活情趣正是这些久在尘世中的人所向往和追求的。因此，对于修行生活情境的营造能够引起文人墨客们的共鸣，并憧憬着普陀山中"离尘之境"的氛围。

三、自然赞颂

佛教是十分崇尚自然的宗教，认为自然中的一草一木皆为生命，与人是平等的。佛经中佛祖及大菩萨所居住的天国都是植物繁茂花草鲜美之地。因此，在普陀山中能看到许多以赞颂自然之美为主题的情境。小到对一草一木生命的歌颂，大到对宇宙天地广阔无垠的感慨。既能够表现"多少云山迷宿障，夜深红日此峰前。"的广博与雄壮，也能够抒发"虚室向山生静趣，幽亭得水足闲情。"的个人情怀。山水情怀自古便是文学意境中重要的组成部分，在普陀山中也通过有意的营造来引导游人香客欣赏山中壮美的自然景象，形成对自然和宇宙的敬畏之情。同时希望能够将这敬畏之情移情至佛教文化的深邃之中。

四、个人意趣

普陀山的寺庵中除了向人们展现出佛教文化、对自然的赞美之外，还透露出丰富的个人意趣。寺庵主人将自己的审美品格与个人志向通过园林意境展现出来，自己赏游的同时向游人或香客传达。这种主题的意境大多存在于中小寺庵之中，或者普陀法雨这类大寺的方丈等生活空间之中，而并不会出现在具有公共性质的宗教院落之中。

出现这类意境情境主要原因是普陀山中的中小寺庵的居住属性强，一些甚至几乎不会面向香客开放。因此，寺庵便成为僧人们日常生活的居所，具有一定的私人属性。寺庵主人便如同私家园林的主人一样，将个人志向、追求、品德融入进园林意境的营造之中，或不断勉励自己或自得其乐。而大寺的宗教空间的公共属性与沿袭多代的住持和大量的僧众，使得无法展现私人的情怀，而更多是以向香客和僧众普法为主要目的。

同时，在国人的观念中，美好的园林环境总是和优秀的人联系起来，正所谓"一方水土养一方人"。许多游山的香客或文人墨客能够理解借物喻人和托物言志的深意。因此能够在园林环境中展现出如此高尚情操和远大理想的僧人必然道德高尚。另外，也是为访客展示主人内涵，并寻求相知的知音之意。

第三节　物境与情境转化

　　人们在欣赏实体物境的同时，产生了特定的情境，进而形成了意境。情境产生的过程是观赏者的内心感受，是一种十分私人化的情感变化。那么如何能够将实体的物境与心中生成的联想与情感联系到一起呢？一是借用文学、绘画等艺术领域中一些经典的"情景交融"的发生规律，能够使具有一定艺术审美的观赏者在观赏特定景物的同时，产生出一种较为普世的情感。另一种是通过匾额楹联、文学作品、民间故事等手段，将山中所想要营造的意境较为明确地指引给观赏者。使其能够在观赏物境之时，情感与联想受到这些要素的指引与引导，进而体会到营造者希望其感受到的情感，从而创造出营造者们所希望的意境。

一、物境与情境转化方法

　　园林中的意境源自我国传统的诗词、绘画的意境，而意境生成的原理与方法也是相通的。中国的传统诗词、绘画等艺术形成了一套较为完善的意境发生机制。而这也被用于园林景观中意境的生成。其中普陀山创造意境的手法主要有以下几种：

（一）直抒胸臆

　　直抒胸臆为游人通过观察景观所产生的对于风景最直接的美的感受，是一种最为直观的感受方法。在营造景观时，讲究构图与色彩，并多用框景、借景等手法，使观赏到的景物好似一幅动态的画卷，达到步移景异的效果。人们在其中游览的时候，便会在心中生成一种"画意"之感，是一种对于"美"的最直观的感受，例如"莲花桥底种莲花，半亩瑶池烂若霞。龙口喷泉珠颗颗，雨中时有湿云遮。"描绘普陀山的诗词中抒发的都是这种最为直接的对美好景致的赞颂。

　　这种是较为浅显与普遍的转化方法，同时能够使游人感受到的情感也大多是对自然界景物的赞颂，是大多数游客来到普陀山中都会感受与体会到的意境。例如山中表现佛教主题的"大士垂恩""南无阿弥陀佛""般若""见佛"等摩崖石刻；表现普陀山中自然风光的摩崖石刻"天下第一石""震旦第一佛国"（图7-1）、"听涛""海外名山"等均是用较为直白的方式，直抒胸臆，表达希望能营造的景观意境。

（二）比兴

　　比兴是一种使用在诗歌之中的修辞手法。早在《诗经》之中就被大量使用。刘勰的《文心雕龙·比兴》中认为："故比者，附也；兴者，起也。附理者，切类以指事；起情者，依微以拟议。"通俗地讲，"比"就是比喻，是对人或物加以形象的对比，使其特征更加鲜明突出。"兴"就是起兴，即借助其他事物作为诗歌发端，以引起所要歌咏的内容。当比兴的手法应用到园林意境中，常常是借物言志、借景抒情。例如用梅花冬日迎风傲雪开放来比喻人孤高坚毅的性格等。因此在园林中营造具有这些比喻意义的景观效果，来体现园主人的高尚情操是中国传统造园常用的文化表现手法。

在普陀山中，比兴的手法经常出现。其目的主要是为了表现佛祖无边的法力、观音菩萨慈悲的性格和山中僧人高洁的品质，例如"性海波澄静涵功德水，福林荫溥妙涌吉祥云。"将看到的海水的波涛与林中涌起的云彩比作观音大士的功德水与吉祥云，将自然的美景与观音文化融合，表现了所在庵院周围的优美环境，同时又赞颂了观音大士的无上法力。双泉禅院中照壁上的"天风海涛"表面是在描写寺庵外壮阔的海景，实际也是通过描写烘托壮美的自然景观来凸显普陀山观音说法地山寺的庄严氛围（图7-2）。

（三）用典

用典指在诗词创作和绘画中引用古籍中为人熟知的故事或词句，含蓄地表达作者的思想和情感。这种方法可以达到不直接表明作者的态度和情

图7-1　震旦第一佛国石与听涛石
（图片来源：作者自摄）

图7-2　双泉禅院中"天风海涛"照壁
（图片来源：作者自摄）

感就能够使读者领略到言外之意。在园林意境的营造中，园主人也常常布置营造表现一些为人熟知的典故，来间接表明自己的态度和情感。

在普陀山中，所运用到的典故不仅局限于儒家经典子集，佛教典故、普陀山历史中发生过的重要事件都可以被用作典故。例如普陀山十二景中的"莲洋午渡"描绘的是普陀山海面平静船帆云集的景象。借用了慧锷因在普陀山附近海面遇风浪，海面升起朵朵铁莲花，不得已留下不肯去观音像的传说的典故。因此，"莲洋午渡"这一景既表现了风景的壮美，同时也反映了观音大士的法力，暗含了普陀山与观音之间紧密的联系，营造了浓郁的观音道场的神圣氛围。又例如在百步沙中岩滩之上有一处巨石上刻"回头是岸"（图7-3），巧妙地将佛法典故与自然景色相互交融。既表现了大石所在的濒海的位置，回头望去是海岸；同时也借用"苦海无涯，回头是岸"的典故，暗示了佛教内容，有规劝世人及早解脱的含义。这两处案例，一处是借用普陀山中典故，另一处是借用佛教典故；一是直接利用自然景观，一是通过人工改造而形成了符合典故内容的形胜。都是利用典故与景观的互相交融营造出强烈的佛教意境。

（四）移情

移情是将人的主观感情移到客观的事物上，反过来又用被感染了的客观事物衬托主观情绪，使物人一体，能够更集中地表达出强烈的感情。在园林景观的营造上，移情也是一种极为重要的实现"情境交融"的手法。但是在一般的园林之中，移情产生的情感更多是表达生活与人际之间的，而普陀山中移情表达的对象，除了这些世俗的情感之外，最为主要的还是对佛教文化的表达。在通往佛顶山的香云路上有一座巨石，上刻"万众共仰"便是使用了这一种移情的手法。在攀登佛顶山的过程中，游人仰视看到巨石，将仰望巨石而生的震撼之感与对即将朝拜的佛祖的崇敬之感融为一体，设计十分精妙。同时，普陀山中僧人的日常修行活动也成为情景交融的一部分。将对修行的虔诚信念移情至优美的自然风光，更增添了普陀山风景的神圣属性（图7-4）。

图7-3　立于海边的"回头是岸"
（图片来源：孙松林拍摄）

图7-4　海边修行的人
（图片来源：作者自摄）

图7-5 潮音洞浪涛滚滚
（图片来源：孙悦怀摄）

（五）通感

通感又叫"移觉"，是在描述客观事物时，用形象的语言使将人的听觉、视觉、嗅觉、味觉、触觉等不同感觉互相沟通、交错，将本来表示甲感觉的词语移用来表示乙感觉，使意象更为活泼、新奇。使用通感的优点是可以调动多个感官进行感知，形成一种综合的空间感受。因此，在园林意境的营造中经常被使用。

普陀山中使用通感的情况较少，但是用的恰到好处。例如在千步沙北段的"得音""纳霞亭""隐秀""古洞潮音"均使用了通感的方式，将两种以上的感官结合在一起，形成一种立体的体验，同时又显得别致而富有韵味，不落俗套。普陀山中重要的潮音洞与梵音洞也是利用巨大的海浪冲击声，强化了视觉在看到奇险壮阔景色时产生的敬畏情绪（图7-5）。

二、意境的提示与指引方法

为了能够使山中所营造的意境顺利地传达给游览者，营造者在山中使用了很多提示与指引的元素，点名所要营造的意境。而每个欣赏者自身语境并不相同，因此根据意境的提示与指引各自所出现的意义也各不相同，始终处于变化之中，这就是寺庵景观中点景题名在解释学层面上的美学意义。这种指示语言分为两类，一类是作为寺庵景观的一部分出现在山中，成为意境的组成部分。这一类由山中营建者们主动进行的指引形式包括寺庵中的楹联匾额、山中的摩崖石刻及建筑中装饰的纹样。另一类是在普陀山文化传播的过程中所形成的载体。前人在游览普陀山的过程中，根据自己的文化体验与经历体会到了山中的意境，并将其或成文、或绘画、或组织成"十二景"。这些形成的内容成为了普陀山意境传播的渠道和媒介，而后来的游览者通过这些文化传播渠道来了解普陀山中的景观与文化，他们首先在脑海中对普陀山的风景与意境进行了想象，奠定了一定的情境基础，从而使其在游览时可以通过观看到物象唤起在心中积累的情境基础，催发出对于意境的体验。

（一）楹联匾额

楹联最早出现在宋代。明朝已经出现有关于楹联的别集。清朝作为楹联发展的巅峰时期，成为中国文学重要的组成部分。园林之中楹联和匾额被大量地应用。匾额主要出现在建筑物的门上檐下、厅堂之内等显著位置。楹联通常位于门的两侧、亭柱之上或窗两侧的墙壁之上。楹联与匾额通常会一同出现，成为建筑入口处重要的装饰元素，也承担着生成建筑园林意境的重要功能。

匾额与楹联中的内容通常是对建筑或园林环境所展现出的意境的高度概括。游人通过阅读文字，了解园主人所想表达的情境内涵，通过欣赏建筑园林景观环境，达到"情景交融"的效果。

普陀山中寺庵的匾额与楹联的内容通常是相互关联的。匾额的内容最常见是表现寺庵、各大殿的名称，如"普济禅寺""大雄宝殿"等。其次，是用最为简洁概括的词汇来描绘佛法内涵，起到呼应寺庵主题、营造佛教意境的作用（图7-6），如法雨寺中九龙殿上匾额"天华法雨"、杨枝庵颐养堂中的"颐养静城"，都是用形象而概括的词语来呼应寺庵的主题。楹联的内容则相对自由许多，只要是能够与寺庵的整体意境相吻合的内容均可，例如鹤鸣禅院中的"鹤从何处飞来，海市蜃楼参法相；鸣到群山响应，晨钟暮鼓觉迷途。"不但充满禅意，同时通过藏头的形式暗含鹤鸣禅院的名字，与整体氛围十分契合。

除了对于佛法内容的描写和对观音的赞颂，普陀山中匾额与楹联的内容还会表现自然的哲思与寺庵主人的个人意趣与情怀。这种内容的楹联通常出现在中小型的寺庵与茅蓬之中。这类寺庵通常仅供少数僧人静修，性质较为私人，较少接待外来香客。因此环境意境的营造全凭庵主喜好，因此在楹联的内容上通常会相对随意，以反映庵主内心情怀为主，例如伴山庵天王殿的匾额为"伴山有月"，楹联为"伴山庵月伴青山山伴月，无色界空乃绝色色乃空"（图7-7）。既用对仗的形式说明了佛法"色即是空"的内涵，同时，用伴山有月反映出寺庵主人与山相伴，在这清幽之地修行的悠然心境与情怀。形成了物我相融、情境相同的意境状态。

（二）摩崖石刻

摩崖石刻是在自然环境中营造意境的重要手段。第一，面对奇绝的山石和优美的自然环境，每个人心中所呈现出的情境遐想并不相同。观赏者审美能力的差别也会使人忽视掉自然界中许多值得欣赏的美景。因此在自然山石上创作摩崖石刻一可以起到提示、醒目的作用，吸引游人的视线，使特定的美景得以被欣赏。第二，摩崖石刻中所写的内容通常是营造者对此处自然景观的感悟与心中所想的情境，能够对意境的内涵起到概括与总结的作用。同时也可以通过文字的力量在观赏者心中产生相应的情境，进

图7-6　民国时期法雨寺内侧殿的匾额
（图片来源：[德]Ernst Boerschmann《Die Baukunst Und Religiöse Kultur Der Chinesen》）

图7-7　伴山庵中的楹联匾额
（图片来源：作者自摄）

而反作用于自然环境之上，达到"情景交融"的目的。第三，摩崖石刻也展示了中国的书法之美。通过书法题刻改造原有的石壁，增加了环境的丰富性。人工的题刻与自然的环境互相融合和衬托，形成了极具观赏价值的艺术品。第四，普陀山中的摩崖石刻有80%反映的都是佛教内容，成为佛教向信众传教、弘扬佛法的有效手段（图7-8）。

（三）建筑装饰

中国传统建筑中通常会进行大量的装饰。普陀山建筑装饰的题材和内容通常会反映中国传统的美好意愿和佛教内容，成为营造意境的重要途径。观赏者通过欣赏建筑中精美的装饰，从而了解营造者所希望表达与传

图7-8　西天香道西天门摩崖石刻
（图片来源：石泉摄）

达的精神内容。而装饰中的佛教元素不但能够烘托佛教意境，还能够起到对信徒的教化作用，例如在建筑橼子的装饰中常使用的"卍"字符号，成为佛教的代表符号；雕刻中使用的"二十四孝"的故事所弘扬的孝道与佛教之中提倡的培养个人品德的"善"有着互相阐述和说明的作用，起到了对信徒的教化作用。

（四）普陀"十二景"

中国传统造景中有选取若干个最为典型优美的景致形成一组，并配以诗文和景名的现象，即"八景"文化。"八景"文化是一种集称文化，"八"是一个虚指，各地根据各自的特点，所组的景致数量并不局限于八个。通常有"十二景""三十六景"等数量的组合，也都统称为"八景"文化。这种文化现象源于宋代的"潇湘八景图"，但是早在南齐时期便出现了根据不同的景致吟咏不同诗歌的现象。唐代王维的辋川别业也根据周围不同环境景致吟咏了二十首景诗。

"八景"文化是园林与文学艺术领域的一次重要的交融。通过自然风景的感染，文学家创作出优美的诗篇，而描绘风景抒发情感的诗词反过来也赋予了自然风景以文化的情趣和内涵。被遴选出来的景致一方面最能反映出当地的景观价值与特色，另一方面也表达了营造者对于希望传达出的文化意境的筛选和偏好。普陀山明清两个版本"十二景"的内容变化便直接能够反映这一现象，同时两个版本"十二景"的变化也反映出普陀山风景营造上出现的变化。

明朝时期普陀山"十二景"为："莲洋午渡""钵盂鸿灏""天门清梵""梅湾春晓""磐陀晓日""古洞潮音""千步金沙""静室茶烟""香炉翠霭""龟潭寒碧""茶山夙雾""洛迦灯火"。清朝时期的普陀山"十二景"为："佛指名山""短姑圣迹""莲池夜月""宝塔闻钟""梅岑仙井""磐陀夕照（图7-9）""法华灵洞""千步金沙""朝阳涌日""两洞潮声""华顶云涛""光熙雪霁"。除此之外，后人又曾增加"贡艘浮云""香船蔽日""麈客怀春""戒徒拥雪"四景，但并没有广为流传。

明清两版普陀山"十二景"中佛教典故所命名的景致，例如"钵盂鸿灏""佛指名山"，这二景并没有明确具体的物象指引，是借用佛经中的典故故事，营造出全山的佛教氛围，是一种对全山意境的诠释。除此之外的景致均有与之对应的具体物象景点，而所指物象又有十分具体的风景形胜，如"磐陀晓日"与"磐陀夕照"中的磐陀石、"法华灵洞"之中的法华洞；也有较为宏观的模糊的物象，例如"茶山雾霭""光熙雪霁"描绘的都是一种环境氛围，而并不指代某一特定的物象。这三种不同层次的物象所形成的景名从实到虚，从具象到抽象，共同作用，传递出了普陀山优美的风景和浓郁的佛教氛围。

普陀山的"十二景"从明朝到清朝所产生的变化也能够反映出山中对于主要突出传达的意境与文化发生的变化。例如明代的十二景中没有能够反映大寺的景名，均为自然形胜或山中自然的气氛，整体反映出的是一种自然朴野、清幽寂静的佛教名山的整体氛围。而清代的"十二景"中"莲

图7-9　磐陀夕照
（图片来源：网络）

图7-10　法华灵洞
（图片来源：王瑞琦摄）

池夜月""宝塔闻钟""华顶云涛"均是通过对三大寺周围环境的描写而暗指三大寺。"法华灵洞（图7-10）""短姑圣迹"等自然形胜的描写也十分直接，更加突出了全山佛教的胜迹、遗迹的内容，而减少了对自然景观的描写。因此清代的"十二景"反映的是一种神圣的、眼花缭乱的佛国世界的氛围，更加强调和凸显了宗教的内涵。这反映出从明朝到清朝之间普陀山佛教不断发展、不断通过人工营造改变自然而形成了更多的具有佛教文化内涵的自然形胜，使普陀山整体的佛山景观更加切合主题，叙事结构更加完善。

（五）文学作品

普陀山优美的风景和浓郁的佛国氛围吸引了大量的文人墨客前来礼佛游赏，他们创作了大量的诗词文章来描写山中的美景。山中的僧人也以修行和生活为题，创作了大量的禅诗。各代山志中也对普陀山诗词多有记载。据统计截至民国时期，普陀山相关的诗词多达1572首，其中创作者不乏陆游、黄庭坚、赵孟頫、汤显祖等文化大家和一山一宁、释性统等驻山高僧。

普陀山相关的诗文内容除了对普陀山中景致的描写、游览的感悟、对佛祖菩萨的赞颂以外，还包含僧人日常生活的描绘与感悟。题材与形式多样，内容十分丰富。

诗文一向是中国传统文人表达自己情感抱负的手段，是相互间文化交流的媒介。自古就有"以诗会友"的习俗。诗文将普陀山的风景与观音文化在知识分子之间传播，使得更多的文人通过阅读诗文而了解和熟知普陀山。

另一方面，当知识分子来到普陀山中，被山中的美景与意境打动之后创作出相应的诗文，对山中的意境同样是一种提升。许多作者喜好另辟蹊径，面对相同的景物而产生不同的感想与情境，或将其延展、引申，使得原本的意境所反映出的哲思更加悠远深刻。例如清僧释永道的《寻真歇庵怀古》中"波中卓锡破天荒，祖道于今日更彰。欲访幽栖遗老尽，寒云冉冉水汤汤"同为赞颂宋代僧人真歇的诗句，但是本诗描绘出普陀山中历史遗迹难寻，先人不再，时光荏苒的感慨。使得山中生出一种苍茫悲悯的意境。

（六）民间传说

如果说文学诗词作品是普陀山文化对士大夫阶层及知识分子们的影响，那么民间传说便是普陀山的文化向普通百姓们传播的主要途径。

各版山志中均通过"灵异门"记载了许多在普陀山中发生的灵异故事，用来彰显观音大士救苦救难、普度众生的功绩。而这些灵异事件与佛教经典故事发生碰撞，并根据中国民间的喜好发生了改变，形成了流传于民间的普陀山观音传说故事。1949年后经多位高僧与文化人士的走访，共整理出八十多篇传奇异闻与民间故事，并被收录于《普陀山非物质文化遗产汇编》之中。2009年，"观音传说"被文化部批准为"国家非物质文化遗产"。

第四节　意境营造的特点

一、以佛教教化为主要目的

普陀山中人文意境的营造主要目的是传播佛法、赞颂观音大士的慈悲与法力，从而对信徒与香客进行佛教教化。同时，也希望能够通过佛教意境的营造来凸显出普陀山作为观音道场的正统性与神圣性。浓郁的佛教意境既可以使山中修行的僧人对禅宗思想有更深的认识，辅助其精进悟道；另一方面也可以让游山的香客游客感受到与凡尘不同的体验和氛围，使其产生对美好佛国的向往，最终达到教化信众的目的。

二、意境统领全山

普陀山中生成意境的物象不但有微观的景物，也有宏观的自然景象，甚至整座佛山都成为物象的一部分。无论是对自然的赞颂还是对佛法的弘扬，无论是对脱俗生活的描绘还是对普救世人的传播，山中各个寺庵景观独立营造的意境共同形成了整座普陀山的意境氛围。全山的寺庵景观与自然风景通过人文意境整合在一起，将普陀山塑造为一座观音道场、天国世界的整体人文形象。

三、充满个人情趣与意志

由于普陀山中存在大量的中小型以静修、禅修为主要目的的寺庵，导致普陀山中的人文意境在整体的佛教氛围之中凸显出浓郁的个人意趣与情怀。这些较少接待外来香客的中小型寺庵就如同隐居山中的隐士。僧人们具有良好的文化水准，因此在寺庵环境的营造之中更多反映出自己的兴趣与意志。不仅在造园手法上吸取了私家园林的经验，在人文意境的营造上则更是将寺庵主人的情感与抱负融入其中，形成了普陀山中蕴含人文情怀的佛教主题意境。

四、意境营造手段丰富

普陀山中意境营造的手段十分多样。通过文学、绘画、书法、雕刻等多种艺术手段来营造美感，将人文文化与自然风景互相融合。并调动起人的全部感官意识来感知所创造的风景，引导产生预定的情境与遐想，再将情感反作用于欣赏的风景之上，达到情景交融的境界。最后通过文人墨客的诗文，总结形成的普陀山"十二景"及民间传说对山中的意境进行深化与升华，加深普陀山风景之中所蕴含的人文内涵，以达到意境营造的目的。

参考文献

[1] 刘家骥. 园冶全释[M]. 太原：山西人民出版社，1993.

[2] 刘翠鹏. 意在笔先 融情入景——管窥中国园林意境的创造[D]. 北京林业大学，2004.

[3] 佛陀跋陀罗，实叉难陀.《大方广佛华严经·第六十八章》.

[4] 万长生. 普陀山志[M]. 上海：上海书店出版社，1995.

[5] 刘建中，刘丽莎. 简论香道的起源与发展[J]. 佛山科学技术学院学报（社会科学版），2016，(34) 2：1-6.

[6] 王连胜. 普陀山大辞典[M]. 合肥：黄山书社，2012.

[7] （南朝）刘勰.《文心雕龙》.

[8] 赵向东. 名象何曾定可稽，毕竟同归天一寥——中国古典园林建筑命名与分类及其审美境域研究[D]. 天津：天津大学，2012.

[9] 张小华. 中国楹联史[D]. 南京大学，2012.

[10] （明）周应宾.《重修普陀山志》.

[11] （民国）祝德风.《普陀全胜·蕤凤堂藏板》.

[12] 非物质文化遗产国家名录，527观音传说[EB/OL]. http://www.ihchina.cn/54/50931.html.

[13] [德] 恩斯特·柏石曼，史良，张希旸（译）[M]. 北京：商务印书馆，2017.

第八章

普陀山寺庵景观的
保护与传承

第一节　近代普陀山保护工作现状

普陀山因抗日战争的荒废，经历了1949年初期的人民公社和"文化大革命"活动，在20世纪70年代初处境艰难。由于大量的垦荒活动，使得原本就比较脆弱的海岛生态系统受到了严重的影响。大量滩涂地的开垦和大规模的挖沙也使得普陀山的海岸线发生了巨大的变化。除了自然环境的破坏，原本只有僧侣居住的普陀山中大量僧侣被遣散原籍，全山的寺庵、茅蓬大多被军队、渔民、曾经寺庵的服务人员所占据。被侵占的寺庵占全山寺庵总面积的86%。山中的自然形胜荒废，许多摩崖石刻在"文化大革命"中被铲毁。全山寺庵景观被破坏。

1979年拨乱反正之后，我国的宗教政策得到进一步落实，国家也开始逐渐恢复普陀山的修复管理工作。经过将近40年的恢复与重建工作，普陀山已经逐渐建设成为全国驰名的风景名胜区，与峨眉山、五台山、九华山共同成为全国知名的风景名胜区，成为国际观音文化的交流中心。普陀山向着建设"世界佛教名山"和"国际旅游胜地"的方向不断前进。

随着普陀山重建与保护工作的不断进行，过程中出现了许多历史上不曾遇到的问题。社会的发展、岛民生活的改善及旅游业的发展需要，使得普陀山今天的景观格局已不再是明清民国时期的样子。由于需要解决许多现实存在的问题，重建及保护工作对普陀山寺庵景观造成了巨大的影响和改变。本章将结合前文对普陀山原有寺庵景观的研究，梳理和分析40年来普陀山保护工作过程中对寺庵景观所造成的影响，并从改善寺庵景观的角度，对未来普陀山的复兴与发展提出可行性意见，希望可以助力普陀山风景名胜区的发展与保护。

一、近代普陀山所做的保护更新工作

（一）成立管理机构，科学规划发展

拥有统一、高效的管理机构，制定科学合理的发展规划，是保证普陀山健康稳步发展的基础。1979年4月，普陀山管理局正式成立，并于2006年更名为舟山市普陀山风景名胜区管理委员会，全权负责管理全山文物古迹、自然风景、交通设施、文教卫生、园林建筑、房地产、基本建设等规划、管理、维护和保护工作；协调市属各部门驻山办事处，以旅游为中心，发展各行各业，加强旅游服务设施建设，贯彻党的宗教政策，团结全山僧尼，恢复寺院正当宗教活动。并于1981年、1983年、1998年、1999年、2000年先后制定了《普陀山风景名胜区规划大纲》《普陀山风景名胜区总体规划（1986—2020）》《普陀山风景名胜区总体规划（2007—2025）》等多部具有法律效力的科学规划成果。这些规划成果对普陀山的发展有较为科学的定位，一定程度上解决了不断增长的旅游发展需求和普陀山整体景观风貌保护这一矛盾，对普陀山的发展具有一定的指导作用。

（二）恢复生态保护环境

1978年拨乱反正之后，为了尽快恢复普陀山的原有自然风貌，政府实行了"停耕还林"和禁止挖沙装沙的政策，慢慢开始对普陀山的自然环境进行恢复。在最新的《普陀山风景名胜区总体规划（2007—2025）》（下简称为"最新版《规划》"）之中，单独划分出了"生态保育区"。"生态保育区"不对游人开放，是严格保护的天然生物群落及其生境的地区，为历史古迹和寺庵景观提供了良好的生态背景。管理部门植树造林，并对普陀山的珍贵植物进行保护和科学研究，启动《普陀山鹅耳枥保护研究与示范基地营建》《普陀山风景林景观改造技术研究》课题，出版《普陀山植物》一书。同时向香客倡导文明进香的理念，减少山中发生火灾隐患。

普陀山、洛迦山限制了山中的营建内容和建设规格，基本限制了建筑过度发展的态势。最新版《规划》首次提出将朱家尖东部28.80平方公里的用地划入普陀山风景名胜区之内，以分散普陀山本岛的旅游服务压力，从而限制普陀山上的营建数量。

普陀山也着力进行保护岛屿海岸，对千步沙、百步沙等游客较多的沙滩进行了旅游服务功能内容的限制，以确保对沙滩自然地貌特征的保护。

（三）修缮保护历史文物

20世纪70年代末期，普陀山中绝大部分寺庵被一些单位和个人所占据，没有从事宗教事务。同时居民私搭乱建现象比较严重。1979年宗教政策落实后，普陀山中驻军先后让出三大寺及三圣堂、天福庵等寺庵，其中三大寺、大乘庵、龙寿庵、悦岭庵、观音洞庵、梵音洞由佛教协会修缮，其余仍由各单位使用。后又对全山寺庵进行统计，并通过协商将寺庵归还佛教协会修缮，重新用于宗教活动。截至2015年，共有44处寺庵得到修复并对外开放进行宗教活动，4座正在修缮，22座仍被各部门占作他用。2013年普陀山逐步开展了"三拆一改·老庵堂腾退"工作，在2015年底，完成了对19处老庵堂中所住居民的腾退和安置、拆除违章私搭乱建，逐步对原有庵堂进行修缮和保护，并计划重建一批已经坍圮消失的庵院、茅蓬。除了寺庵建筑，普陀山还对全山的自然形胜进行修复，清理恢复了一批自然形胜景点。

（四）解决岛上僧俗共存问题

自宋代真歇请旨驱逐了普陀山中的渔民之后，直到民国后期普陀山一直保持着由僧人独居的"佛国净土"。也正是因为普陀山中较为纯粹的佛教组织关系，才形成了鼎盛时期普陀山的寺庵景观风貌。但是民国后期与1949年后，普陀山中出现了僧俗混住的问题。岛上的人员组成主要包括驻岛官兵、普通百姓和僧人。在逐渐归还寺庵的过程中，清退人员的居住问题又暴露在了规划师的面前。僧人可以不断回迁进修复完好的寺庵之中，但如何能够既保证岛上官兵及普通百姓的日常生活，又能够同时营造出具有"海天佛国"气氛的佛教寺庵景观？世俗生活与佛教禅修如何共存成为亟待解决的问题。

考虑到普陀山寺庵多数分布在山体东南侧的特点，规划中将普陀山岛西南侧规划为官兵及普通百姓集中安置的区域，并通过填海造田来建设新式龙沙小区以保证官兵家属及普通百姓的生活。将军队训练演习的场所也建设在了山体的西部（图8-1）。与对外开放的东南侧佛教景区隔离开来，形成互相分隔独立的两个功能区，以满足两个区域不同的功能需求。

普陀山寺庵中有大量的以禅修静修为主的小型庵院和茅蓬，分布在各个建筑组团之中，尤其以梵呗组团和潮音洞组团内数量最多。而这部分小型的庵院则大部分被普通居民所占用居住，在这些小型庵院的周围也渐渐出现了民房，久而久之自发发展成为了小型居民据点。这些小型庵院建筑规模小、质量不及中型庵院与三大寺，艺术价值与宗教价值更是与大型寺庵相差甚远。因此，在普陀山早期的改造过程中，这些小型的庵院与茅蓬并没有开展腾退工作，而是仍由居民居住。据点中一些规模较大、建筑质量较好的庵院得以保留，而普通的小型庵院与茅蓬则在居民的自行改造与加建中消失殆尽。这种自发形成的居民点以梵呗、龙沙、合兴村规模最大。后期政府依靠这些居民点进行基础设施或旅游服务设施的修建，也直接促使这些居民点不断扩大。发展至今日已渐渐渗透进了全山，主要为普陀山提供农家乐、餐饮、娱乐等旅游服务接待的功能。

（五）完善旅游服务设施体系

随着普陀山海天佛国的恢复与振兴，前来朝拜、旅游的香客和游客人数日益增多，曾经仅仅依靠寺庵提供住宿接待服务的方式早已无法满足庞大的旅游市场的需求。因此40年来普陀山中一直在兴建和完善旅游设施体系。

1．食宿体系

普陀山面积不大，较为适宜的游览时间为2～3天，因此，许多游客选择在山中住宿。寺院虽然仍对外提供食宿接待，但是住宿普遍条件较为简陋，饭食也为简单的素斋，使得不信奉佛教的普通游客难以接受。因此，普陀山上兴建了许多宾馆与饭店，其主要形式为以下三类（图8-2）：

第一类是利用历史上的旧庵院、茅蓬改建成旅店或饭店，如洪筏禅院改建为洪筏山庄、三圣堂改建为三圣堂饭店、文昌阁为文昌阁饭店等。这类饭店的前身多为占据旧庵院而建的各单位疗养院，在经济发展的浪潮中逐渐市场化，改建成为对外提供服务的饭店或旅店。这类饭店建筑大多保留原有的建筑空间与格局，仅依照功能对建筑内部空间进行改造，仍能够感受到曾经庵院的空间意境，受到广大游客的喜爱。

第二类是由经营方另行择址，重新营建酒店或饭店，例如锦屏山庄、禅宗如是酒店、普陀山祥生大酒店等。这类建筑选址通常尽量靠近主要景点或主要交通枢纽。越靠近主要景点，建筑规模越小。而远离主要景区的酒店，虽然选址偏僻，但是可以营建大规模的建筑群。

第三类是由居民点中发展起来的酒店或农家乐。这类酒店大小不限，但是数量繁多。主要分布在合兴村、梵呗—短姑道头、龙沙三大居民点之中。

海防新区　　　　　　　　　　龙沙小区　　　　　　　　　　龙湾

图8-1　普陀山中集中安置居民的海防新区、龙沙小区、龙湾
（图片来源：作者自摄）

三圣禅院改建而成的三圣堂酒店　　　　辟地新建的祥生大酒店　　　　龙湾中居民自建农家乐

图8-2　新中国成立后普陀山中新增的住宿接待形式
（图片来源：作者自摄）

为缓解普陀山中日益紧张的旅游住宿功能，最新版《规划》将朱家尖东部的范围定义为承载普陀山中旅游服务功能的服务区。利用朱家尖与普陀山进行资源互补，普陀山主要以展示和体验佛教寺庵景观为主，而朱家尖的主要定位为生态旅游与休闲度假，借此方式来缓解普陀山中的发展压力。

综上，今天的普陀山风景名胜区形成了包括寺庵、占用庵堂、普通酒店及朱家尖为一体的食宿体系，基本可以满足来山游客们的需求。

2. 交通体系

普陀山中旧时仅有步行交通，不良于行的游客则选择乘坐软轿。随着普陀山中修建了环山公路及数条上山公路，出行的主要方式改变为乘坐巴士或步行。

环山公路多依托原有的香道，例如法雨路便是依托原有的三大香道之一的玉堂街改建而成。公路通车之后，全山数个景区均设有巴士车站。游客可以乘车至车站后再步行游览景区。为保证全山交通安全与秩序，管委会对全山的机动车进行了严格限制，几乎禁止普通居民购买机动汽车。

考虑到步行朝山游览的需要，全山在东南侧公路一侧修建了人行步道，方便游客步行朝圣。同时，梳理和完善了全山的多条步行香道，保证了各个景区的通达性。

为便于游客登顶佛顶山，相关机构在佛顶山的北侧修建了一条上山索道。

普陀山与洛迦山之间每日开通4班轮船。游客在洛迦山的停留时间为2小时，不能在洛迦山岛上过夜。普陀山与朱家尖、沈家门、上海、宁波等地均有多条航线，十分方便。

3．游览服务设施体系

民国时期，虽然有很多游客前往普陀山的目的是欣赏风景和休闲娱乐，但是山中的旅游服务设施并不完善。即便是民国鼎盛时期的普陀山，也没有形成较为完善的游览服务设施系统，山中的游览服务设施更不是统一规划管理的，而是由各个寺庵自行建设而成，仅能满足基本功能需求。通过前文的分析，我们也可以发现，普陀山中游览赏景用的亭廊较少，也不具备现代风景区中的导览体系。虽然通过山中寺庵的传统引导手法可以起到对游客的组织和导引作用，但是对普通的风景形胜的引导性相对较差。如今普陀山已经基本完善了各个景区的导览提示系统，也在重要的香道、景观节点、观景点附近设置休息亭廊来供游人观景和休息使用（图8-3）。同时增设了一些科普展示、佛教知识礼节提示等宣传内容，建立起了一套较为完整的游览服务设施体系。

（六）增设新景点、新景区

普陀山的复兴与改造工作不但只对原有的寺庵进行修复和复原，还新建了许多景点，形成新的景区。先后修建的"南海观音""宝陀讲寺"和"普门万佛宝塔"使全山的景观结构从民国时期的以三大寺为核心的模式发展成为现代的"多核心多景区"的模式。

除了以上两个规模较大的新建景点之外，还兴建了展示和科普普陀山中的特色植物和具有佛教文化特征的植物材料的"普陀山植物园"；沿千步沙修建了以竹文化为主题的带状绿地"兰竹苑"；在短姑道头附近修建了内湖和金阁等（图8-4）。既丰富了普陀山的佛教文化主题，也充实了游客可以观赏的内容。

图8-3　隐秀庵附近香道新增的观景亭
（图片来源：作者自摄）

金阁

南海观音

宝陀讲寺

图8-4 普陀山新增部分景点
（图片来源：作者自摄）

（七）普陀山佛教的传承

自1979年落实宗教政策之后，普陀山成立了佛教协会，并将流落在外的多位高僧请回普陀山主持佛教工作。以妙善大师为代表的高僧先后回山，并先后开班佛学院，培养优秀的佛门弟子；创办佛教刊物，研习佛法经文；整饬道场，重塑普陀山的风貌。使普陀山逐渐成为全国乃至国际观音文化交流与传播的中心，为普陀山的发展付出了很大的努力。

二、近代保护更新工作对寺庵景观的积极影响

（一）缓解了僧俗共存的发展矛盾

在历史上，僧俗共存只存在于普陀山开山起步时期，当时寺庵数量少、僧人数量少、香客数量也较少。因此僧人与普通山民共同居住在普陀山中，二者之间产生的矛盾也并不大。而随着宋代普陀山受到皇室敕封开始了初步的发展和壮大，狭小的山地空间使得僧人与山民很难共存。因此

真歇僧请旨将普陀山变为了佛教净土，使佛教势力可以在普陀山中独立发展壮大。而后数百年时间普陀山的佛教在一种单纯的封闭的环境下发展出了独具特色的寺庵景观，形成了全国闻名的观音道场。

然而战乱和1949年初期的一些政治运动使得普陀山不再是单纯而封闭的佛教世界，军队、百姓、商人、农民，各种身份的世俗居民来到普陀山，开始了僧俗共存的局面。世俗生活的突然涌入打破了普陀山中原有的社会环境，僧俗为了争夺普陀山中稀缺的发展空间不可避免地产生了一些的矛盾。若僧俗共存的问题得不到很好的解决，势必会影响到普陀山寺庵景观的复兴，同时也不利于改善当地居民的生存环境。

而今天通过对居民生活服务区和历史景观区的划分，使得僧俗二者可以在被山体隔离的两块空间内相对独立地发展。这样既能够基本保证佛教寺庵景观的整体性，又可以解决山中军民百姓的生活问题。同时，将生活服务区定位在为普陀山提供旅游接待服务，也为历史景观区得到不断发展提供了服务支持和保障。但是梵呅、龙沙、合兴村等大型居民点中现存寺庵的修复和佛教环境的重塑工作仍十分严峻。如何在已经世俗化、商业化的居民点中重新塑造寺庵原有清幽庄重的佛教静修氛围，将是今后工作的一个重要的难点。

（二）对历史古迹的保护与修缮

经过近40年的不断努力，普陀山中大量破败凋敝的旧寺庵得以重新修缮、复建，寺庵景观渐渐恢复往日的样貌。重建的寺庵大多遵循以往的规制，得以原样复建。但美中不足的是寺庵中的彩画、雕刻、栏杆等大多没有复原，而是随意设计，较为遗憾。

除了旧寺庵，普陀山中的部分风景形胜也得到了整理和复原，以新的面貌展现在游人面前，为普陀山寺庵整体园林环境的恢复作出了巨大的贡献。

（三）新增了许多具有价值的景观节点

除了对原有寺庵景观的修复，普陀山中许多新增景点也成为对寺庵景观的补充和完善，例如南海观音景点的营造，整体布局充分体现了全山寺庵"藏"与"显"的特点（图8 5）。入口处是一座掩映在植物之中的山门，虽然为现代造型，但是由于用材简洁、尺度适合，因此与自然环境较为和谐。进入山门之后是一条较长的上山香道。香道两侧树木繁盛，枝丫交错，塑造了较为密闭的廊道空间。地上的莲花铺装也契合了观音的主题。经过幽长的香道，便进入了十分开阔的主广场，来到了高大的南海观音站像脚下。欲扬先抑的空间引导手法与山中的寺庵引导方式具有异曲同工之妙。高大的观音铜像面向广阔的大海，像体微微前倾，好似亲临香客身边，给香客带来十分震撼的感觉。逐级上升的台地将香客引导至观音脚下，环绕塑像的环廊墙壁雕刻佛教内容的壁画，整体空间营造得十分大气。面朝大海的观音，体现出解脱众生慈航普度的精神内涵。位于半岛上的观音铜像为普陀山增添了一处重要的远景焦点。同时，洛迦山岛、观音跳、南海观音铜像依次连续，仿佛印证了观音大士从洛迦山岛一步跨越至

南海观音悠长的引导空间

南海观音开阔的广场空间

观音像成为山中重要点景景物

图8-5　普陀山中的新增景点——南海观音
（图片来源：作者自摄）

普陀山开坛讲法的传说。远远望去，观音犹如伫立于海上一般，守护着过往的航船和天下众生。这座新建的大型景点不论是空间处理手法还是意境的营造，均与岛上的整体氛围十分契合，唯独在建筑上存在过于追求"大"而缺少了细节的问题。而位于历史上最早出现观音胜迹的潮音洞、观音跳附近的重要位置，使得南海观音与这两处自然形胜一起，连同复建的不肯去观音院、紫竹林、西方庵等寺庵，形成了全山中可以与三大寺比肩的紫竹林景区，成为香客朝圣观音的重要目的地。

另外，从整体寺庵景观结构来看，紫竹林景区补充了三大寺核心时期观音显圣地的尴尬地位。早期在三大寺主导全山时，潮音洞周围以独立清修的小型寺庵为主，整个组团的地位无法与三大寺所在的组团相媲美。作为最初期观音显圣之地，潮音洞可谓是普陀山观音文化的发源地，而在原有的三大寺朝拜体系之中，潮音洞并不在整条叙事线索之内。香客们心向往之的观音胜迹仅作为前山众多自然形胜中的一员，实在与其重要的文化地位不相符。而南海观音的兴建，使得潮音洞组团中出现了一处具有统领地位的核心景点，使整个组团的影响力和号召力可以与三大寺比肩。这一变化也使岛上的观音文化得到了更好的展现。同时，巨大的观音塑像也是观音文化最凝练、最直观的载体。

三、近代保护更新工作对寺庵景观的负面影响

虽然普陀山的修复和保护工作取得了巨大的成果，使寺庵景观得以重新恢复。但是由于多方面的原因，复建后的寺庵景观与历史巅峰时期存在一定差异，或没有与整体寺庵景观基调相融合。之所以造成这一现象，一方面是由于现状社会条件和功能定位的改变，与历史时期面临着不同的发展问题；另一方面近代很多建设者缺乏对原有寺庵景观营建方法和特点的深入研究，或并没有遵循总体规划中的一些建议性内容，使得重建后的寺庵景观在很多方面并不尽如人意。本小节将对近代复兴与改造过程中对普陀山寺庵景观造成的不良影响进行梳理和总结。

（一）破坏了佛教文化叙事序列

前文在对于寺庵景观的积极影响里面论述了新建的"南海观音"景点和"紫竹林景区"对整个佛教文化叙事的积极意义，但是不得不承认，目前普陀山形成"多景区式"的景观结构却对观音文化的叙事表达产生了不良影响（图8-6）。

前文中通过大量的文字分析了民国时以三大寺为核心的普陀山整体寺庵景观是以营造佛教"天国世界"为主要的叙事序列。短姑道头将游人从凡尘引入观音道场，通过普济寺、法雨寺，最终登上佛顶山，到达慧济寺，即佛祖所在的金殿。从凡尘到菩萨的道场到佛祖的金殿这一叙事过程，通过沿路寺庵景观的逐渐积累、游客情感积累，最终在佛顶山到达顶峰。完成了对佛教"天国世界"的游览经历。整个游线从南到北，十分顺畅。众多中小型寺庵也为香客营造了一种桃花源般世外仙境之感。新增的

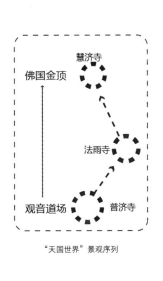
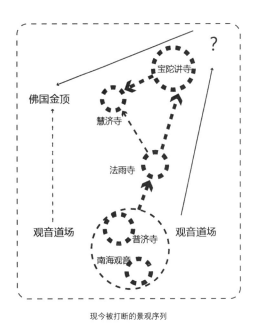

图8-6　普陀山佛教文化叙事序列的变化
（图片来源：作者自绘）

"紫竹林景区"则在南侧烘托观音道场这一叙事主题时起到了加强的作用。

　　然而，进入21世纪之后，普陀山在伏龙山南侧修建了一座巨大的宝陀讲寺和一座高耸的普门万佛塔。这两座宏大的建筑形成了全山的另一处宝陀讲寺景区。从叙事序列上，同时供奉观音与释迦牟尼的宝陀讲寺应与法雨寺一样起到菩萨界与佛祖金殿之间的转折作用，但是规模庞大的建筑群却建立在了已是叙事终点的慧济寺北侧。在已经达到叙事高潮之后又营建了一座更加壮观的寺庵，无法起到对整条叙事线结束收束的作用。

　　若从另一种角度考虑，宝陀讲寺位于登上佛顶山缆车的起点，是否可以与法雨寺同样作为叙事序列的中间环节？答案也是否定的。慧济寺无论在规模、建筑制式、建筑体量方面均与宝陀讲寺相差太远（图8-7），先游览宝陀讲寺，再游览慧济寺，会使得在慧济寺所体会到的壮观感受大打折扣。虽然法雨寺的体量和规模也远超慧济寺，但是首先法雨寺建筑造型古朴、布局紧凑、与环境充分融为一体，游人体验到的依旧是一种山中古寺的氛围；其次，从法雨寺到慧济寺之间的香云路距离长、落差大、游人在攀登的过程中，长时间地在茂密的山林中行走会渐渐淡忘法雨寺的体量，而以寺前香道的尺度与慧济寺相对比，仍可以产生强烈的反差和神圣之感。反观宝陀讲寺，体量庞大、宏伟恢弘，犹如进入了皇室宫殿一般。而索道登山时间短，且上山时可以观看到远处开阔的海景，因此，游人进入慧济寺前的情感酝酿便只有短短百米的寺前引导空间，情绪积累显然无法与前者相比。因此宝陀讲寺景区无论从选址还是体量均极大地破坏了整个普陀山的佛教文化叙事序列。

　　同时，宝陀讲寺景区的建筑等级规制极高，且无论占地面积还是单体

图8-7 慧济寺与宝陀讲寺等级和规模对比
（图片来源：作者自摄）

建筑规格在山中也首屈一指，装饰极为繁复华丽，这些都在无形中暗示着
这座寺庙是全山最为重要的寺庵，但事实却并非如此。

总结来看，宝陀讲寺景区的建立彻底破坏了全山中的佛教文化叙事序
列，也破坏了山中建筑的等级规制。不得不令人感到十分遗憾。

（二）引导系统缺失

通过对寺庵引导空间的详细阐述，引导空间对于寺庵景观的重要意义已
不言而喻。引导空间不仅可以为游人提供交通方面的提示和引导，同时也是对
游客心理和情感的一种控制，以使寺庵景观营造出更加打动人心的游览体验。

然而遗憾的是，普陀山目前寺庵景观的引导仅仅停留在对交通的引导
之上。通过交通标志牌和科普宣传牌来进行简单的视觉引导，而忽视了通
过引导空间的塑造和引导手段的选择，实现丰富游客体验，增强其心理感

受的作用。造成这种现象的主要原因是现代交通手段的引入导致寺庵景观引导空间被破坏，或是因为游览方式、路径发生变化而造成的引导空间缺失。

由于普陀山中百姓生活和游客交通的需求，普陀山中修建了包括环山公路在内的多条机动车公路，使曾经以步行为主的交通系统发生了翻天覆地的变化。在最新版《规划》之中，规划者们曾出于对整体景观风貌和历史景观保护的考虑，希望停止环山公路的修建，并将已经修建成公路的法雨路和普济路恢复成为人行的香道，以保留原有的历史景观。但是普陀山管理委员会在执行时，出于各种原因的考虑，并没有采纳这一建议。

由于环山公路及配套停车场的修建，诸如葛洪井、佛牙石、巫山石等自然形胜被掩埋或毁坏，造成许多自古流传下来的风景形胜不复存在。法雨路在修建水泥公路时，依玉堂街的走势，或有改道，以至于原有玉堂街香道不复存在。

除了对风景形胜造成破坏之外，公路的修建也改变了游客游览上香朝拜的路线，彻底改变了全山的游览系统。修建公路之后，普济寺、法雨寺、紫竹禅林、宝陀讲寺、梵音洞几大景区分别修建了停车场，游客可以乘坐旅游巴士到各个停车场，下车后再步行游览景区。因此游客进入寺庵的路线变成了"停车场——寺庵"。为了减少游客的步行距离，停车场的位置通常选择在景点附近空间充足的平地之上。停车场建设位置的限制，导致改造后进入寺庵的路线往往与寺庵原本的引导空间并不重合，从而使游客进入寺庵前不经过引导空间的情绪引导和积累，难以达成历史寺庵引导效果。而现状游览路径与原有引导空间一致的梵音洞景区和紫竹林景区受到的影响则较小。以下将举例详细说明。

寺庵中对引导空间影响最大的当属首刹普济禅寺（图8-8）。前文曾对普济禅寺的引导空间做出了较为详细的分析。通过妙庄严路的长香道引导，进入曲折的寺前引导空间，并通过沿路的亭、牌坊、引导墙、植物等对空间进行引导和限定，最终，通过御碑亭之后，开敞的海印池和宏伟的普济禅寺便展现在眼前。情感通过长时间的行走的积累，最终在到达普济禅寺前得到释放。

然而由于公路的修建，妙庄严路沦为次要的步行香道，游人稀少。绝大多数游人是乘坐巴士到普济寺停车场下车后前往普济寺。而普济寺停车场的位置位于普济寺东侧，在百步沙与多宝塔院之间。整个停车场被商业所包围，普济寺被遮挡在了植物和建筑群之间。因此在停车场上几乎没有对普济寺的任何引导元素。游人绕过多宝塔院，即刻到达了开敞的海印池空间，中间的过渡时间极短。从开阔的停车场到开阔的海印池，空间转化的对比十分微弱。游客到达海印池空间后，最先感受到的是拱桥、满池的荷花、白色的江南建筑，这些意向与佛教寺庵庄严肃穆的氛围并不匹配。普济寺仅有鼓楼一角露出。由于缺乏佛教建筑提示元素，即便风景优美、视野开阔，但首先给游客的是一种身处江南古镇民居的感觉，而非庄严的观音道场。没有了牌坊、下马石、引导墙及引导墙上的题字等具有佛教元素的情感积累，使得游客对寺庵的佛教氛围感知不足；由于没有妙庄严

图8-8　普济寺民国及现在主要入寺路径变化示意图
（图片来源：作者自绘）

香道的引导和寺前引导空间对于空间的限定，使得空间转化毫无对比，同时，使得进入开阔空间后第一眼焦点也从普济禅寺变为白墙灰瓦。另一方面，民国时期的引导空间的路径使得牌坊、御碑亭、八角水亭和山门均能够以正立面的状态面对香客，使香客产生一种逐级递增的震撼之感。然而今天的引导路径却使得香客首先从侧方观赏普济寺的山门，同时也由于路径过于贴近山门，因此无法观赏到山门全貌。这便使山门庄严震撼的效果大打折扣。由于引导线路的改变，使得同样的普济禅寺组团丧失了作为主刹的庄严地位和佛教氛围。这也是因游览方式改变而对寺庵景观游览体验造成的重大破坏。

除此之外，还有包括大乘禅院引导空间的重塑、佛顶山索道取代香云路之后带来的变化、由于停车场的修建西天香道的引导性下降等一系列问题，在此不一一详细描述。

总的来说，这一类问题归根到底是由于交通系统的变化导致了道路等级的变化及游客游览路线的变化。而再重塑寺庵景观并没有根据新的交通系统而调整引导空间的线路或引导方式，忽略了引导空间的重要作用，降低了游客的游览体验，以至失去了原有的佛教文化意境。

（三）"藏"与"显"意境的破坏

近代普陀山对于寺庵景观的恢复中，对于寺庵建筑的修复最值得称道，但是却忽视了对寺庵环境空间的恢复。"藏"与"显"的平衡是普陀山寺庵景观中最主要的营造原则。通过寺庵的显露来营造庄严的气氛或引导视线或点景，通过寺庵的隐藏来营造曲径通幽、含蓄而富有层次的景观效果与游赏体验。而寺庵环境空间则是营造这一意境的最重要的空间组成部分。然而随着普陀山风景名胜区的不断发展，一些因各种原因兴建的建筑并没有遵循这一设计原则，忽视或曲解了寺庵环境空间的恢复，打破了普陀山清幽庄严的佛教名山的整体意境和氛围。

例如位于普陀山北侧的新建的宝陀观音寺，前文已经提到其位置与规模都破坏了全山的佛教文化叙事序列，同时巨大的体量和清代北方官式建筑风格也使得其与普陀山整体氛围相违和。首先，宝陀观音寺的体量过于庞大，总占地面积5.9公顷，总建筑面积超过2.3万平方米。建筑布局疏朗开阔，建筑竖向与院落之间的高宽超过了2：1，远远高于普济寺、法雨寺两座大寺，呈现出一种皇家宫殿的壮观开阔之感，与普陀山中紧凑、幽深的平面布局大相径庭。同时，单体建筑体量庞大、建筑制式高、用色金碧辉煌。院落中自然植物稀少，无法对单体建筑进行掩映与点缀，而院落周围的植物树荫又无法覆盖到如此广大的面积，使得整座宝陀禅寺几乎完全暴露在游人眼前。来到这里，使游人感觉步入了华丽的北京皇城，而不是来到了质朴的山寺（图8-9）。童寯先生在《园论》中讲到"中国园林从

图8-9　体量过于巨大、完全暴露在山坡之上的宝陀讲寺
（图片来源：作者自摄）

不表现宏伟，造园是一种亲切宜人而精致的艺术。中国园林很少出现西方园林常有的令人敬畏的空旷景象。即使规模宏大，中国园林也绝不丧失亲切感。"这种亲切感便是对"显"与"藏"及环境尺度的精雕细琢造就的。即便是规模庞大的普济寺和法雨寺，给人以震撼、神圣的同时，也透露着山寺亲切、质朴的氛围，使游人在其中感受舒适，更不要提本身体量就十分亲人的中小型寺庵了。这种亲切感，便是丧失了尺度控制与"显藏关系"的宝陀讲寺所缺少的，与普陀山中的气氛格格不入，失去了山寺的灵魂。

除了宝陀讲寺，大乘庵周围环境的改造也使得其原有幽深的氛围荡然全无（图8-10）。从1997年出版的《普陀山古建筑》中我们可以发现，当时大乘庵的正殿之前并无天王殿，只有一座院门，院门与山门之间是一条曲折的甬道，并利用曲折的台阶来解决主香道与寺庵之间的高差。这种委婉含蓄的寺庵前引导空间的处理手法与慧济寺的处理手法有异曲同工之妙。既能够逐渐引导游人循序渐进探索古刹，同时还能够解决院门造型简单的问题，与寺庵的规模十分匹配。甬道两侧分割出的环境空间，刚好成为寺庵景观化环境的组成部分，使得寺庵可以隐藏在竹林树影之间，十分具有山寺的韵味。

然而，为了修建大乘庵停车场和大乘庵前的商业街，取消掉了大乘庵长长的引导空间和寺前的园林环境空间，转而利用一座规模巨大的牌坊作

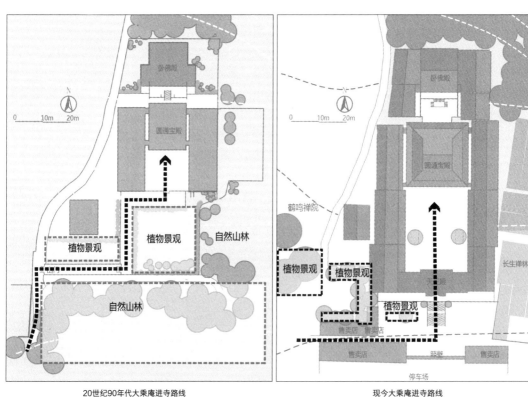

20世纪90年代大乘庵进寺路线　　　　　　　　现今大乘庵进寺路线

图8-10　大乘庵改造前后寺前引导对比图
（图片来源：作者自绘）

为寺庵轴线的起点，并利用正对院门的直台阶将人直接引入圆通殿院落之内。这种做法首先破坏了大乘庵原有清幽质朴亲切的寺庵景观意境，而变为有着殿堂感的疏离冷漠氛围，整座寺庵完全暴露在游客的面前。其次，这种直截了当的台阶引导方式使得寺前空间情感酝酿不够，而寺前巨型照壁和华丽的砖雕使游客对寺庵的规模抱有较高的期待，这与仅仅两进且空间狭小的大乘庵内部氛围不匹配，难免会使游人产生"高起低落"的失望情绪。虽然通过将西侧的鹤鸣禅院与大乘庵合并来增加游览的内容，但是明显分离的两座寺庵和毫无逻辑的院落布置难以获得游客的共鸣。

对寺前园林环境的破坏，使得一座原本质朴、幽静的典型小型山地寺庵变为今天生硬、毫无意境、不伦不类的寺庵。可见寺庵环境空间的改变对寺庵景观的意境造成了多大的破坏。

如果说以上是"藏"不够而造成的问题，那么朝阳洞附近的植物组团种植不当则是"显"不够而造成的问题。朝阳洞为山中观日出的重要景点，近代在其上更修建了观日阁来凸显这一"观日"的主题。朝阳洞因洞口朝向东方海面，可以观赏到壮丽的海上日出，同时阳光照进山洞也会形成奇异的自然景色。然而，观日阁前的植物群落却因为长得过于茂盛而挡住了游人的视线，极为影响游人海上观日的体验（图8-11）。可见，植物群落的塑造并不是以量取胜，而是要因地制宜，在不同的场合选择不同类型的植物来塑造烘托空间。

除了以上宝陀讲寺与大乘庵的例子，普陀山中还有很多因为违背了"藏"与"显"和谐的原则，而破坏了山中清幽质朴佛国氛围的现象，在此不一一赘述。

图8-11　朝阳洞前茂密的植被遮挡住了观看海面日出的视线
（图片来源：作者自摄）

（四）被忽视的自然形胜

普陀山的迷人景观不仅是因为庄严的大寺和幽深的庵院，丰富多彩的自然形胜也是普陀山重要的景观资源。寺庵或有更迭，但是自然形胜却大多从开山至今代代相传。然而令人遗憾的是，无论是在普陀山官方出版的导览图中，还是在普陀山管委会的官方网站中，有关自然形胜的内容十分稀少。普陀山中大量流传自唐宋时期的风景形胜许多并不为人所知。在1995年出版的《普陀山志》中出现了这样一段话："此外，尚有佛牙石、天篦石、马鞍石、点头石、香炉石、真歇石、灵芝石、叠字石、白马石、蟠桃石、巫山石、不二石、鼓石、紫云石、仙掌石、水墨石、柱空石等，如今，有的被建筑物所覆盖，有的为茂盛树枝所遮没，有的被开山劈路所毁，也有的历来少有人往。故不再详记。"这段话虽然只提到了岩石类自然形胜，但是却直观地反映了近些年在恢复普陀山寺庵景观时对自然形胜的忽视。以上登载的岩石中，大量相同的名称可以在元代普陀山山图中找到。对这些宝贵的、一脉相承的自然形胜的忽视，不但会降低普陀山寺庵景观的丰富内涵，同时也对于研究自然形胜营造方法的发展和演变造成了损失。

陈从周先生在中国风景名胜区建设伊始，便提出风景名胜区中风景是主角，建筑是配角，并批判了许多在风景名胜区内盲目建设的不良风气。然而这种风气在普陀山上却仍呈现愈演愈烈的态势。山中的修复主要集中在寺庵建筑之上，并多有扩大建筑规模、制式，使其与自然环境失衡的事情发生。然而，普陀山对于荒废的自然形胜不但难以恢复，历史中广泛流传的"普陀十二景"在今天的普陀山也难于欣赏。山中缺乏对"普陀十二景"的相关描述与引导，造成了普通游客只知进寺烧香，不赏自然美景的现象。

普陀山之所以成为名扬古今中外的佛教名山，不仅仅是因为山中数量繁杂的寺庵建筑，而是因其对以两岛为核心的整个岛域范围内的人文与自然融合而形成的独特风景。因此，只重视寺庵建筑，而忽视对自然形胜的恢复与引导，必将使普陀山失去自身特点而泯然于众矣。

（五）总结——生活属性的过度追求、宗教神圣的日益丧失

究其本质，普陀山寺庵景观所暴露出的问题可以归结为对生活属性的过度追求而忽视了对宗教神圣性的体现。其根源是普陀山的管理者们对寺庵景观的组成理解较为片面，且不够重视。

生活需求一方面体现在岛内世俗生活内容的不断扩大，逐渐渗透到了集中展现的寺庵景观的东南侧山区。为方便旅游开发而兴建的高档酒店、商业服务设施也有规模日益扩大的趋势。各寺庵均在扩建生活院落，以满足日益增长的使用需求。生活需求的满足一直是影响普陀山寺庵景观形胜的重要影响因素，但若其无序、无限制地扩大则会冲淡普陀山作为佛教名山的神圣的宗教气氛。

另一方面，由于管理者们对寺庵景观的片面认识，使得许多本意为增加宗教神圣性的行为反而成为破坏山中和谐整体佛教氛围的帮凶。其一是仅"就寺论寺"，只考虑单一寺庵的建筑光彩照人，而并没有从全山、全局、普陀山寺庵整体园林环境的宏观角度考虑新建寺庵所承载的功能、所

处地位和发挥的作用。这种片面的思考方式，使得单一寺庵建造得华丽宏伟，却破坏了整座佛山的整体意境和佛教文化的表达。其二是建设者们对寺庵景观的组成内容理解片面，认为只需要将寺庵建筑修复或重建就能营造出优质的寺庵景观，而忽视了寺庵景观环境空间对寺庵整体意境氛围的营造和对寺庵建筑气质的烘托。过于追求精致的园林小品、大气的建筑装饰等等点元素的精彩，而忽略从建筑空间、引导空间、环境空间三者合而为一的综合考虑。组成寺庵景观的这三类空间，哪怕忽视了其中任何一类，均会对整体寺庵景观和谐产生致命的影响。这两项原因使得普陀山中所形成的自然与人工合力创造的神圣之感被削弱，仅剩下庞大的人工工程，失去了自然烘托的"人工工程"只能给人以破坏自然之感，从而丧失了自然之力所带来的神圣和震撼。

第二节　对普陀山寺庵景观保护与传承的建议

通过前文对普陀山寺庵景观保护现状优势和劣势的分析，我们可以发现，在过去的40年里，普陀山的建设者们不断努力，取得了骄人的成绩，重塑了一批十分具有山寺意境的寺庵景观，基本恢复了普陀山佛教名山的整体景观风貌。但是我们也不能否认，由于观念的错误和认知的片面，普陀山目前也存在着很大的问题，亟须在今后的发展中进行完善。

普陀山风景名胜区曾经历过申报世界文化遗产的失败，正在重整旗鼓，借着海上丝绸之路的复兴，重启申遗工作。这对普陀山风景名胜的保护和发展都有着很积极的意义。本节便针对普陀山寺庵景观的保护和重建，基于前文的历史和理论研究，提出几点建议，希望可以对普陀山今后的发展有所助力。

一、全山寺庵景观结构的整合

普陀山"海天佛国"的整体景观面貌不是仅靠单一寺庵就可以营造出来的，而是要依靠整体叙事逻辑与遵循寺庵分布规律，将全山上百座寺庵及其周围的环境空间有机组合起来的。任何一个脱离叙事逻辑与分布规律的"异端"都会给整体佛教名山景观带来破坏。因此，管理者们需要重新对普陀山的整体寺庵景观进行梳理，使今后进行的寺庵营建或旧有寺庵的恢复能够在这一规范框架内实施，以保证全山整体景观效果的实现。

当然，由于新时代所面临的僧俗共存的新问题，旧有的寺庵景观分布规律已经不能完全适应今天的发展。因此，管理者需要与景观、经济、社会等多方专家进行深入的研究，寻找到能够平衡僧俗双方的发展及利益，同时能够使普陀山寺庵景观得到最大程度的发展途径，达到最完美的状态。

二、寺庵建筑空间尺度的调整与控制

近代普陀山虽然十分重视山体自然环境的营造，恢复了全山自然茂盛的植物环境，并大体恢复了史迹保存区和景观风貌保护区内的景观风貌，但是却过分注重建筑本身的修复和建造，并为了体现寺庵的神圣性而建造庞大、高等级的寺庵建筑，导致与原有寺庵古朴亲切的山寺风格大相径庭，造成了建筑空间与自然空间的尺度失衡。

因此，首先应控制未来重建、新建的寺庵建筑的规模与制式，在风格和尺度方面保持与山体、周围寺庵相协调，多采用等级制式较低的厅堂式结构和小式木作结构。其次，要强调寺庵建筑庭院空间和寺庵环境空间的重塑的重要性。结合寺庵建筑规模与尺度进行环境的营造。例如之前分析的体量庞大的宝陀禅寺，便可以通过对超尺度院落的划分，留出足够的植物种植空间，通过种植枝叶繁茂的乔木，来对庞大的大殿进行适当的遮挡。同时通过树冠营造顶部视线空间，使游人不再感受到如皇家宫殿一般的超尺度，而是回归亲人的山寺尺度。此种改造方式同样适用于宝陀讲寺的生活院落，用以营造宜人的生活空间。另外对寺庵外部环境的营造也十分重要。通过加强对寺庵周围环境植物组团的营造，遮挡住部分寺庵建筑，使得整座突兀的庞大建筑群可以融入自然，实现人工与自然的和谐。

三、引导系统的完善

由于交通方式的改变，游客游览方式的改变不可避免。今天经济发展快节奏的生活也不能要求所有的游人都能重新回到民国时期步行游山的时代。但是，为了营造最好的寺庵景观意境，为游人带来最佳的游览体验，我们仍需要对全山的引导系统进行全面的升级和完善。一方面是通过视觉焦点系统的改善，另一方面是对引导空间的重塑。

（一）视觉焦点系统的完善

前文在引导空间的描述中详细阐述了视觉焦点对于寺庵的引导作用。而普陀山中起到有效作用的视觉焦点数量十分有限。

首先需要强化的位置是古香道的起始位置，能够使游人有机会重新按照最开始设计的古香道及引导空间进行游览，以达到更佳的游览体验。今天这些具有价值的古香道在道路等级上远远无法与宽阔的水泥公路相比。这也就导致了大部分打算步行游山的游客选择了水泥公路两侧的人行栈道作为行走的路径。使其依旧无法体验到被精心设计过的引导空间的妙处。因此，加强古香道的起点视觉焦点，使游人有更多的机会发现这些承载历代设计者们心血的古香道，使更多的人可以感受到被控制的情感最终在寺庵前得以释放时所产生的激动心情。例如，今天妙庄严路起始虽有铜质牌坊引导，但是却隐藏在一群建筑和商业之中，视觉焦点属性被弱化。因此建议对妙庄严路的引导可以从人流量较大的普济路开始，能够将其修复成为一条重要的步行香道。西天香道、香云路等多条古香道均存在起始位置没有明显视觉焦点引导的问题。

其次要在今天游人多会选择的游览路径之中多增加一些具有佛教寓意、能够起到佛教情感积累的视觉焦点。减少因游览路线变化而缺乏情感积累或视觉引导的现象。

（二）引导空间的重塑

除了需要对视觉焦点系统的完善，最重要的是要重塑寺庵的引导空间。使得无论游客在旧香道步行游览还是选择新的游览方式，都能够最大限度地得到空间上与情感上的引导。通过对寺庵景观空间中引导空间的重塑，来丰富游客们的游览体验。例如可以重塑普济寺停车场两侧的建筑，或将停车场适当偏移，延长游客从停车场进入海印池空间的时间。同时通过建筑或植物塑造一条相对密闭的通道空间，并延续至海印池前。通过对通道开口的选择和普济寺前植物空间的优化，使游人进入海印池之时能够第一眼看到普济禅寺庄严的山门，而不是第一眼见到灰瓦白墙的普通寺庵。这样尽可能营造与古香道和寺前引导相类似的欲扬先抑的引导空间，弥补因游览方式的改变而造成的引导空间的缺失。

四、自然元素的恢复

自然与人工的完美结合是普陀山展现其宗教神圣氛围的关键因素。因此，在普陀山寺庵景观的保护与传承的过程中应对自然环境的恢复与人工建筑的恢复同等重视。而自然环境的恢复包括了对寺庵景观环境空间的重塑和对自然形胜的恢复两个方面。

今天的普陀山在寺庵环境空间的园林化方面做出了很大的努力，然而仅仅塑造成为一般化的园林空间，还无法体现出普陀山观音道场的神圣氛围。因此，在今后的保护工作中，应在植物选材上多选择能够代表普陀山观音文化、佛教文化的植物材料，例如被誉为"佛光树"的舟山新木姜子和可代替俱苏摩花的山矾。

其次是对自然形胜的逐渐恢复。自然形胜是普陀山寺庵景观的重要组成部分，对原有自然形胜的恢复和复兴迫在眉睫。既包含对自然形胜本身的恢复、对交通的恢复和对其周围环境的恢复，更重要的是对游人的普及与宣传的恢复。这些自然形胜的知名度也许并没有磐陀石、潮音洞那么广泛，但是，丰富的自然形胜作为普陀山中重要的景观资源，也是展现自然与人工之力结合的最好载体。将已恢复的自然形胜标注在导览图或在官方网站中向游人宣传，也是重振普陀山自然形胜资源的重要途径。

五、总结——限制生活属性发展，加强宗教神圣属性

总结来看，普陀山应严格限制居民生活、旅游开发等生活属性内容的发展，尽量将其控制在普陀山岛西侧范围内，减少对东侧的渗透，保持普陀山现存寺庵景观的纯粹氛围。同时，大力发展朱家尖的旅游服务功能，起到对普陀山旅游功能的分流作用。其次，需要保护与恢复山中宗教的神圣属性。秉承自然与人工相结合的原则，在修复、重建寺庵建筑的同时，加强对寺庵景观中引导空间与环境空间的营造，并恢复山中破败的自然形胜，展现出人化自然奇迹的宗教神圣感。

参考文献

[1] 普陀旅游政务网.普陀区旅游局2016年度总结报告[DB/OL]. http://www.putuo-tour.gov.cn/html/zw/zwgk/jhzj/2017/0608/7476.html，2006-12-5.

[2] 普陀山三拆一改办. 普陀山"三改一拆"办加快拆除老庵堂内部违法建筑[DB/OL]. http://www.putuoshan.gov.cn/Detail/340/115614.html，2015-04-30.

[3] 童寯. 园论[M]. 天津：百花文艺出版社，2006.

[4] 方长生. 普陀山志[M]. 上海：上海书店出版社，1995.

[5] 陈从周. 钟情山水知己泉石——漫谈风景名胜区建设管理[J]. 城市规划，1985，05：28-30.

附表

附表1　普陀山历代寺庵统计表

时间	敕建寺庙	庵堂	茅蓬	用作他用的寺庵
唐			西域僧潮音洞结茅、张氏舍宅供奉	
五代		不肯去观音院		
宋元	宝陀观音寺	真歇庵、四大旗口		长生库
明	敕建护国永寿普陀禅寺、勒赐护国镇海禅寺、勒赐祝延圣寿磐陀禅院	圆觉庵、吉祥庵、方广庵、法喜庵、观音庵、涌泉庵、华严庵、弘觉庵、圆应庵、灵瑞庵、雨华庵、慧日庵、龙树庵、圆信庵、摩尼庵、双泉庵、伴云庵、枬檀庵、般若庵、资福庵、回龙庵、大悲庵、海云庵、永胜庵、修竹庵、白云庵、娑罗庵、莲华庵、慈云庵、大觉庵、灵芝庵、金刚庵、白象庵、显圣庵、百子堂（栢子庵）、三圣堂、聚沙庵、杨枝庵、真歇庵、育恩院、积善庵、梵音庵、禅那庵、月印庵、雪浪庵、甘露庵、海曙庵、圆通庵、宝函室、海印庵、灵石庵、大慈庵、清籁庵、西资庵、梅福庵、净土庵、三元殿、隐秀庵、琉璃庵、智胜庵、金栗庵、清凉庵、法华庵、总静室、白华庵、口鹤庵、韦陀宝殿、朝阳庵、慧济庵、三官堂、崇德庵、智度庵、盘龙庵	天妃祠、关圣祠、娑竭龙祠	
清	敕建赐额普济禅寺、敕赐额法雨禅寺	朝阳庵、慧济庵、梵音庵、吉祥庵、餐霞庵、大休庵、弥陀庵、宝称庵、天竺庵、竹林庵、宜庵、憨山居大慈庵、禅那庵、枬檀庵、悦岭庵、方圆庵、秒智庵、金栗庵、望槎庵、甘露庵、长生庵、福源庵、龙寿庵、双泉庵、秀莲庵、大智塔庵、伴山庵、清凉庵、积善庵、摩尼庵、西资庵、海曙庵、翠微庵、智度庵、杨枝庵、梵音洞庵、圆通庵、真歇庵、梅岑庵、磐陀庵、白华庵、净土庵、海岸庵、隐秀庵、息来庵、法华洞庵、弥勒庵、太子塔庵、昙华庵、栢子庵、听潮庵、三圣庵、韦驮殿、海常庵、永胜庵、修竹庵、白云庵、娑罗庵、普慧庵、白象庵、育恩院、复喜庵、林樾庵、普门庵、祖音庵、观音洞庵、镇龙庵、西方庵、勺庵、龙沙庵、净胜庵、显圣庵、总静室	天妃宫、关圣祠、海印庵、圆觉庵、方广庵、琉璃庵、观音庵、崇德庵、涌泉庵、华严庵、弘觉庵、智胜庵、圆应庵、灵瑞庵、雨华庵、慈音庵、中峰庵、金刚洞岸、至善庵、祇园庵、常乐庵、法华团、极乐庵、东照庵、弘隐庵、竹石居、平天洞庵、小山洞庵、菩提庵、芥光庵、法喜庵、宝华庵、海澄庵、功德林庵、慈慧庵、金刚庵、德邻庵、定慧庵、欢乐庵、月峰庵、鸡足庵、象中庵、万松庵、慧日庵、慈源庵、弥勒庵、瑞云庵、大中庵、资福庵、开智庵、南山庵、万佛庵、海云庵、龙树庵、金陵庵、金地庵、大悲庵、盘龙庵、月印庵、圆信庵、雪浪庵、回龙庵、般若庵、莲台洞庵、天王殿、融征室、大士庵、清静庵、楞伽庵、双隐庵、青莲庵、宁喜庵、白衣庵、一草庵、别峰居、雪云庵、狮子庵、地藏庵、龙兴庵、廓提庵、松云庵、逸云庵、堆云室、上乘庵、弹指庵、水济庵、福幢庵、月光室、指南庵、青鼓庵、智定庵、太平庵、朝阳洞庵、慈慧庵、正觉庵、龙珠庵、水月庵、普济庵、灵芝庵、莲花庵、慈云庵、灵石庵、大觉庵、大慈庵、清籁庵、金刚庵、文殊院、瑞胜庵、佛首庵、永福庵、六明庵、普同塔院、法善庵、龙泉庵、芥瓶庵、圣寿庵、仙井庵、迎旭庵、律堂、法华庵、大观庵、桂花庵、长寿庵、上方庵、弥勒室、树德庵、明净庵、离垢庵、寄余庵、福慧庵、圆通境庵	
清末民国	普济禅寺、法雨禅寺、慧济禅寺	妙峰庵、朝阳洞庵、悦岭庵、香林庵、妙智庵、鹤鸣庵、金栗庵、常乐庵、大乘庵、长生庵、雨华庵、下清凉庵、禅那庵、龙寿庵、枬檀庵、弥勒庵、双泉庵、积善庵、伴山庵、清凉庵、常明庵、海曙庵、杨枝庵、逸云庵、弘隐庵、广提庵、极乐庵、宝月庵、金沙庵、祥慧庵、古佛洞庵、天竺庵、海澄庵、宝称庵、法喜庵、梵音洞庵、药师殿、大悲殿、清一堂、澄心堂、法喜堂、兴善堂、法如庵、洪筏堂、法华洞庵、积善堂、宴坐堂、承恩堂、报本堂、锡麟堂、文昌阁、云华庵、天华堂、百子堂、天福庵、正觉庵、普门庵、净土庵、永福庵、西竺庵、白莲台、紫竹林庵、西方庵、佛首庵、息来院、白象庵、莲蓬庵、三圣堂、磐陀庵、普慧庵、宝莲庵、伏羲庵、观音洞庵、广修庵、芥瓶庵、勺庵、福泉庵、弥陀庵、广福庵、慈云庵、隐秀庵、海岸庵、白华庵、修竹庵、圆通庵、梅岑庵、灵石庵、龙华庵、下法如庵	楞严蓬、无量蓬、万德蓬、文殊洞、罗汉洞、龙树蓬、草茅蓬、白云洞庵、福生蓬、自在蓬、性芳庵、狮子洞蓬、万寿庵、福莲蓬、隐雅蓬、灵峰蓬、龙王宫蓬、大观蓬、白莲蓬、觉观蓬、九莲台蓬、宿禅蓬、报恩阁、九莲蓬、修水蓬、炼石蓬、观音蓬、如意蓬、静修蓬、隐贤蓬、龙头井蓬、清虚阁、吉祥蓬、瑞莲蓬、祇园蓬、仙人井蓬、法云蓬、密禅蓬、药王蓬、仙岩蓬、洛迦洞蓬、寿春蓬、妙音蓬、极乐亭、云霞蓬、韦陀殿、仁寿蓬、东送子洞蓬、秒莲蓬、其祥蓬、延寿蓬、土地堂、三会蓬、一心蓬、连华蓬、圆音蓬、拜经台、多宝塔院、戒定蓬、过海蓬、化雨蓬、慈云蓬、学法蓬、印月蓬、古云蓬、西送子洞蓬、祖留蓬、业桂蓬、林深蓬、云水洞、志峰蓬、慈严洞蓬、宝珠宫、药师蓬、小山洞蓬、东山洞蓬、华严蓬、青龙洞蓬、碧峰洞蓬、心莲蓬、金福蓬、宝塔洞蓬、菩提蓬、普贤洞蓬、阿逸蓬、香山蓬、培荫蓬、善财洞、欢乐蓬、胜观蓬、伏虎洞蓬、子慧蓬、忏母蓬、莲台洞蓬、新安蓬、摩尼蓬、大佛头、北岩蓬、北金刚洞蓬、隐居蓬、梵音洞蓬、降龙蓬、观觉蓬、竹灵蓬、得胜蓬、西方蓬、麒麟蓬、上茅蓬、中茅蓬、下茅蓬、香祖蓬、心印蓬、演古蓬、梅业蓬、妙林蓬、妙音洞蓬、水月蓬、学成蓬	

时间	敕建寺庙	庵堂	茅蓬	用作他用的寺庵
现代	普济寺、法雨寺、慧济寺	宝陀讲寺、普门万佛宝塔、慈云禅院、白华庵、隐秀讲院、福泉禅林、观音古洞、芥瓶禅院、灵石庵、圆通庵、梅福禅院、宝莲禅院、息来院、锡麟堂、积善堂、报本堂、晏座堂、承恩堂、天华堂、百子堂、多宝塔院、西方净院、南海观音、紫竹禅林、不肯去观音院、法华楼、悦岭禅院、香林净院、鹤鸣禅院、大乘禅院、常乐禅院、长生禅林、龙寿禅院、双泉禅院、伴山禅院、杨枝禅林、弥勒庵、祥慧净院、梵音古洞、古佛洞、善财古洞、洛迦山圆通禅院、洛迦山大觉禅院、洛迦山大悲殿、海岸庵、羼提庵、普门庵、积善堂、白莲台庵、逸云庵、药师殿、清一堂、澄心堂、兴善堂、下法如庵	香云蓬、大观蓬、娘娘庙、仙人井蓬、古草茅蓬、拜经台	洪筏堂、三圣堂、广福庵、普慧庵、磐陀庵、大悲殿、法喜斋、文昌阁、天福庵、永福庵、禅那庵、极乐庵、宝月庵、海澄庵、无量蓬、龙王宫、白莲蓬、九莲蓬、寿春蓬、三会蓬、华严蓬、心莲蓬、阿逸蓬、摩尼蓬、妙音蓬、水月蓬

资料来源：根据历代山志整理。

附表2　普陀山历代自然形胜统计表

	宋元	明朝	民国期间	现在
自然形胜	白衣峰、妙善峰、石观音、一览、口口前峰、清凉境峰、玲珑岩、方便岩、塔子峰、一朵云、象岩、妙应峰、圆通岭、磐陀大石、无畏石、天境、口口洞、佛牙石、狮子岩、古岩、弥陀峰、善财洞、千步沙、光熙峰、摩尼峰、正趣峰、天窗、潮音洞、佛迹、金妙潭、甘露潭、观音泉、善财洞、玩月岩、登彼岸、四方岩、梅岑山、金刚山	梵山、金钵盂山、香炉花瓶山、茶山、金刚峰、玉皇峰、弥陀峰、塔子峰、达摩峰、灵鹫峰、妙应峰、白衣峰、观音峰、菩萨顶、炼丹峰、白华峰、光熙峰、会仙峰、狮子岩、佛手岩、虎岩、圆通岭、潮音洞、龙女洞、金刚窟、法华洞、摩尼洞、白华岭、栴檀岭、饥饱岭、圆通岭、青鼓岭、笑天狮子岭、磐陀石、不二石、无畏石、天籁石、叠字石、求现台、观音跳石、佛牙石、香炉石、真歇石、巫山石、捣饭岱、飞沙岱、千步沙、金沙、莲花洋、东大洋、石牛港、白沙港、箭港、菩萨泉、慧泉、龙潭、龟潭、西天门石、东天门	双峰山、佛顶山、雪浪山、锦屏山、莲台山、茶山、伏龙山、天竺山、梵山、南山、观音跳山、毛跳山、六峤山、长短山、喇叭嘴山、火熙峰、跑狮峰、翔凤峰、象王峰、烟墩峰、炼丹峰、妙应峰、观音峰、灵鹫峰、达摩峰、塔子峰、弥陀峰、梅岑峰、正趣峰、雨华峰、会仙峰、金刚峰、几宝岭、白华岭、栴檀岭、圆通岭、欢喜岭、葡萄岭、青鼓岭、啸天狮子岭、朝阳岭、东屏岭、孝顺岭、香云岭、八仙岩、东方岩、西方岩、玲珑岩、石浪岩、圆通岩、狮子岩、虎岩、象岩、兔岩、龙岩、鹰岩、狮象岩、佛手岩、文殊岩、磐陀石、说法台石、五十三参石、二龟听法石、柱空石、八卦石、云浮石、巫山石、不二石、一叶扁舟石、佛掌石、佛牙石、鹦哥石、水墨石、马鞍石、天籁石、点头石、无畏石、虾蟆石、香炉石、真歇石、灵芝石、慈云石、叠字石、鼓石、紫竹石、紫云屏石、白马石、蟠桃石、狮子石、东天门、南天门、西天门、潮音洞、善财龙女洞、法华洞、朝阳洞、摩尼洞、日云洞、金刚洞、宝塔洞、观音洞、莲台洞、梵音洞、洛迦洞、平天洞、弥勒洞、小山洞、金沙、千步沙、塔前沙、龙沙、东洞、青玉洞、澄灵洞、雪浪洞、龙泉、菩萨泉、真歇泉、三昧泉、活眼泉、八功德泉、涤心泉、灵一泉、功德泉、龟潭、龙潭、善财礁、新罗礁、水晶宫	佛顶山、光熙峰、正趣峰、善财洞、梵音洞、潮音洞、清凉岗、千步沙、百步沙、龙沙、磐陀石、二龟听法石、水牛石、说法台、金沙、南天门、东天门、西天门、刀劈石、佛顶山、雪浪山、锦屏山、莲台山、茶山、伏龙山、天竺山、梵山、光熙峰、烟墩峰、正趣峰、狮子岩、观音洞、潮音洞、善财龙女洞、法华洞、朝阳洞、小山洞、善财礁、新罗礁、水晶宫

	宋元	明朝	民国期间	现在
人造景观	口竹井、妙清口、公门、口口台、仙人迹、古寺基、香亭、润口亭、分奉塔、茶圃、高丽道头、天下普陀山、多宝塔、明月池、三摩地	海天佛国石、三摩地、清凉境、空有境、西方境、灵一泉、莲花池、放生池、光明池、短姑道头、葛洪井、仙人井、金沙井、御碑亭、着衣亭、劝人莫要舍身亭、太子塔（多宝塔）、金刚塔、普同塔、一乘塔、三官堂、大士桥、智度桥	葛洪井、仙人井、梅福井、金沙井、海印池、光明池、翦鉴池、莲池、月印池、洗心池、育龙池	普陀山宣言言石、心字石、海天佛国石、中山瞻圣纪念石、师石、听潮石、云扶石、望海亭、六观亭、朝阳阁、仙人井、心字石、正趣亭、澹澹亭、极乐亭、多宝塔、南海观音、梅福井、海印池、莲池、月印池、洗心池、光明池、翦鉴池、育龙池、短姑道头、海岸牌坊、隐秀庵牌坊、佛顶山牌坊、妙庄严路牌坊、师石亭、天灯台、妙湛塔

资料来源：根据普陀山历代山志整理。

附表3 民国10年测绘图中所记录寺庵附近自然形胜情况表

编号	名字	等级	自然形胜
1	隐秀庵	庵	点头石
2	佛顶下院	庵	短姑圣迹*、"慈航普度"石刻、"求生好人"石刻、"佛"石刻、"佛放光明"石刻
3	慈云庵	庵	短姑圣迹*、"慈航普度"石刻、"求生好人"石刻、"佛"石刻、"佛放光明"石刻
4	圆通庵	庵	一叶扁舟石、不二石
5	白华庵	庵	真歇泉
6	海岸庵	庵	"入三摩地"石刻
7	大观蓬	蓬	南天门、狮子石、鼓石
8	福泉庵	庵	功德泉
9	弥陀庵	庵	西方船
10	广福庵	庵	溪水
11	芥瓶院	庵	"同登道岸"石、"回头是岸"石、"名教乐地"石、"心即是佛"石
12	古观音洞	庵	观音洞、鹦哥石
13	金刚洞	蓬	金刚洞
14	灵石庵	庵	磐陀石、二龟听法石、说法台、洗脚盆、水牛石、五十三参石、九难洞、磐陀夕照*
15	梅福庵	庵	梅福井、灵佑洞
16	修竹庵	庵	西天法界、西天门、圆通岩、文殊岩
17	三摩蓬	蓬	梅湾春晓*
18	伏羲庵	庵	梅湾春晓*
19	宝莲庵	庵	"天柱峰石"、"灵一泉"石、梅湾春晓*
20	般若精舍	蓬	"天柱峰石"、"灵一泉"石、梅湾春晓*
21	清虚阁	蓬	"天柱峰石"、"灵一泉"石、梅湾春晓*

编号	名字	等级	自然形胜
22	无量蓬	蓬	"天柱峰石"、"灵一泉"石、梅湾春晓*
23	普慧庵	庵	千年古樟、梅湾春晓*
24	仙岩蓬	蓬	心字石、蟒首岩、梅湾春晓*
25	磐陀庵	庵	"洗心"石刻、梅湾春晓*
26	莲蓬蓬	蓬	梅湾春晓*
27	白象庵	庵	梅湾春晓*
28	悦岭庵	庵	玉堂街西侧大量石刻、玉堂街西侧佛像群
29	妙峰庵	庵	东天门、绝顶石
30	法华洞	蓬	法华洞、东天门、绝顶石、法华灵洞*
31	送子洞	蓬	送子洞、绝顶石
32	古草茅蓬	蓬	法华洞、东天门、绝顶石
33	朝阳洞	蓬	朝阳洞、狮象岩、"难得清静"石刻、"梧罔"石刻、朝阳涌日*
34	金仙阁	蓬	仙人井、朝阳洞、朝阳涌日*
35	仙人井	蓬	仙人井、朝阳洞、朝阳涌日*
36	息耒院	庵	活眼泉、金刚洞、紫云屏石
37	金刚古洞	蓬	金刚洞
38	龙王宫	蓬	师石、回头是岸石、百步沙
39	文昌阁	庵	师石、回头是岸石、百步沙
40	昙花庵	庵	师石、回头是岸石、百步沙
41	多宝塔院	蓬	宝塔闻钟*
42	八功德水	庵	八功德水
43	三圣堂	庵	八功德水
44	韦驮殿	庵	白华山石
45	天福庵	庵	"普渡"石刻
46	普济禅寺	寺	菩萨泉、菩提泉、无畏石、慈云石、莲池月夜
47	正觉庵	庵	潮音洞、两洞潮音*
48	永福庵	庵	金沙
49	西竺庵	庵	紫竹石**
50	净土庵	庵	紫竹石**
51	白莲庵	庵	金沙、紫竹石**
52	紫竹林	庵	潮音洞、紫竹石**、龙潭
53	潮音洞	蓬	潮音洞、善财龙女洞、善财礁、"现身处"石刻
54	梵林蓬	蓬	观音跳、善财礁

编号	名字	等级	自然形胜
55	西方庵	庵	观音跳、"灵异古迹"石刻、"到此心善"石刻
56	大智祖塔碾	蓬	青玉涧
57	杨枝庵	庵	玉堂街西侧大量石刻、玉堂街西侧佛像群***
58	弥勒庵	庵	玉堂街西侧大量石刻、玉堂街西侧佛像群***
59	逸云庵	庵	玉堂街西侧大量石刻、玉堂街西侧佛像群***
60	海曙庵	庵	玉堂街西侧大量石刻、玉堂街西侧佛像群***
61	积善庵	庵	玉堂街西侧大量石刻、玉堂街西侧佛像群***
62	伴山庵	庵	玉堂街西侧大量石刻、玉堂街西侧佛像群***
63	清凉庵	庵	玉堂街西侧大量石刻、玉堂街西侧佛像群***
64	定慧阁	庵	玉堂街西侧大量石刻、玉堂街西侧佛像群***
65	双泉庵	庵	清泉井、玉堂街西侧大量石刻、玉堂街西侧佛像群***
66	龙寿庵	庵	清泉井、玉堂街西侧大量石刻、玉堂街西侧佛像群***
67	清泉井	蓬	清泉井、玉堂街西侧大量石刻、玉堂街西侧佛像群***
68	禅那庵	庵	千步金沙*、玉堂街西侧大量石刻、玉堂街西侧佛像群***
69	新清凉	蓬	千步金沙*、玉堂街西侧大量石刻、玉堂街西侧佛像群***
70	雨华院	蓬	清泉井、玉堂街西侧大量石刻、玉堂街西侧佛像群***
71	长生庵	庵	玉堂街西侧大量石刻、玉堂街西侧佛像群***
72	大乘庵	庵	玉堂街西侧大量石刻、玉堂街西侧佛像群***
73	鹤鸣庵	庵	玉堂街西侧大量石刻、玉堂街西侧佛像群***
74	常乐庵	庵	玉堂街西侧大量石刻、玉堂街西侧佛像群***
75	金栗庵	庵	玉堂街西侧大量石刻、玉堂街西侧佛像群***
76	观音阁	蓬	玉堂街西侧大量石刻、玉堂街西侧佛像群***
77	香林庵	庵	千步金沙*
78	法雨禅寺	寺	千步金沙*、青玉涧
79	雷祖殿蓬	蓬	海天佛国石、浮云石、青玉涧
80	悟祖塔院	蓬	青玉涧
81	天后阁	蓬	青玉涧
82	宝珠蓬	蓬	听潮石、飞狮石、宝塔洞、碧峰洞
83	麝提庵	庵	听潮石、飞狮石、宝塔洞、碧峰洞、宝塔石刻
84	文殊洞蓬	蓬	文殊洞、宝塔洞、宝塔石刻
85	普贤洞蓬	蓬	普贤洞
86	莲台洞蓬	蓬	莲台洞

编号	名字	等级	自然形胜
87	得胜蓬	蓬	青石湾
88	梵音洞	蓬	梵音洞、大野猪礁、两洞潮音*
89	洛伽洞	蓬	洛伽洞
90	华严蓬	蓬	青石湾
91	祥慧庵	庵	八仙岩、青石湾
92	善财洞	蓬	善财洞
93	狮子洞	蓬	狮子洞
94	古佛洞	庵	古佛洞
95	宝称庵	庵	飞沙岙、水墨石
96	慧济禅寺	寺	佛顶山顶、朝朏玉柱石、刀劈石、茶山雾霭*、华顶云涛*
97	法喜庵	庵	天灯台、茶山雾霭*、华顶云涛*
98	云水洞	蓬	云水洞
99	小山洞蓬	蓬	小山洞
100	自在蓬	蓬	洛迦山、水晶宫
101	观觉蓬	蓬	洛迦山、水晶宫
102	妙湛蓬	蓬	洛迦山、水晶宫
103	圆通蓬	蓬	洛迦山、水晶宫

资料来源：作者根据山志、民国10年测绘图整理。

注：*明、清两代普陀山十二景内容

　　**紫竹石据载为一种花纹宛如紫竹的花岗岩，多分布于短姑道头到紫竹林一带。故此一带寺庵周围均有分布。

　　***民国时期在玉堂街西侧山中积累了大量的佛教题材摩崖石刻与佛像石雕群，这些石刻与石像因多方原因今日难寻踪迹，且历史资料中仅记载为玉堂街西侧沿线。

后记

　　普陀山是我国著名的山岳风景名胜，具有悠久的历史与深厚的文化，是中国人民对自然利用和改造过程中塑造的一处美丽瑰宝。其中丰富的自然风景资源与深厚的人文风景资源吸引了大量慕名而来的游客和香客。在历史发展演变过程中，普陀山所承载的功能从仅作为僧人修行、香客朝拜的单一功能转变为结合了宗教活动、旅游接待、军事训练和僧俗居住等综合功能。不同功能需求对普陀山资源与空间利用提出了新的要求。如何平衡旅游发展与文化风景保护的关系已经成为普陀山的关键问题。本书作者和团队通过对普陀山历史文献研究和实地考察，梳理了其丰富的风景资源，分析总结其风景营建理法，集合成书。希望能够为后续保护、发展普陀山提供一份微薄的力量。普陀山承载着中华民族厚重的传统文化与宗教文化，也承载着中国山岳风景名胜高超的景观营造技艺与突出的审美意趣。希望能够通过本书的描写，让各位读者能够更好地理解普陀山风景，了解其中深厚的风景园林文化，感受我国传统山岳风景名胜的魅力。

　　山岳风景名胜是中国壮丽河山的缩影和代表，几十年来，笔者携研究生们跋山涉水，遍访名山大川，足迹遍布祖国各地。在自然的感化之下，多年来一直在思考"人化的自然"这一哲学和美学命题。随着时间的推移和对名山风景名胜认知的积累，逐步形成明确的思想体系和研究路径，遂作"中国名山风景名胜区研究丛书"，旨在挖掘和探讨中国山岳风景名胜中所蕴含的人与天调、自然与人文高度融合的理景精髓和文化传统。

　　本书撰写过程中，孙漪南结合其博士论文做了大量工作，感谢工作室研究生团队中李凤仪、王瑞琦、孙松林、朱强、商楠、郭轩佑、石渠、于雪晶、皇甫苏婧和赵人境在繁忙的学业之余参与辛苦的现场调研、实测。成书的过程经历了多次讨论，对内容大纲、文章细节和图片质量进行了细致的推敲和把控，感谢薛涵之、熊闻进、鞠浩天和郭楠在图纸绘制过程中的付出。感谢中国建筑工业出版社编辑们敬业的付出和提出的专业意见，使得本书的内容得到了进一步的完善。对本书成稿各个阶段提供资料技术支持、配合资料搜集和提出宝贵修改意见的各位同仁与兄弟单位在此一并致以诚挚的感谢。